U0142592

楊維哲教授的數學講堂

人人是資優生，
人人可以是資優生
數學要讀向前，
不是溫故知新

基礎平面幾何

第二版

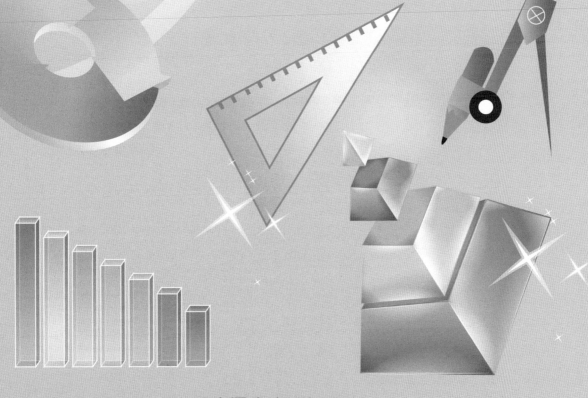

五南圖書出版公司 印行

PREFACE

[序]

對於數學的初中資優生，有什麼好的學習題材？

馬上想到的是兩樣：整數論與歐氏幾何。

這是絕無可疑的了：題材本身有趣，非常容易理解，最易引起「思考」。

但是開始寫之後，才覺得步步艱難！最大的問題是「方向」。我參考過<u>小平邦彥</u>先生的書之後，才確定了這個選擇。

全書分成三章，第一章是以「四十年前的比較摩登的」方式，解釋幾何概念。

當年的「新數學」，一以貫之地用「集合」來談數學，似乎不太成功。我決定「再試試看」。

其後才是正題，即第二章的線段幾何，與第三章的圓。

我盡量回想小時候學習時遇到的困難，加以剖析。

插圖也給我很大的困擾！起先全都用 Maple，後來把許多圖（可惜沒有全部！）改用 DraTex 畫出。

下面列出最影響到本書方向的書：

小平邦彥　幾何的興味處，岩波書店

D. Hilbert　幾何學之基礎，（林聰源主譯）凡異出版社

G. Martin　The Foundations of Geometry & the Non-Euclidean Plane

G. Martin　Geometric Constructions, Springer Verlag

范際平　大學先修幾何學

楊維哲

CONTENTS

[目錄]

序

集合與圖形　　①

1.1　集合的種種記號 1

1.2　平面上的一維點集 7

　　1.2.1　點與平面 7

　　1.2.2　直線 8

　　1.2.3　線段 10

　　1.2.4　半線 11

　　1.2.5　直段的銜接 12

1.3　平面上的二維點集 18

　　1.3.1　多邊形周折線與多邊形域 18

　　1.3.2　半面 22

　　1.3.3　相交的兩線 23

　　1.3.4　角與角域 25

1.4　度量的總結 30

　　1.4.1　基數長度與面積 30

　　1.4.2　面積與拼湊 31

　　1.4.3　合同與長度 34

1.4.4 角度 41

02 CHAPTER

線段的幾何 51

2.1 內角和定理 51

2.2 三角形的合同 58

2.2.1 s a s 58

2.2.2 a s a 63

2.2.3 s s s 64

2.3 歐氏公理 67

2.3.1 內錯角定理 67

2.3.2 歐氏平行公理 70

2.3.3 半弦定理 73

2.3.4 平行四邊形 80

2.3.5 應用 84

2.3.6 重心、垂心、外心、內心 90

2.4 Pythagoras 98

2.4.1 畢氏定理 100

2.4.2 畢氏定理的兩個應用 105

2.5 比例與面積 109

2.5.1 相似三角形 109

2.5.2 比例與滑移 115

5.5.3 比例與相似的作圖 120

2.5.4 面積比 126

2.5.5 Menelaus-Ceva 128

2.5.6 補充 134

2.6 不等式 135

    2.6.1 三角不等式 135

    2.6.2 三角形的不等式 141

2.7 坐標法 145

    2.7.1 向量 145

    2.7.2 線段上的割比 146

    2.7.3 三角形中的割比 152

    2.7.4 坐標法中的直線 156

03 CHAPTER

圓 161

3.1 序說 161

3.2 圓與弧 163

    3.2.1 基本概念 163

    3.2.2 圓的度量 168

3.3 圓與角 172

    3.3.1 圓與直線 172

    3.3.2 切線 175

3.4 圓周角定理 179

    3.4.1 圓周角定理 179

    3.4.2 割線夾角 190

    3.4.3 弦切角 190

3.5 圓冪 195

    3.5.1 圓冪 195

    3.5.2 切線長 201

    3.5.3 三角形的分角線長 205

3.6 **圓與圓** 207

   3.6.1 兩圓的割離切 207

   3.6.2 兩圓的根軸 217

   3.6.3 根心 221

3.7 **著名的圖形** 224

   3.7.1 九點圓 224

   3.7.2 圓內接四邊形 225

   3.7.3 Simson 線 228

   3.7.4 Apollonius 圓 234

   3.7.5 Ptolemy 定理.........................237

習題略解   243

索引   255

CHAPTER 1

［集合與圖形］

初等的歐氏平面幾何，第一部分可以簡稱為直線形的幾何。

1.1 集合的種種記號

【集合】

如果聽到廣播說：「八年級學生全部到操場集合！」當然大家都知道什麼意思。這時候的「集合」是動詞。我們就想像這 273 位學生都到齊了，集合在操場。這些人，在數學上，就構成了一個概念，叫做「集合」。這時候的「集合」是名詞。（好像繞口令：「這些人集合成一個集合」。前一個「集合」是動詞，後一個「集合」是名詞。）

對於校長（或教務處、訓導處的人），這是很方便的概念！她（或他）寫「八年級」這個詞的時候，通常就是代表這個集合。「八年級」不是在指某個人，而是把這些 273 個人整體來考慮。最重要的是：形成這個「集合（名詞！概念！）」，這只是概念的事，並不需要真的把 273 位學生「集合（動詞！）」在操場。

完全相似地，我們也可以在概念上形成「七年級」、「九年級」，這種集合。

【記號】

這本書（這個課程）是數學，數學要使用記號，我們也對於討論到的每個集合都賦以一個記號。對於剛剛提到的校長來說，這幾個集合的記號，最自然最方便的，就是「八年級」、「七年級」，及「九年級」。

記住：漢字漢詞本身就可以當做是記號，雖然在數學中，我們也習慣寫 C_8，C_7，C_9，等等。記號的使用我們是有相當的自由！只是要考慮到「方便性」！

【集合與元素】

於是，當我們要說：「劉企衣是個八年級的學生」時，可以用數學的式子來表達：

$$劉企衣 \in 八年級$$

記號 $\in$ 的意思是「屬於」，我們寫 $a \in B$，是說：a 是 B 的一個元素；而且也可以說成：B 含有 a。另外一個寫法是：$B \ni a$。

我們要否定上述的語句，就寫成：

$$B \not\ni a，或者 a \notin B$$

【集合間的涵容關係：子集與父集】

把學校的男生集合成 Boy，又把女生集合成 $Girl$。假設學校成立一個棒球隊，而且僅限於男生。這個集合假設記為 Bb。那麼 Bb 的元素，一定也是 Boy 的元素，我們就記成：

$$Bb \subset Boy；或者 Boy \supset Bb$$

讀做：「Bb 是 Boy 的子集」（subset），或「Boy 是 Bb 的父集」（super-set）；或「Boy 涵容有 Bb」，或者「Bb 涵容於 Boy」。

當然我們也可以把這學校的全部學生集成集合 Sch；於是：$Bb \subset Boy \subset Sch$。

【集合間的操作：交截】

上述，我們已經用 C_8 表示全部八年級的學生之集合，用 $Girl$ 表示全部女生的集合，那麼，我們就用 $C_8 \cap Girl$ 表示八年級的女生全部的集合。換句話說：如果 A, B 是兩個集合，我們就用 $A \cap B$ 表示兩者的共同元素之集合！因此，$C_7 \cap Boy$ 表示七年級的男生全部的集合。你可以把 $A \cap B$ 讀成 A 與 B 之交集（或交截），把這個操作叫做交截。$\cap$ 形狀像帽子（cap），可以讀做「cap」。$A \cap B$ 可讀成 A cap B。（或者 A 交截 B。）

$Girl \cap Bb = ?$

 空集合。（照規定，棒球隊僅限於男生，）當然，叫一聲：「女棒球員集合！」一定沒有一人出現！數學上把絲毫沒有元素的集合叫做空集合，而記做 $\varnothing$。所以，在此例，$Girl \cap Bb = \varnothing$，可以讀做：$Bb$ 與 $Girl$「不相交」，或「互斥」，我喜歡用後者，少一個字！

當然此地有：C_7, C_8, C_9 三集，（兩兩）互斥。又 $Boy, Girl$ 也互斥。

【集合間的操作：併聯】

如果學校安排「勞動服務課」，分成兩個清潔區，其中甲區叫女生與國一生去掃，集合的廣播是：「只要你是初一生，或者是女生，就到操場集合！」這個集合記做 $Girl \cup C_7$。

$\cup$ 形狀像杯子（cup），可以讀做「cup」，或者讀做併聯（union）。$A \cup B$ 是兩個集合 A 與 B 的聯集（或併聯）。它的元素或者屬於 A，或者屬於 B，只要滿足一個就好了！

☞注意：數學國所說的「或」字，雖然是漢字，（所說的「or」，雖然是英文，）但是通常不採取排斥性的解釋：如果你是國一女生，你還是要去操場集合！

【集合間的操作：斥棄】

如果有次「勞動服務課」，先集合了所有的國三生（這集合是 C_9），結果，老師看看就說，「那女生不用去好了」。（隊伍裡面的女生都離開了！）以集合的記號，剩下來的人（即國三的男生全體），我們可以寫成 $C_9 \setminus Cirl$。

這個記號 $\setminus$，英文是 set-minus，「集合的減法」，也可以讀做「扣減掉」。$A \setminus B$，就是從集合 A 中，扣除掉 B 的元素，所剩下來的元素的集合。

例題1 若 $A \subset B$，則 $A \setminus B = \varnothing$；若 $B \cap A = \varnothing$，則不減也罷：$A \setminus B = A$。若 $B \subset A$，則這個扣減才是真減法！

問 就以你的學校全體學生所成的集合為 Sch。試舉出五個子集來！

成績好的學生所成的集合為 KK；高個子學生所成的集合為 $Tall$；戴眼鏡的學生所成的集合為 gL；有何問題？

「集合」要求明確！如果規定：「戴隱形眼鏡也是戴眼鏡」，大概 gL 也無問題！

「高個子」必須以（某日的）身高來界定，應該也無問題！

集合 KK 呢？「成績好」的標準，也很容易訂，不一定合理！但是可以很明確：例如以某次段考的平均分數達 80 分者，稱為「成績好」。

最不成問題的是：如果有「課外活動」的分組，那就有「登山社」Mountain，「踢踏舞社」TiTa。（五花八門才有趣！）

【集合的集合】

如果本校八年級有九班，我們也可以用 $U_{81}, U_{82}, \cdots, U_{89}$ 依序表示這些班級的學生之集合。（如果這年級有十二班呢？我寧可改用 $U_{8a}, U_{8b}, \cdots, U_{8\ell}$。）

這時候我們可以考慮：這些班級的全體，所形成的集合。我們如果記成 V_8，則數學上我們這樣記：

$$V_8 = \{U_{81}, U_{82}, U_{83}, U_{84}, U_{85}, U_{86}, U_{87}, U_{88}, U_{89}\}$$

這就是所謂集合的集合。

再舉個例子：上學期有評鑑出優良社團的名單為 *TiTa, Mountain, Bb*，於是，可以定義一個集合，

$$良社 = \{TiTa, Mountain, Bb\}$$

這樣子的說法，雖然有一點點困擾，但是也有一點點好處，所以我們要仔細分辨！例如說，（我們用 card (A) 表示集合 A 的基數，）在此，

$$\text{card}\,(C_8) = 273 \text{；} \text{card}\,(V_8) = 9$$

C_8是全部八年級的學生所成的集合，一共273個學生，當然$\mathrm{card}(C_8)=273$；可是，V_8是全部八年級班級所成的集合，一共9個班級，當然$\mathrm{card}(C_8)=9$。要注意：對於學校的行政工作，也許集合V_8比C_8更常出現！（想想看：在安排教師、早會的編列，等等事項時，要緊的是V_8，C_8是間接的！）

我們必須強調概念上的分辨：C_8的元素是人（學生）。而V_8的元素比較抽象！相似地，card（良社）$=3$，這是優良社團的個數！請注意：雖然 *TiTa, Mountain, Bb*，這三個結社，可以有一些共同的元素。（除非校方有規定！）當然，這三個結社的元素為何，有幾個元素，對於學校的思考，通常是不太重要的，因為，要發的獎狀確定是三張！

例題2 設（某次段考前）校長如此定義了一個子集$L \subseteq Sch$；凡是這次段考各科都滿分者，將給以「桂冠」；L即「桂冠集」！

如果屆時無人滿分，當然說L是空集：$L = \varnothing$。

【單人集】

在例2，如果屆時恰恰只有一人q滿分，當然說L是單人集（singleton set）。

我們將發明或者杜撰一個記號來表示單人集：

我們寫成：$L \overset{\ni}{=} q$，或者$q \overset{\in}{=} L$。

【基數的加法原理】

若U, V互斥，則：

$$\mathrm{card}(U \cup V) = \mathrm{card}(U) + \mathrm{card}(V)$$

更多個互斥的集合時，也如此！

因此就得到下面的原理。

【斥容原理】

對於任意兩個集合U, V，

$$\mathrm{card}(U \cup V) = \mathrm{card}(U) + \mathrm{card}(V) - \mathrm{card}(U \cap V)$$

因為：$U\cap V, U\diagdown V, V\diagdown U$ 互斥！而且：

$$U = (U\cap V)\cup(U\diagdown V)$$
$$V = (U\cap V)\cup(V\diagdown U)$$
$$U\cup V = (U\cap V)\cup(U\diagdown V)\cup(V\diagdown U)$$

所以：

$$\text{card}(U) = \text{card}((U\cap V)) + \text{card}((U\diagdown V))$$
$$\text{card}(V) = \text{card}((U\cap V)) + \text{card}((V\diagdown U))$$
$$\text{card}(U\cup V) = \text{card}((U\cap V)) + \text{card}((U\diagdown V)) + \text{card}((V\diagdown U))$$

這就算出來了！

【無窮集】

現實遇到的集合都是「有窮的」，逐個點算，就可以算出其基數！但是在概念上我們會遇到「無窮集」。實際上，本書的主題是平面幾何，因此，在概念上，我們「一聲令下，把此平面上所有的點集合起來！」就得到這個集合 $\mathcal{P}$，這集合就是我們所說的平面。

我們其實是把平面 $\mathcal{P}$ 解釋為這個平面上所有的點所成的集合！

那麼這個集合是個無窮集！因為在概念上，平面的點，為數無窮！

那麼我們就寫：

$$\text{card}(\mathcal{P}) = \infty$$

記號 ∞ 就讀做無限大或無限多。

同樣地，這平面上的一條直線 ℓ，我們也解釋為這一條直線上所有的點所成的集合！同樣地它也是個無窮集：$\text{card}(\ell) = \infty$。平面上的任何一圓 c，也同樣是個無窮集！

註 對於無窮集，基數的計算完全沒有用！我們上面的基數的加法原理、斥容原理，只不過用來表明：基數的計算，原理上與面積長度的計算是一樣的！

1.2 平面上的一維點集

1.2.1 點與平面

【圖形】

以下，我們固定了一個平面，用記號 $\mathcal{P}$ 來表示它。

於是，這個平面上的「圖形」，差不多都可以表示成它的子集。歐氏平面幾何簡單的部分，只處理簡單的圖形，也就是簡單的點集。當然我們要介紹使用的記號。

【理想（想像）與現實的對比！】

● 平面

	想像	現實
	平面	桌面上的紙
厚度	（0＝）無	有
平曲	平坦	有起伏
面積	無限寬廣延伸	有紙張桌面限制

● 直線

	想像	現實
寬度	無	有
直曲	直	有扭曲
面積	無	有
長度	無限延伸	有紙張桌面限制
畫圖	連續不斷	斷續有間

● 點

	想像	現實
面積	無	有
長度	無	有

【畫素】

我們如何在紙上畫出一「點」？

這就看出矛盾了：如果是理想中的（＝數學的＝幾何的）「點」，我們就看不到了！必須與我們的眼睛妥協！所以畫出的「點」，必須「有長寬」，面積＞0。如果是電腦畫圖，想像的平面成了現實的螢幕，點成了「畫素」（pixel），其是「格子」！「解析度」是 1024 × 1024，那就有這麼多格子！

所以畫出的直線（除非是縱橫線）可能產生鋸齒狀！

其實鉛筆在紙上畫圖，也有圖素吧！「線」高度放大，就成了一撮一撮。

【點的記號】

因為我們將只有一個平面，就記做 $\mathcal{P}$。這是所有的點的集合。於是，我們寫：$A \in \mathcal{P}$，就讀做「A 為一點」。

註 所以這是最根本最重要的記號！我們通常用大寫拉丁字母表示一點。雖然 $\text{card}(\mathcal{P}) = \infty$，但是通常在題目中，需要標示的「點」，個數 ≤ 26。

1.2.2 直線

【直線的記號】

以下，我們用 $\mathcal{L}$ 表示（平面 $\mathcal{P}$ 上）所有的直線的集合。這是非常方便、非常重要的記號。

那麼，$m \in \mathcal{L}$，就讀做「m 為一直線」。

我們通常用小寫拉丁字母表示一直線。

我們是把直線 m 解釋為此直線上所有的點的集合。於是此時當然有：$m \subset \mathcal{P}$；因此，$\mathcal{L}$ 果然是我們前面提到的「集合的集合」。而且我們也知道：

$$\text{card}(m) = \infty \;;\; \text{card}(\mathcal{L}) = \infty$$

【兩點定一直線】

如果 A, B 是不同的兩點（你可以寫成 $A \in \mathcal{P}, B \in \mathcal{P}, A \neq B$），那麼過此兩點，就可以畫出一條直線，而且也只能畫一線！這條直線就記做 $\overleftrightarrow{AB}$，也就讀做「直

線 AB」。（當然有對稱性：$\overleftrightarrow{AB}=\overleftrightarrow{BA}$。）

利用直尺，（想像中）我們有這個基本作圖！雖然現實上不可能無限延伸！推廣言之：我們寫 $\overleftrightarrow{AKB}$，意思就是：「通過兩點 A,B 的直線」，而且已經說好：K 就在這兩點之間。

註 如果是「給你（相異）兩點」A,B，你就可以畫出直線 $\ell=\overleftrightarrow{AB}$；但是反過來說，如果是「給你直線 $\ell=\overleftrightarrow{AB}$」，那麼，並未給你兩點 A 與 B。我們要很清楚：一直線並不能確定出其上的兩點！記住，我們知道：「兩點定一直線」，但「一直線定兩點」，鐵定是錯的！

【兩線的交截】

前面已經用到「點集的交截」這個概念，那麼，例如說，$\ell\in\mathcal{L}$，$m\in\mathcal{L}$，都是直線，而直線是點集，那麼，交集 $\ell\cap m$ 就是：所有「又在 ℓ 上，又在 m 上的點」全體（所成的集合）。

【交集含兩點以上】

如果交集 $\ell\cap m$ 含有不同的兩點

$$A\in\ell\cap m，B\in\ell\cap m；A\neq B$$

但是：兩點定一直線！由這兩點，畫出的直線就是 ℓ，另一方面，過此兩點所畫的直線也就是 m，所以，m 就是 ℓ，完全一致才行！

【三分法】

所以，對於 $\ell\in\mathcal{L}$，$m\in\mathcal{L}$，這「兩條」直線的交截關係，只有三種可能：

或者互斥不相交，或者恰恰一個交點，（不然的話！）或者「兩條」線其實是同一條線！

講了半天，三分法應該叫做二分法：對於 $\ell\in\mathcal{L}$，$m\in\mathcal{L}$，而且 $\ell\neq m$，這樣的兩條（不同的！）直線，其交截關係，只有兩種可能：

或者互斥不相交，或者恰恰一個交點。

$$\mathrm{card}(\ell\cap m)=0，或\ \mathrm{card}(\ell\cap m)=1$$

在後面這種狀況，若那唯一的交點是 P，我們就可以寫成：

$$(\ell \cap m) \stackrel{\supseteq}{=} P \text{；或者 } P \stackrel{\subseteq}{=} (\ell \cap m)$$

以後這個括號將省略掉！我認為我們這記號，（對於直線的討論！）是很方便的！

在前面那種狀況，我們就說：這兩條（不同的！）直線 ℓ 與 m，是平行的，記成：

$$\ell \| m$$

1.2.3 線段

繼續假定：

$$A \in \mathcal{P}，B \in \mathcal{P}；A \neq B$$

這兩點 A, B 有一些很重要、很有用的幾何的衍生物，除了直線 $\overleftrightarrow{AB}$ 之外，最重要的是線段與半線。

【線段】

此兩點間的線段，記做 $\overline{AB}$，就讀做「線段 AB」。

（當然有對稱性：$=\overline{BA}$。）利用直尺，我們有這個基本作圖！只要小心不越過這兩個端點。

$\overline{AB}$ 的意思是：在直線 AB 上，「介於」此兩點間的點全體（所成的集合）。當然，$\overline{AB} \subset \overleftrightarrow{AB}$。

推廣言之：我們寫 $\overline{AKB}$，意思就是：「通過兩點 A, B 的線段」，而且已經說好：K 就在這兩點之間。

註 如果是「給你（相異）兩點」A, B，就可以畫出線段 $\overline{AB}$；反過來說，如果是「給你線段 $\overline{AB}$」，那麼，我們就可以確定出這線段的兩端點！

$$\partial (\overline{AB}) := \{A, B\}$$

這樣一來，當 $\overline{AB} = \overline{PQ}$ 時，必定：或者「$A = P$，且 $B = Q$」或者「$A = Q$，且 $B = P$」。

【開與閉線段】

我們看出一個麻煩了：「嘉義以北，新竹以南」是否包括嘉義？

- 訂法律時，大概與數學相當，就明確採取「不排斥的規約」！所以，上述的「線段」，可以囉嗦一點讀成閉線段。

- 此兩點間的開線段，記做 $\overset{(---)}{AB}$，就讀做「開線段 AB」；這是把端點 A, B 排斥掉的點集

$$\overset{(---)}{AB} = \overline{AB} \diagdown \{A, B\}$$

（當然也有對稱性:=$\overset{(---)}{BA}$。）當然，我們<u>沒有</u>這個基本作圖！（端點無法處理！）

註 對於開線段，我們照樣說它的端點：
$$\partial \left(\overset{(---)}{AB} \right) := \{A, B\}$$

1.2.4 半線

【閉半線】

半線 $\overrightarrow{AB}$。顧名思義，這是 $\overleftrightarrow{AB}$ 的「一半」，從端點 A 向 B 的方向畫過去的那一半。（想像中）我們有這個基本作圖！（雖然現實上不可能無限延伸！）當然：

$$\overline{AB} \subset \overrightarrow{AB} \subset \overleftrightarrow{AB}$$

當然此地是指「閉半線」，而包含了端點 A。

【開半線】

我們當然也可以講開半線 $\overset{(\rightarrow)}{AB}$，這就是從閉半線 $\overrightarrow{AB}$，把端點 A 扣除掉：
$$\overset{(\rightarrow)}{AB} \diagdown \{A\}$$

註 如果是「給你（相異）兩點」A, B，你就可以畫出半線 $\overrightarrow{AB}$；但是反過來說，如果是「給你半線 $\overrightarrow{AB}$」，那麼，只有端點 A 是確定的，但並未給你那一點 B：
$$\partial \left(\overset{(\rightarrow)}{AB} \right) := \{A\}$$

換句話說，若我們知道：$\overrightarrow{AB} = \overrightarrow{PQ}$，那麼鐵定 $P = A$；但是，通常不會有 $Q = B$；我們只能說：$Q \in \overset{(\rightarrow)}{AB}$，或即 $B \in \overset{(\rightarrow)}{AQ}$。

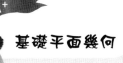

【直線上對一點的兩側】

對於 $m = \overleftrightarrow{AOB} \in \mathcal{L}$，我們可以談論：「直線 m 上對此一點 O 的兩側」；實際上，這裡有兩條閉半線 $\overrightarrow{OA}$ 與 $\overrightarrow{OB}$；也有其開半線 $\overset{(}{\overrightarrow{OA}}$ 與 $\overset{)}{\overrightarrow{OB}}$；那麼，這裡有

狹義兩分法：對於 $P \in m$，若 $P \neq O$，則以下兩者，恰有其一：

$$P \in \overset{(}{\overrightarrow{OA}} \text{，或者 } P \in \overset{)}{\overrightarrow{OB}}$$

你也可以說成：

三分法：對於 $P \in m$，以下三者，恰有其一：

$$P \in \overset{(}{\overrightarrow{OA}} \text{，或者} P \in \overset{)}{\overrightarrow{OB}} \text{，或者 } P = O$$

另外一種兩分法：對於 $P \in m$，則以下兩者，最少有其一：

$$P \in \overrightarrow{OA} \text{，或者 } P \in \overrightarrow{OB}$$

（這時不能排斥兩者都成立的情形：）

$$P \in \overrightarrow{OA} \text{，而且 } P \in \overrightarrow{OB} \text{；此即} P = O$$

由狹義兩分法，若 $P \in \overset{(}{\overrightarrow{OA}}$，我們就說：

直線 m 上的兩點 P, A，對於 $O \in m$ 而言，是在同側；

而 P, B 兩點，對於 $O \in m$ 而言，是在異側。

注意到：前者可以表達成 $P \in \overset{(}{\overrightarrow{OA}}$，或者 $A \in \overset{(}{\overrightarrow{OP}}$。

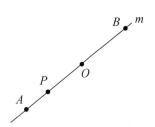

左圖中，直線 $m = \overleftrightarrow{AOB}$ 上的點 P，相對於 O 而言，與 A 同側，與 B 異側。

1.2.5 直段的銜接

【直段】

假設有相異兩點 A, B，我們就可造出三種（閉）直段：

● 直線 $\overleftrightarrow{AB}$，沒有端點，或者說，兩個（瑕）端點都在無窮遠。

● 半線 $\overrightarrow{AB}$，有一端點 A，或者說，另一個（瑕）端點在無窮遠。

● 線段 $\overline{AB}$，有兩個不同的端點 A, B。

半線 $\overrightarrow{AB}$，或線段 $\overline{AB}$，（或直線 $\overleftrightarrow{AB}$！）的延長線，就是直線 $\overleftrightarrow{AB}$。

【共線】

我們說一些「圖形」共線，意思就是有某一條直線可以做為所有這些圖形的共同的父集。說這些點 $P, Q, R, S, \cdots$ 共線，意思是有一條直線 $\ell = \overleftrightarrow{AB}$ 含有這些點；也可以咬文嚼字，不講點 P 而講點集 $\{P\}$，那麼共線的解釋，就說成：
$$\{P\} \subset \ell, \{Q\} \subset \ell, \{R\} \subset \ell, \cdots$$

【可銜接性】

假設 α, β 是兩個直段，則它們的相關位置有許多種可能：

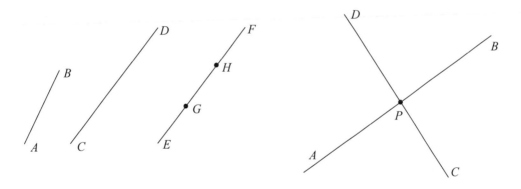

互斥：兩者沒有交點：$\alpha \cap \beta = \varnothing$。

例如上圖左，$(\overline{AB}, \overline{CD})$ 互斥；$(\overrightarrow{AB}, \overrightarrow{CD})$ 互斥；$(\overrightarrow{AB}, \overrightarrow{CD})$ 互斥；
直線 $\overleftrightarrow{CD}, \overleftrightarrow{EF}$（互斥，即）平行！

融渾：兩者的交集不止一點，因此至少含容一線段。

例如上圖左，$(\overline{EH}, \overline{GF})$ 融渾；$(\overrightarrow{EH}, \overrightarrow{GF})$ 融渾；$(\overrightarrow{HE}, \overrightarrow{GF})$ 融渾

穿插：兩者恰恰有一個交點，這交點都不是兩者的端點。

例如上圖右，$(\overline{AB}, \overline{CD})$ 穿插

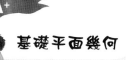

叉支：兩者恰恰有一個交點，這交點是其一（α）的端點，但不是另一（β）的端點。

　　例如上圖右；$(\overrightarrow{PB},\overline{CD})$叉支點$P$，$(\overrightarrow{PB},\overline{CD})$也叉支，$(\overrightarrow{PB},\overrightarrow{CD})$也叉支

銜接：兩者恰恰有一個交點（銜接點），而且就是兩者（α以及β）的端點。

【兩種銜接】

如果兩個直段α,β可銜接於點P，則α,β都不是直線，必定是半線或線段。這時候又分成兩個狀況：一是「融接」，兩個直段α,β共線！另一是「折接」，兩個直段α,β不共線！

【融接】

（參看上頁圖左）我們將把這兩個直段α,β的聯集$\alpha\cup\beta$也稱為它們的融接（集）；這時候又分成三個狀況：

- 線段與線段融接，如圖之$(\overline{EG},\overline{GF})$；融接所得為線段$\overline{EF}$
- 線段與半線融接，如圖之$(\overline{EG},\overrightarrow{GF})$；融接所得為半線$\overrightarrow{EF}$
- 半線與半線融接，如圖之$(\overrightarrow{GE},\overrightarrow{GF})$；融接所得為直線$\overleftrightarrow{EF}$

兩個直段α,β融接時，所得還是一直段，其端緣就是：

$$\partial(\alpha\cup\beta)=(\partial(\alpha)\cup\partial(\beta))\setminus(\alpha\cap\beta)$$

【折接】

（參看上頁圖右）這時候也分成三個狀況：

- 半線與半線折接，如圖之$(\overrightarrow{PB},\overrightarrow{PC})$
- 線段與半線折接，如圖之$(\overline{PB},\overrightarrow{PC})$
- 線段與線段折接，如圖之$(\overline{PB},\overline{PC})$

注意到折接所得的聯集，$\alpha\cup\beta$不再是直段！它折成兩段！

【兩段折接（曲）線】

我們把上述的折接集$\alpha\cup\beta$叫做兩段折接（曲）線；我們仍然定義這個折接集$\alpha\cup\beta$的端緣為：

$$\partial\,(\alpha\cup\beta)=(\partial\,(\alpha)\cup\partial\,(\beta))\diagdown(\alpha\cap\beta)$$

最多只有兩個<u>端點</u>！因為這個<u>端點數</u>，就是 α, β 的端點數的和減去 2。於是兩段折接（曲）線，就以它的端點數（即是「價電子」數！）分為三種！

【譬喻：價電子】

直段的端點就等於化學原子的「價電子」：直線沒有價電子，半線有一個價電子，線段有兩個價電子。

直線沒有「折接力」，線段或半線才有「折接力」。

「折接」兩邊的「價電子」：必須接觸，當然不是「互斥」。其他還有種種幾何上的限制，這些就是如上所說的「可折接性」，不要：融渾，穿插，叉支，融接。

折接時，是一對「價電子」（兩直段各出一個！）「共價結合」。

那麼融接又如何？當然幾何與化學不同！幾何的結合（叫做「銜接」）有兩種：折接比較像化學的共價結合，結合所得不是「單一原子」，而是「多原子分子」；在這個「分子」中，「原來的兩個原子」還是清楚可辨識！但是融接不像「化學結合」，比較像「核的反應」，融接所得只有單一個「新的原子」！而且「原來的兩個原子」已經完全不可辨識！

【三段折接（曲）線】

我們可以把上述的辦法用到更多段的折接！

我們知道：兩段折接（曲）線 s_2 依照其端點數來看，只有三種可能：

● 若 s_2 是由半線與半線折接者，已沒有端點（折接「價電子」）。

● 若 s_2 是由半線甲與線段乙折接而成者，則有一端點，且是在線段乙的未折接這一端；所以它可以再去折接別的「同端點」的線段丙或半線丙！（當然有幾何限制：丙和甲必須互斥！）

於是又可以分成兩種狀況：

1. 若丙是半線，那麼，s_2 與丙的折接所得將是「無價電子」（＝「無折接力」）的三段折接（曲）線；它是「無端點」，其實應該說是有兩個「瑕端點」，都在無限遠處！

2. 若丙是線段，那麼，s_2 與丙的折接所得將是有一端點的三段折接（曲）線；它其實應該說是有一個「瑕端點」在無限遠處！

現在考慮具有兩端的兩段折接（曲）線 $s = (\overline{AB} \cup \overline{BC})$。

如果拿它和一條可折接的半線甲 $= \overrightarrow{AD}$，在折接點 A 處折接，情形恰好是剛剛所說的狀況，（取：乙 $= \overline{AB}$，丙 $= \overline{BC}$，）所得是三段折接（曲）線 $\overline{CB} \cup \overline{BA} \cup \overrightarrow{AD}$；它有一個「瑕端點」在無限遠處，只剩一個端點 C。

如果拿它和一條線段丙 $= \overrightarrow{CD}$，在折接點 C 處折接，可折接性要求：丙和乙 $= \overline{BC}$ 恰恰只有交點 C，而丙和甲 $= \overline{AB}$ 互斥。於是，折接所得是三段折接（曲）線 $\overline{AB} \cup \overline{BC} \cup \overline{CD}$；它有兩個端點 A, D。

【三邊形＝三角形】

上述最後一段有個瑕疵，漏掉了一種可折接性：最後折接的這線段丙 $= \overline{CD}$，它可以有 $D = A$，也就是和甲 $= \overline{AB}$ 不是互斥，而是折接！折接所得的整個「三段折接（曲）線」是：

$$\partial(\triangle ABC) := (\overline{AB} \cup \overline{BC}) \cup \overline{CA} = \overline{AB} \cup \overline{BC} \cup \overline{CA}$$

這是三邊形（或三角形）$\triangle ABC$ 的周邊。

註 幾何限制就是三點 A, B, C 不共線！

【端緣集公式】

你知道這個三邊形周邊沒有端點！端點數的折接原理是說：若 α 與 β 可以折接成 $\alpha \cup \beta$，則其端緣集為

$$\partial(\alpha \cup \beta) = (\partial(\alpha) \cup \partial(\beta)) \setminus (\alpha \cap \beta)$$

我們前面是設定：α 與 β 本身都是半線或線段，其實這公式對於 $\alpha = \overline{AB} \cup \overline{BC}$，$\beta = \overline{CA}$ 也通！於是端點數 $= 0$。

但它沒有無窮遠瑕端點。（它是圍的圖形！）（註：圍＝有界。）

【多段折接（曲）線】

所以，三段折接（曲）線，以它的端點集來說，一共有四種可能：

◉ 它可以有兩個端點。

⦿它可以有一個端點。（此時一定有一個無窮遠瑕端點。）

⦿它可以無端且（不圍！）有兩個無窮遠瑕端點。

⦿它也可以無端且圍！（沒有無窮遠瑕端點。）這叫做三段周折接曲線。

我們可以把上述的辦法用到更多段的折接！於是多段折接（曲）線，以它的端點集來說，也是一共有上述的四種！（但段數＝1,2時，各只有三種情形！）

【具兩端折接曲線】

若固定自然數 $m \geq 2$，我們可以換用這個方式來考慮 m 段的折接曲線。假設有 $(m+1)$ 個相異點 $P_0, P_1, P_2, \cdots, P_m \in \mathcal{P}$，我們就可以連結出第 j 個閉線段 $s_j := \overline{P_{j-1}P_j}$，這裡 $j = 1, 2, \cdots, m$。

註 請注意植樹問題的困擾：s 的個數為 m，而 P 的個數為 $m+1$，多了一個！（我們的 P_j，足碼 j 由零算起！因此，s_j 不是 $\overline{P_jP_{j+1}}$。）

我們要求：

(i)所有相鄰的兩線段不共線，也就是「連續的」三頂點不共線

(ii)所有不相鄰的兩線段不相交

於是這些線段的聯集 s，稱為（m 段）具兩端折接曲線（或叫具端折線）；我們可以記為：

$$s = \delta(P_0, P_1, P_2, \cdots, P_m) := \bigcup_{j=1}^{m} \overline{P_{j-1}P_j}$$

各點 P_j 稱為頂點（$0 \leq j \leq m$）；而尤其 P_0, P_m 稱為兩端點。

各閉線段 $s_j = \overline{P_{j-1}P_j}$ 是其一段或一邊（$1 \leq j < m$）。

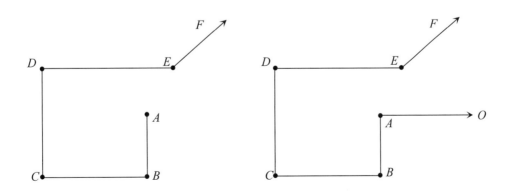

註 我們的記號並不是標準的，只是方便而已。

如果是具一端點的 m 段折接（曲）線，端點設為 P_0，一切和上述一樣，只是最末段 s_m 不是線段，而是半線 $s_m := \overrightarrow{P_{m-1}P_m}$；

$$s = \cup_{1 \le j \le m} s_j,\ s_j = \overline{P_{j-1}P_j}\ (j < m)\ ,\ s_m := \overrightarrow{P_{m-1}P_m}$$

我們可以就記成

$$s = \delta(P_0, P_1, P_2, \cdots, \overrightarrow{P_{m-1}P_m}) := \cup_{j=1}^{m-1} \overline{P_{j-1}P_j} \cup \overrightarrow{P_{m-1}P_m}$$

在上圖左，此 5 段折接（曲）線可以記為 $\delta(ABCD\overrightarrow{EF})$。

在上圖右，此 6 段折接（曲）線可以記為 $\delta(\overleftarrow{OA}BCD\overrightarrow{EF})$。

1.3 平面上的二維點集

1.3.1 多邊形周折線與多邊形域

【多段周折接曲線】

接續上一節的最後，我們可以換用這個方式來考慮 n 段的周折接曲線。這裡固定自然數 $n = m + 1 \ge 3$。

我們假設有 $n = m + 1$ 個（相異的！）頂點 $P_0, P_1, P_2, \cdots, P_{n-1} \in \mathcal{P}$，就可以連結出第 j 個閉線段 $s_j := \overline{P_{j-1}P_j}$，這裡 $j = 1, 2, \cdots, m = n - 1$。

到此為止，好像與上一節的「具端折線」一樣，但是我們再加上一個線段：

$$s_0 := s_n := \overline{P_{n-1}P_0}$$

註（同餘計數法）：例如取 $n = 7$，我們都知道：星期四＝星期 11，星期六＝星期－1，星期九＝星期 2，星期日＝星期 14，等等。我們就規定：

$$s_{-1} = s_{n-1},\ P_n = P_0 = P_{2n}$$

於是，P_1, P_n 是相鄰的頂點，而 s_1, s_n 也是相鄰的邊；我國的幾何限制就是：相鄰的兩邊不共線，相鄰的兩邊恰好有一交點；其它任何兩邊都互斥！上述的周折線 $s = \cup_{1 \le j \le n} s_j$ 的說法是以諸邊 s_j 為主，實用上倒是以諸頂點 P_j 為主。因此這個 n 段周折線（又稱為 Jordan 周折線）s 就記做

$$s = \delta_\circ(P_0, P_1, P_2, \cdots, P_{n-1}) := \cup_{j=0}^{n-1} \overline{P_j P_{j+1}}$$

可以讀做多邊形 $P_0, P_1, P_2, \cdots, P_{n-1}$ 的周線。（在 δ 的腳部寫了圓圈，表示循環回去出發點。）

註 對於多邊形，只要「推移」一下，任一頂點都可以拿來「開端」！

而且可以全部「翻轉」！以四邊形為例，

$$ABCD = BCDA = CDAB = DABC$$

而且，$= DCBA = CBAD = BADC = ADCB$

但是若寫為 $ABDC$，意思就不一樣了！原本「不穿插」，就變「穿插」了！

【周折線的內部域與外部域】

上述的周折線 s，將把所有不在其上的點分成內外兩側，就稱為 s 的內部域與外部域，分別記為

$$\text{inT} (P_1, P_2, \cdots, P_n)，與 \text{exT} (P_1, P_2, \cdots, P_n)$$

前者就是通常所說的多邊形域。

這個意義解釋起來有點煩，列為如下的附錄。

註 習慣上，「域」（region）是指「開域」，不包含其「邊緣」。

如果將一「（開）域」與它的邊緣做併聯，聯集就稱為「閉域」。

附錄：內外兩側

【由一條多段折線所定的同側】

假設 s 是一條多段折線，而 A, B 兩點都不在 s 上，換句話說，$A \notin s, B \notin s$。現在假定有幾個點

$$Q_1 = A, Q_2, Q_3, \cdots, Q_m = B （m \geq 2）$$

使得：

$$\overline{Q_j Q_{j+1}} \cap s = \varnothing （j = 1, 2, \cdots, m-1）$$

我們就說：這兩點 $A = Q_1, B = Q_m$，對 s 而言，是「在同一側」。

（要點是找得到這樣子的 Q_j，$1 < j < m$。）

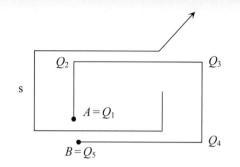

左圖中，s 是五段折曲線。

（末段是半線。）

A, B 兩點，看起來在 s 的異側，

其實是同側！

註 事實上，若 s 是個具有兩個端點或一個端點的折接（曲）線，那麼，$\mathscr{P}$ ＼ s 的所有的點都是（對 s 而言）「在同一側」。這樣的曲線是<u>單側曲線</u>。否則 s 是<u>兩側曲線</u>。

如果 s 是具有兩個瑕端點（在無窮遠處），（它是不圍的曲線，）它是兩側曲線。（但這兩側不是內側與外側的分別！）

【周折線的內部與外部】

如果 s 是個周折線（因此是圍的曲線，不具有在無窮遠處的瑕端點），那麼這兩側可分內外！因為：

如果此側含有一條直線，則它是多邊形外部域 exT $(P_1, P_2, \cdots, P_n)$。

而在內部的任何兩點 R, S，其連線 $\overleftrightarrow{RS}$，一定穿到外部去：

$$\overleftrightarrow{RS} \setminus \text{inT}\,(P_1, P_2, \cdots, P_n) \neq \varnothing\,;\ \overleftrightarrow{RS} \cap \eth_{\circ}\,(P_1, P_2, \cdots, P_n) \neq \varnothing$$

【凸多邊形】

多邊形域 inT$(P_1, P_2, \cdots, P_n)$ 稱為「凸」（convex），意思是：在這個域內，任取兩點 R, S，則其連接線段 $\overline{RS}$ 完全在域內！此時我們就稱此多邊形周線 s 為「凸」。

【三角形】

三角形（域）必然是凸的！因為這是初等幾何最重要的概念，以下我們用 △ 表示三角形域。

習慣上，三角形（域）△ABC 之頂點 A 的<u>對邊</u>記為 $a = \overline{BC}$；而其兩<u>鄰邊</u>則是指 $b = \overline{CA}$ 與 $c = \overline{AB}$。

【四角形＝四邊形】

以下我們用□表示四角形域。這就不一定是凸了！

對於□$ABCD$，其

四邊分成兩組對邊：($\overline{AB}$, $\overline{CD}$)，與($\overline{BC}$, $\overline{DA}$)

四頂點也分成兩組對角頂點：(A, C)，與(B, D)

於是有兩個對角線（diagonal）：$\overline{AC}$, $\overline{BD}$

【五角形＝五邊形】

（$n=5$是奇數！）五邊形$ABCDE$每邊如$\overline{AB}$，有兩個鄰邊$\overline{EA}$與$\overline{BC}$，有兩個對邊$\overline{CD}$與$\overline{DE}$；頂點A也有兩對角頂點C與D；兩個鄰角頂：B, E。

一共有幾條對角線？有 5 條：

$$\overline{AC}, \overline{AD}, \overline{BD}, \overline{BE}, \overline{CE}$$

以上的枚舉法是用「字典排序法」：先把有頂點A的對角線數完！然後數有頂點B的對角線，再來是有頂點C的對角線，但是不要管$\overline{AC}$，就此結束。

這方法不夠好！n變大就不好做了！有一種辦法就是「重複計算」！

含有頂點A的對角線有 2 條！含有頂點B的對角線有 2 條！含有頂點C的對角線也有 2 條！其中$\overline{AC}$，是重複算過了！總之，若重複計算，一共有：5*2＝10 條，而每一條一定被重複計算過，當成 2 條！所以真正只有 10÷2＝5 條對角線。

【定理】

n邊形一共有$\dfrac{n*(n-3)}{2}$條對角線。

 例題1 某人計算兩個凸多邊形的邊數及對角線的總數，他把兩個多邊形加在一起了，共得 16 邊 41 條對角線；請問兩個多邊形各是幾邊？

(解) 設兩個多邊形各是m, n邊，則：

$$m+n=16 \text{ ; } \frac{m(m-3)}{2}+\frac{n(n-3)}{2}=41$$

答案是：7, 9

1.3.2 半面

【由一直線及一點定出半平面】

假設 n 是一條直線（$n \in \mathcal{L}$），它就把整個平面割成兩側；我們在這兩側，各取一點 A 與 B，那麼，與 A 同一側的點，集合成<u>開半面 $\overset{\rightarrow}{nA}$</u>，與 B 同一側的點，集合成開半面 $\overset{\rightarrow}{nB}$；而直線 n 就是開半面 $\overset{\rightarrow}{nA}$ 的<u>端線</u>：

$$n = \partial \left(\overset{\rightarrow}{nA} \right) = \partial \left(\overset{\rightarrow}{nB} \right)$$

【同側異側二分法】

那麼，這裡有：

<u>狹義兩分法</u>：對於 $P \in \mathcal{P}$，若 $P \notin n$，則或者：「P 與 A 在 n 之同側（在 B 之異側）」，或者顛倒：「P 與 B 在 n 之同側（在 A 之異側）」。

用符號來表示，就是說，以下兩者，恰有其一：

$$P \in \overset{\rightarrow}{nA}，或者 P \in \overset{\rightarrow}{nB}$$

你也可以說成：

<u>三分法</u>：對於 $P \in \mathcal{P}$，以下三者，恰有其一：

$$P \in \overset{\rightarrow}{nA}，或者 P \in \overset{\rightarrow}{nB}，或者 P \in n$$

☞注意：寫 $P \in \overset{\rightarrow}{nA}$，結果就等於 $A \in \overset{\rightarrow}{nP}$。

【閉半面】

上述的三分法，是把直線 n 本身排除在那兩個「半面」之外。（因此才叫做開半面。）我們也可以把端線與開半面聯合起來，得到閉半面：

$$\overrightarrow{nA} := n \cup \overset{\rightarrow}{nA}$$

<u>另外一種兩分法</u>：對於 $P \in \mathcal{P}$，則以下兩者，最少有其一：

$$P \in \overrightarrow{nA}，或者 P \in \overrightarrow{nB}$$

這時不能排斥兩者都成立的情形：

$$P \in \overrightarrow{nA}，而且 P \in \overrightarrow{nB}；此即 P \in n$$

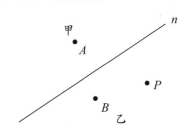

在圖中，直線 n 把平面分成兩個半面：

甲 $= \overset{(\rightarrow)}{nA}$ 與乙 $= \overset{(\rightarrow)}{nB}$

點 P 相對於直線 n 而言，與 B 同側（都在乙），與 A（在甲！）異側。

【對照表】

我們有一個「類推」：

	點 O 分線 m 為兩側	線 n 分平面 $\mathcal{P}$ 為兩側
兩點	$P, Q \in m \setminus \{O\}$	$A, P \in \mathcal{P} \setminus n$
相對於	$O \in m$	$n \in \mathcal{L}$
異側？	$P \notin \overset{(\rightarrow)}{OQ}$？	$P \notin \overset{(\rightarrow)}{nA}$？
	即 $O \in \overline{PQ}$	即 $\overline{PA} \cap n \neq \varnothing$
同側？	$P \notin \overset{(\rightarrow)}{OQ}$？	$A \in \overset{(\rightarrow)}{nP}$？
同側類	與 P 側的點，集成開半線 $\overset{(\rightarrow)}{OP}$	與 A 同側的點，集成開半面 $\overset{(\rightarrow)}{nA}$

問 若 $B \in \overset{(\rightarrow)}{OA}$ 且 $C \in \overset{(\rightarrow)}{OB}$，則 $C \in \overset{(\rightarrow)}{OA}$。 你會類推嗎？

1.3.3 相交的兩線

【兩線通常的關係】

假設 m, n 是平面 $\mathcal{P}$ 上的兩條直線：$m \in \mathcal{L}, n \in \mathcal{L}$。前此已經說過：它們的交集 $m \cap n$ 有三種情形：

- 若 card $(m \cap n) = 0$，即 $m \cap n = \varnothing$（「不相交」），則稱 m 與 n 平行（且相異），這是狹義的平行。

- 若 card $(m \cap n) \geq 2$，則兩線重合：$m = n$，此時我們也稱 m 與 n 平行得一塌糊塗！

● $m \cap n$ 只含有一點 O，我們就記成：$O \overset{\in}{=} m \cap n$；這是<u>通常的</u>情形！

【通常的兩線之四個劣角域】

現在設：

$$O \overset{\in}{=} m \cap n \; ; \; m = \overset{\longleftrightarrow}{POQ} , \; n = \overset{\longleftrightarrow}{ROS}$$

平面 $\mathscr{P}$ 被 m 分割成兩個「開半面」，$\overset{(\longrightarrow}{mR}, \overset{(\longrightarrow}{mS}$；也被 n 分割成兩個「開半面」，$\overset{(\longrightarrow}{nP}, \overset{(\longrightarrow}{nQ}$。

所以平面 $\mathscr{P}$ 被這兩條直線 m, n 分割成四塊區域！

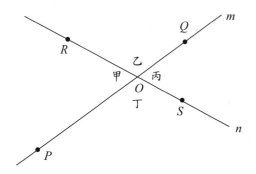

換句話說：開半面與開半面相交截，得到四個（開）角域

$\angle POR = \overset{(\longrightarrow}{mR} \cap \overset{(\longrightarrow}{nP}$（如圖之甲）

$\angle ROQ = \overset{(\longrightarrow}{mR} \cap \overset{(\longrightarrow}{nQ}$（如圖之乙）

$\angle QOS = \overset{(\longrightarrow}{mS} \cap \overset{(\longrightarrow}{nQ}$（如圖之丙）

$\angle SOP = \overset{(\longrightarrow}{mS} \cap \overset{(\longrightarrow}{nP}$（如圖之丁）

此地，$\angle POR, \angle QOS$ 互相是對頂角域，而 $\angle ROQ, \angle SOP$ 互相也是對頂角域，其它的任兩個都互相是<u>外補角域</u>，或者<u>平補角域</u>。

每一個角域，也就定義出對應的一個（劣）角：

$$\angle POR, \; \angle ROQ, \; \angle QOS, \; \angle SOP$$

習題

1 線最多（「通常」！必然）把平面分成 2 塊；

2 線最多（「通常」！)把平面分成 4 塊；

3 線最多（「通常」！）把平面分成幾塊？<u>畫畫看</u>！

4 線最多（「通常」！）把平面分成幾塊？<u>畫畫看</u>！

n 線最多（「通常」！）把平面分成幾塊？

1.3.4 角與角域

我們現在想要小心解說什麼是「角」。

【角的三要素】

「角」的概念，其實含有三個成分！我們以上述的角 $\angle QOS$ 為例來解說：

1. 頂點 O

2. 兩邊 $\{\overrightarrow{OQ}, \overrightarrow{OS}\}$

3. 角域 $\overleftarrow{mS} \cap \overleftarrow{nQ}$ ；$m = \overleftrightarrow{OQ}$ ；$n := \overleftrightarrow{OS}$

這裡唯一的要求是三點 Q, O, S 不共線！

三點中，寫在中間的 O 是角的頂點，這是由角 $\angle QOS$ 唯一確定的；但是這個資訊是很貧乏的。

其次，我們把兩邊解釋為兩條「開半線」，那麼，只要知道這兩條半線中的一條，其端點自然就是角的頂點！

事實上，我們把這兩條開半線併聯起來，又加上端點，這個集合就叫做角域的邊緣

$$\partial(\angle QOS) := \{O\} \cup \overrightarrow{OQ} \cup \overrightarrow{OS} = \overrightarrow{OQ} \cup \overrightarrow{OS}$$

【定理】

我們如此定義的角，$\angle QOS$，叫做劣角，可以由單一個要素：「兩邊」或「角域」，甚或是「角域的邊緣」，就完全確定了！

問 如果說我們把角 $\angle QOS$ 的「兩邊」，定義為兩條「直線」（而非「半線！」）$\overleftrightarrow{OQ}, \overleftrightarrow{OS}$，可不可以？

答 我們畫兩線相交，結果有四個角域出現了！你就無法確定角是四個之中的哪一個！

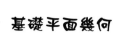
【推廣的定義：優角域】

我們繼續看上述的例子，即「角」$\angle QOS$。其「角域的邊緣」是（上述）兩條可銜接的（但並不共線！）閉半線的聯集；「可銜接」指的是：這兩條有共同的端點。把這樣（銜接起來）的「曲線」，叫做一條角折線。我們馬上看出：這條角折線把平面上「畫分成兩部分」，更清楚些，它把平面上不在其上的任何一點 T，分成兩類：或者 T 在上述的角域 $\angle QOS$ 內，或者 T 在另外一側，我們將記為「$\angle QOS$」。這叫做「由這兩個」（可銜接的）半線所生的優角域。

$$\angle QOS := \overrightarrow{mR} \cup \overrightarrow{nP} = \angle QOR \cup \overrightarrow{OR} \cup \angle ROP \cup \overrightarrow{OP} \cup \angle POS$$

前述的角域 $\angle QOS$ 應該叫做「劣角域」，雖然，「劣」字可省，而「優」字不可省。

結論是：任何一條角折線，$\overrightarrow{OQ} \cup \overrightarrow{OS}$，就畫分出兩個「廣義的角域」，即 $\angle QOS$ 與 $\angle QOS$；這是三分法：

$$\mathcal{P} = \angle QOS \cup \angle QOS \cup (\overrightarrow{OQ} \cup \overrightarrow{OS})$$

（三分法的意思是：這三個集合，是互斥的！）

優角域 $\angle QOS$ 的邊緣還是：

$$\partial(\angle QOS) := \overrightarrow{OQ} \cup \overrightarrow{OS}$$

而閉 $\angle QOS$ 就是：$\angle QOS$ 與這個邊緣的聯集。

問 「$\angle QOS$」與 $\angle QOS$，有何分辨？

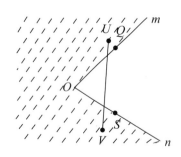

答 前者有「陷進去之處」！
因此，優角城內可找到兩點 U, V，使得其連接線段 $\overline{UV}$ 會穿出域外！
$$\overline{UV} \cap \angle QOS \neq \varnothing$$
劣角域 $\angle QOS$ 中，任兩點的連接線段完全在域內！

【推廣的定義：優角】

而我們就定義一個優角「$\propto QOS$」還是由三個要素組成的：（而且前兩個與（劣角）$\angle QOS$ 完全一致！）

1. 頂點是：O

2. 兩邊是：$\{\overrightarrow{OQ}, \overrightarrow{OS}\}$

3. 角域是：$\propto QOS$

> 註 優角與劣角有一個共通之處：角的三要素之中，最關鍵的要素是「角域」！由角域，就可以確定出邊緣，於是得到另外的兩個要素：「角的兩邊」與「角的頂點」。只是「角的兩邊」，還是有優劣的曖昧！

如果兩個角，頂點與兩邊這兩個要素全同，只是一優一劣，那麼互相稱為周缺：$\angle QOS$ 的周缺角就是「$\propto QOS$」，而「$\propto QOS$」的周缺角就是「$\angle QOS$」。對應的角域也是稱為互為周缺的。

【平角域與平角】

假設有一條直線 $n \in \mathcal{L}$，它就畫出兩個開半面 $\overrightarrow{nP}, \overrightarrow{nQ}$；任一個開半面 $\overrightarrow{nP}$，（$P \notin n$，）都是一個平角域。

我們現在任選一點 $O \in n$，則 O 點把 n 分成兩個半線 $\overrightarrow{OR}, \overrightarrow{OS}$；（$n = \overleftrightarrow{ROS}$；）於是我們可以由三個要素去組成一個平角：

1. 頂點是：$O \in n$

2. 兩邊是：$\{\overrightarrow{OR}, \overrightarrow{OS}\}$

3. 平角域是：$\overrightarrow{nP}$

> 註 兩個平角域 $\overrightarrow{nP}, \overrightarrow{nQ}$，也是稱為互為周缺的。此時無法分出優劣！

【幾何角】

以上所說的優角、劣角，或平角，總稱為幾何角，都是由三個要素組成的：頂點、兩邊與角域。對於優角或劣角，三個要素中，角域是關鍵性的！由它決定了兩邊與頂點！但是，對於平角，單單「角域」這個要素是不夠的！還

須指明頂點！

【變動的角】

我們日常生活中最常看到的「變動的角」，就是鐘或錶上的角。時針太慢了，分針或秒針比較清楚。

現在把手錶平置於桌上。就想像錶面為平面 $\mathcal{P}$。以秒針的軸點為 O 點。它是固定的。錶上刻有三點鐘時針位置為 E 點；（六點鐘時針位置為 S 點；九點鐘時針位置為 W 點；十二點鐘時針位置為 N 點；我們是用東 east，南 south，西 west，北 north 的方位來說的。錶面並沒有！）這（些）點都是固定的！請看下圖：

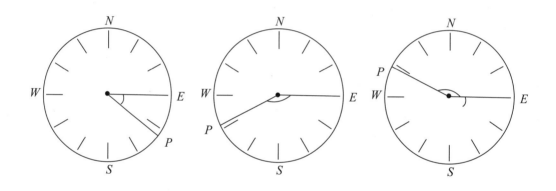

以秒針的尖端為點 P，這是變動的點！我們想要追究，從「上午九時十七分 15 秒」，到「上午九時十八分」15 秒，這一段時間內，以半線 $\overrightarrow{OE}$ 與 $\overrightarrow{OP}$ 為兩邊的角之變化。這時段分成前後兩半段；前半段是從「上午九時十七分」15 秒，到「上午九時十七分」45 秒，後半段是從「上午九時十七分」45 秒，到「上午九時十八分」15 秒。

📖 如果你嫌秒針太快了，可以改為分針，而時段則從「上午九時十五分」，到「上午十時十五分」。

左圖，$\overrightarrow{OP}$ 是（「上午九時十七分」）22 秒時的秒針，中圖，$\overrightarrow{OP}$ 是秒針在 40 秒多時的位置；右圖，$\overrightarrow{OP}$ 是秒針在接近 50 秒時的位置。在前半分鐘內，寫 $\angle EOP$，這劣角域都在 $\overleftrightarrow{EW}$ 這直線的下半面，而 $\angle EOP$，這優角域都在 $\overleftrightarrow{EW}$

這直線的上半面；但是，在後半段時間半分鐘內，恰好顛倒：寫$\angle EOP$，這劣角域都在$\overleftrightarrow{EW}$這直線的上半面，而$\complement\angle EOP$，這優角域都在$\overleftrightarrow{EW}$這直線的下半面。

在前半分鐘內，（劣）角域$\angle EOP$一直增大，而優角域$\complement\angle EOP$一直縮小！（這半分鐘的）「最終」，在「上午九時十七分」45 秒這瞬間，$\overrightarrow{OP}=\overrightarrow{OW}$，（劣）角域$\angle EOP$與優角域$\complement\angle EOP$的極限都是平角域，即分別是直線$\overleftrightarrow{EW}$的下半面與上半面；所以，平角是劣角增大的極限，也是優角縮小的極限。要注意：我們本來要求E, O, P三點不共線，而有劣角$\angle EOP$的概念，然後考慮它的周缺域，於是又有優角$\complement\angle EOP$的概念；但當$P = W$時，E, O, W三點共線，而且$\overrightarrow{OE}$與$\overrightarrow{OW}$確實是直線$\overleftrightarrow{EW}$被點O割斷的兩條半線時，就得到平角的概念。此時，$\angle EOP$與$\complement\angle EOP$都是曖昧不明，因為不曉得誰上誰下！

【空角域與周角域】

那麼，在後半分鐘內，（劣）角域$\angle EOP$一直縮小，而優角域$\complement\angle EOP$一直增大！（這半分鐘的）「最終」，在「上午九時十八分」15 秒這瞬間，（劣）角域$\angle EOP$與優角域$\complement\angle EOP$的極限是啥？

（記得我們講的是開角域，其邊緣上的點都不包含在角域內！）

所以答案很清楚：當（可動）半線的極限是$\overrightarrow{OP}=\overrightarrow{OW}$時，劣角域$\angle EOP$的極限是空無所有！即空集$\varnothing$。

優角域$\complement\angle EOP$的極限卻是整個平面，只是要扣除掉半線$\overrightarrow{OE}$上的點！

所以，在上面已經介紹了的劣角域、優角域與平角域之外，我們又要引入新的概念：

<u>零角域</u>或者叫<u>空角域</u>，即是空集$\varnothing$。

<u>周角域</u>就是整個平面扣除掉一條閉半線

$$\mathcal{P}\smallsetminus\overrightarrow{OE}$$

此時，這個周角域的邊緣就是這條半線：

$$\partial(\mathcal{P}\smallsetminus\overrightarrow{OE})=\overrightarrow{OE}$$

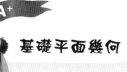

【零角與周角】

我們原本有三種幾何的角：劣角、優角，與平角；現在再引入兩種「非幾何的」角：零角與周角。（這樣，一共有五種「角」。）

零角的三個要素如下：它的「兩邊」是完全重合的半線 $\overrightarrow{OE}$，它的頂點就是該半線之端點 O；而其開角域是空集！這個零角可以記為 $\angle EOE$。

周角的三個要素如下：它的「兩邊」是完全重合的半線 $\overrightarrow{OE}$，它的頂點就是該半線之端點 O；而其開角域是整個平面扣除掉該條邊緣閉半線 $\mathcal{P} \setminus \overrightarrow{OE}$，那當然是個周角域。這個周角可以記為 $\measuredangle EOE$。

> 註　空集就是空集！（全宇宙只有一個空集！）因此任何兩個空角，其開角域必然相同！但是這時的關鍵要素是「兩」邊。（也不是頂點！）我們還是可以由這個「兩」邊來區辨不同的「零角」。
>
> 同樣我們也可以由「兩」邊來區辨不同的「周角」。

> 問　零角的閉角域為何？周角的閉角域為何？

> 答　$\angle EOE$ 的閉角域為閉半線 $\overrightarrow{OE}$，這是其開角域與邊緣的聯集！
>
> $\measuredangle EOE$ 的閉角域為整個平面 $\mathcal{P}$，這是其開角域與邊緣的聯集！

> 註　兩（相異）點 P, Q 之間的（閉）線段是 $\overline{PQ}$，開線段我們記做 $\overset{\frown}{PQ}$；如果讓 Q 點趨向 P 點，那麼，最終，$Q = P$，極限是 $\overline{PP} = \{P\}$，這是退化的閉線段，退化的開線段是空集！零角的角域也是一種退化的情況！

 ## 1.4 　度量的總結

1.4.1 基數長度與面積

【維數與度量】

我們已經說過我們的態度：把一切平面幾何的「圖形」，解釋為「集合」，

也就是 $\mathcal{P}$ 的子集。

這樣子的集合，我們將賦以「維數」。

- 零維的集 U，就是有窮的一些點之集合；於是其可以計算其基數，記之為 card (U)。

- 一維的集 Γ，就是被稱為「曲線」者；於是我們將可以計算其長度，記之為 $\lambda(\Gamma)$。

- 二維的集 $\mathcal{P}$，就是被稱為「域」者；於是我們可以計算其面積，記之為 $\mathcal{A}(\mathcal{P})$。

基數就稱為零維度量，長度就稱為一維度量，面積就稱為二維度量；有時，為了統合討論，乾脆就用相同的符號（只要事先說清楚是幾維的量度！）我們就借用絕對值的記號：

$$|U| := \text{card}\,(U)\,;\, |\Gamma| := \lambda(\Gamma)\,;\, |\mathcal{P}| := \mathcal{A}(\mathcal{P})$$

那麼，這些度量有一些共通點：

圍性：暫時我們將要求，可以量度的集，$U, \Gamma, \mathcal{P}$，都不可以「亂遠的」！

都必須說得出來，「最遠也不過到哪裡」。

維數原則：低維的圖形，其高維的量度一定是零。

高維的圖形，其低維的量度一定是無限的。

加法原則：兩個圖形若交集只是個低維圖形，那麼它們的聯集之度量，就是它們的度量之相加。

合同原則：兩個圖形，若是互相合同，則它們的一切度量都相同。

1.4.2 面積與拼湊

我們這裡就假定你懂什麼是正方形、長方形（＝矩形）、三角形、平行四邊形域，與梯形；要記住我們這裡感興趣的不是這個形狀的周邊，而是所圍的點之全體！所以我們都加上一個字「域」來強調！

【面積公式】

我們從小就學過許多面積公式：

正方形域的面積 ＝ 邊長平方

矩形域的面積＝兩邊長相乘

三角形域的面積＝一邊長乘以其高線長 $\times \dfrac{1}{2}$

所以希臘人如此展開「面積論」！

● 首先要選定一個「面積單位」u_2！通常是先選定一個「長度單位」u_1，（例如說萬國公制的 1 米，）用它做邊長，作出的正方形，其面積即<u>導出的</u>「面積單位」$u_2 = u_1^2$（平方米）。

● 【矩形原理】對於任何兩個自然數 m, n，可以用 $m*u_1, n*u_1$ 為兩邊長，作出一個矩形域！於是縱橫畫線，可以分割出 $m*n$ 個單位面積（＝u_2）的正方形；這些閉正方形，互相幾乎都是互斥的：了不起只有共同的一邊（而面積為零！）；所以由加法原理，這樣的矩形域，面積為：$(m*n)*u_2$。

所以，對於這樣的矩形域，也就是說：「邊長為 u_1 的整倍數者」，面積公式正確！

如下圖左，$|\square ABCD| = |\overline{AB}| * |\overline{AD}|$。

● 依照上述，可知：若把原來所用的長度單位 u_1，細分為 N 等份，長度單位改為 $\dfrac{1}{N} * u_1$，則原先的「單位正方形」便分割成 N^2 個「新的單位正方形」，換句話說：導出的面積單位改為 $\dfrac{1}{N^2} * u_2$；所以，如果矩形域的邊長為 $\dfrac{1}{N} u_1$ 的倍數者，面積公式也正確！（參看下述的搾盡法！）

● 依照上述，如果矩形域的兩邊長都與長度單位 u_1「可共度」，（換句話說：都是 u_1 的「有理數」倍！）那麼面積公式都正確！

● 【對折原理】那麼對於直角三角形域，如圖中△ABC，面積公式就成立！因為可以把這個直角三角形域，拷貝成△CDA，與原件拼湊成一個矩形□$ABCD$，

$$|\triangle ABC| = \frac{1}{2}|\overline{AB}| * |\overline{AD}|$$

● 那麼對於一般的三角形域，面積公式就成立！（如圖右。）

對於兩底角都是銳角的三角形域△ABC，我們作其高線 $\overline{AD}$，就將它分割為兩個同高直角三角形域△ACD, △ADB，再用加法原理，可知：三角

形域面積公式成立！

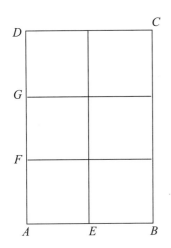 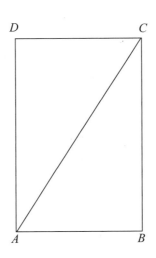 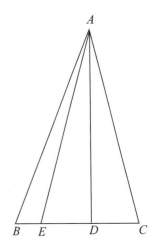

● 【減法原理】對於底角有一鈍角的三角形域△ABE，我們作其高線 $\overline{AD}$，到其底邊的延長線上！得到兩個同高的大小直角三角形域△ABD，△AED，於是：

$$|\triangle ABE| = |\triangle ABD| - |\triangle AED|$$

● 於是，對於平行四邊形域、梯形域，面積公式就成立！（先思考看看！否則，參見§2.3.1。）

【附註：面積之搾盡法】

但是，任意的一個矩形域的兩邊長卻不一定與長度單位 u_1「可共度」！此時，希臘人想到「搾盡法」：畫出兩個「有理矩形」，把你這個（可能「無理」的！）矩形夾在當中！也就是說，這「小」「大」兩矩形，左邊與下邊和你的「中」矩形，完全「同一直線」；「中矩形域」，就是「大矩形域」的子集，卻是「小矩形域」的父集，依照單調遞增性原理，面積應該介乎其間；此地說「小」「大」兩矩形是「有理矩形」，意思是：其等之邊長都是「長度單位」 u_1 的「有理數」倍！所以面積公式成立；「搾盡法」的意思是說：可以讓「大有理矩形」漸漸縮小，「小有理矩形」漸漸放大，讓兩者間的邊長差（因而面積差）「趨近零」！因而面積公式就照舊成立！

1.4.3 合同與長度

【長度】

兩相異點 P, Q 之間的線段 $\overline{PQ}$！我們可以談論其「大小」，這就是其長度，我們照道理應該寫成 $|\overline{PQ}|$。

我們的記號有點煩！其他人也許就用最簡單的記號，寫成

$$PQ = |\overline{PQ}|$$

這也就是兩點之間的距離（distance），因此也常有記做 dist (P, Q) 者。

當然我們也可以規定：退化的線段之長，（「一點與自己的距離」）為

$$|\overline{PP}| = 0$$

【狹義三角不等式】

對於任意相異三點 P, Q, R，若

$$|\overline{PQ}| + |\overline{QR}| = |\overline{PR}|$$

則 P, Q, R 三點共線，且 $Q \in \overset{(\rule{1em}{0.4pt})}{PR}$。

反之，若：P, Q, R 三點有 $Q \in \overset{(\rule{1em}{0.4pt})}{PR}$，則

$$|\overline{PQ}| + |\overline{QR}| = |\overline{PR}|$$

【長度概念的總結】

長度的概念，包含了幾個要點：

1. 把「曲線的長度」歸結到「線段的長度」，這是在希臘文明中完成的！而且這是積分學的開端、極限理論的開端。

2. 「線段的長度」，癥結在「不可共度」的處理，這也是極限理論，尤其無理數的理論之開端。

我們且擱下第一個問題，先談第二個問題。

【線段的長度】

線段 $\overline{AB}$ 的長度，我們的記號是 $|\overline{AB}|$；而這概念如何定義，就等於「兩線

段的長度如何比較？」。

仔細思考，它包含了幾個要點。

甲.如何解釋兩線段有相同長度：$|\overline{AB}|=|\overline{PQ}|$？

乙.如何解釋兩線段長度的大小：$|\overline{AB}|>|\overline{PQ}|$。

丙.如何解釋兩線段長度的相加：$|\overline{AB}|+|\overline{PQ}|$？

丁.如何解釋以一線段的長度去「整度」另一線段的長度：

$$求自然數 n，使：n*|\overline{PQ}| \le |\overline{AB}| < (n+1)*|\overline{PQ}|$$

$$n := \text{floor}(|\overline{AB}| : |\overline{PQ}|)$$

註 floor 是「地板」的意思！這樣子的 n，就是我們（無條件）捨去正數的「小數部分」。$\text{floor}(3.7)=3$，$\text{floor}(-3.7)=-4$。

戊.如何解釋以一線段 $\overline{PQ}$ 的長度做為單位，去「度量」另一線段 $\overline{AB}$ 的長度，也就是算出 $\dfrac{|\overline{AB}|}{|\overline{PQ}|}$，寫成小數。

這一節的目的是解說這些，如果你認為這些都不是問題，那麼這一節的內容，你就可以省略不讀了！

【運作的意義】

要以實際的操作，來比較兩線段的長度 $|\overline{PQ}|, |\overline{AB}|$，道理非常清楚：

1. 我們可以「搬動線段」$\overline{PQ}$，把一端點 P，搬到 A 點去：$P=A$。

2. 又把半線 $\overrightarrow{PQ}$ 搬到 $\overrightarrow{AB}$ 去：$\overrightarrow{AQ}=\overrightarrow{AB}$。

3. 這時候，我們以「集合的涵容」做為長度的比較：

若是：	$\overline{AQ} \subsetneq \overline{AB}$	$\overline{AQ} \supsetneq \overline{AB}$	$\overline{AQ} = \overline{AB}$
則規定：	$|\overline{AQ}| < |\overline{AB}|$	$|\overline{AQ}| > |\overline{AB}|$	$|\overline{AQ}| = |\overline{AB}|$

所謂「搬動」（一個圖形），數學上叫做「合同操作」，而合同操作就是由平移、旋轉及翻轉這幾樣操作湊出來的。

【點之合同】

假設有一點 P 與一點 A；我們只要用到<u>平移</u>，就可以把 P 搬到 A；因此，任一點與任一點合同！

$$P \cong A$$

【直線之合同】

假設有一直線 ℓ 與一直線 m；我們一定可以把 ℓ 合同到 m。實際上，任取 ℓ 上的兩點 P, Q，任取 m 上的兩點 A, B，因而 $\ell = \overleftrightarrow{PQ}$，$m = \overleftrightarrow{AB}$，我們更進一步，有半線之合同。

【半線之合同】

任一「半線」$\overrightarrow{PQ}$ 與任一「半線」$\overrightarrow{AB}$ 合同！因而

$$\ell = \overleftrightarrow{PQ} \cong m = \overleftrightarrow{AB}$$

實際上，我們先用<u>平移</u>，把端點 P 搬到端點 $A = P_1$；這時 $\overrightarrow{PQ}$ 被搬到 $\overrightarrow{P_1 Q_1}$，我們再用（繞 A 點的）旋轉，就可以把 $\overrightarrow{P_1 Q_1}$ 到 $\overrightarrow{AB}$ 去！

如此，上述的問題甲與乙，已經解決！我們重新敘述如下：

【合同的公理 1】

(i)任一點與任一點合同！

(ii)任一直線與任一直線合同！還可以要求：把線上的指定點合同起來。

(iii)任一「半線」與任一「半線」合同！

【合同的公理 2】

兩線段 $\overline{AB}$ 與 $\overline{PQ}$，必須且只須長度相同，才可以合同！更清楚些：

若有一線段 $\overline{AB}$，及一直線 ℓ 上的點 P，那麼在直線 ℓ 上，恰有兩點 Q_1, Q_2 使得：

$$\overline{AB} \cong \overline{PQ_1} \cong \overline{PQ_2}$$

這兩點分居 ℓ 上 P 的兩側。

【兩分法的公理】

兩線段 $\overline{AB}$ 與 $\overline{PQ}$，若長度不等，則必有長短！換句話說，若三點 A, B, C 不同，而 $\overrightarrow{AB} = \overrightarrow{AC}$，則下述二者必有其一！

$$\overline{AB} \subsetneq \overline{AC}，或 \overline{AB} \supsetneq \overline{AC}$$

問題丙也很容易有操作的解法，如下：

【長度相加】

另外，兩個線段 $\overline{PQ}, \overline{BC}$，「長度相加」$PQ + BC$ 的涵義，我們可以由上述的截取操作來理解：

在直線 $\overrightarrow{BC}$ 上，截取線段 $\overline{BA}$ 使點 A, C 分在 B 的異側，並且其長度與 $\overline{PQ}$ 相同，於是，$\overline{AC}$ 的長度，就是所要求的「兩個線段長度相加」！

 長度相減：若 $|\overline{PQ}| < |\overline{AB}|$，如何得到 $|\overline{AB}| - |\overline{PQ}|$？

 把 $\overrightarrow{PQ}$ 搬到 $\overrightarrow{AB}$ 上（故：$P = A$，$Q \in \overset{\frown}{AB}$），則 $|\overline{QB}|$ 即所求。

利用圓規來操作，這叫做「以短截長」。

【長度的整倍數】

以相同長度一再相加，馬上得到「長度的倍數」：

$$(|\overline{PQ}| + |\overline{PQ}|) + |\overline{PQ}| = 3 * |\overline{PQ}|; \cdots$$

【以短度長】

有了長度的加減，問題丁就容易解決了！

事實上利用圓規來操作是輕而易舉的：記 $A = Q_0$，在 $\overrightarrow{AB}$ 上，依次截取諸點 $Q_1, Q_2, Q_3, \cdots$，使得：

$$|\overline{AQ_1}| = |\overline{PQ}| = |\overline{Q_1 Q_2}| = |\overline{Q_2 Q_3}| = |\overline{Q_3 Q_4}| = \cdots$$

當然 $Q_1 \in \overset{\frown}{AB}$，我們只要截出最先的 $Q_{n+1} \notin \overline{AB}$，就停了！

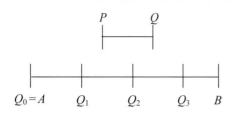

以 $\overline{PQ}$ 度 $\overline{AB}$，$n = 3$ 段，而有度餘 Q_nB。

【整商，度餘，可度淨】

以上的 n，稱為以 $\overline{PQ}$ 度 $\overline{AB}$ 的整商（integral quotient），記號是：

$$n = \text{floor}(|\overline{AB}| : |\overline{PQ}|)$$

● 若：$Q_n = B$，則稱「以 $\overline{PQ}$ 去度 $\overline{AB}$，恰可度淨」，而且：$\overline{AB}$ 恰是 $\overline{PQ}$ 的 n 倍長。

● 否則，「以 $\overline{PQ}$ 去度 $\overline{AB}$，不可度淨」，$\overline{AB}$ 是 $\overline{PQ}$ 的 n 倍長而有餘。

$\overline{Q_nB}$ 稱為以 $\overline{PQ}$ 度 $\overline{AB}$ 的度餘。

（更正確的說法是：$|\overline{Q_nB}|$ 為以 $|\overline{PQ}|$ 度 $|\overline{AB}|$ 的度餘。）

$$\overline{Q_nB} = \overline{AB} \bmod \overline{PQ}$$

【Archimedes 公理】

上述的 n，一定存在！即：「以 $\overline{PQ}$ 去度 $\overline{AB}$」，這個操作早晚會停！

【逼近的小數】

最後要解決問題戊就容易了。思考一下：我們說

$$|\overline{AB}| = 13.67 \text{ 米}$$

是啥意思？首先你有一根尺，有一公尺（meter）長，$|\overline{PQ}| = 1\text{m}$。用它去截出 $|\overline{AA_1}| = 13 * |\overline{PQ}|$；而使餘為 $\overline{A_1B}$，

$$|\overline{AB}| = |\overline{AA_1}| + |\overline{A_1B}|，|\overline{AA_1}| = 13 * |\overline{PQ}|$$

你只要再解釋：$|\overline{A_1B}| = 0.67\text{m}$，就好了。但是這就須要用另外「更小的尺」$|\overline{P_1Q_1}|$，其長度為 1 分米（deci-meter, deci = 分 = $\frac{1}{10}$）。於是用它去截出 $|\overline{A_1A_2}| = 6 * |\overline{P_1Q_1}|$；而度餘為 $|\overline{A_2B}|$，

$$|\overline{A_1B}| = |\overline{A_1A_2}| + |\overline{A_2B}|，|\overline{A_1A_2}| = 6 * |\overline{P_1Q_1}|$$

你只要再解釋：$|\overline{A_2B}|=0.07\text{m}=0.7\text{dm}$，就好了。但是這就須要用另外「更小的尺」$\overline{P_2Q_2}$，其長度為 1 釐米（centi-meter, centi＝釐＝$\frac{1}{100}$＝%）。此時「恰可度淨」：

$$|\overline{A_2B}|=7*|\overline{P_2Q_2}|$$

我們此地是非常詳細地做概念上的解說！這是「希臘文明的方式」：假定你的尺（「矩」）$\overline{PQ}$，沒有刻度！

所以要解決問題戊，還必須說清楚：你怎麼由$|\overline{PQ}|=1\text{m}$，得到$|\overline{P_1Q_1}|=1\text{dm}$$=\frac{1}{10}\text{m}$。再由$|\overline{P_1Q_1}|=1\text{dm}$，得到$|\overline{P_2Q_2}|=1\text{cm}=\frac{1}{10}\text{dm}$。這是問題己。

註 如果是（古時的英國人，或現代的）美國人，他們的問題將是：怎麼由$|\overline{PQ}|=1\text{ft}$，得到$|\overline{P_1Q_1}|=1\text{in}=\frac{1}{12}\text{ft}$。（$N=12$）

問題己：如何把$\overline{PQ}$分割為 N 等份，得到$\overline{P_1Q_1}$？

在相似形與比例的理論中，這問題可以解決！但是我們先強調：如果 N $=2$，這是下列問題：

【長度的對半分割問題】

如何把線段平分為二？

 這是很基本的作圖題：「求作線段的垂直平分線」！（我們複習一下：並不需要比例與相似形的理論！）

$$\{C,D\}:=A_B\cap B_A;\ \overleftrightarrow{CD}=qef.$$

【翻譯】

以 A 為心，取半徑$|\overline{AB}|$，畫圓 A_B；又以 B 為心，取半徑$|\overline{BA}|$，畫圓 B_A；兩圓相交於兩點 C 與 D；兩點的連線 $\overleftrightarrow{CD}$，（$qef.=$）即所欲畫！

實際上，以兩端為心，取相同半徑（此地取$|\overline{AB}|=|\overline{BA}|$，只是方便！），（$qef.=$）分別畫圓，相交於兩點 C 與 D，$\overleftrightarrow{CD}$即所求！

還是有一個問題：為何我們一定可以量出長度呢？

問題庚：為何$|\overline{AB}|=13.67*|\overline{PQ}|$的小數，到了好幾位，就會停呢？

所有的其它的文明，都相信：「等到我的眼睛分辨不出來，當然就停了。」

只有希臘文明的搾盡法才思考（並且解決）了這個問題：

$|\overline{AB}| = x * |\overline{PQ}|$，而 x 的小數位並不一定有窮！但 x 仍然有意義！在正方形的情形，

$$|\overline{AC}| = \sqrt{2} * |\overline{AB}| ; \sqrt{2} 是無理數$$

Plato 的話，我翻譯成漢文：

「正方形之一邊與其對角線，不可共度，人而不知此，枉稱靈長！」

附錄：不可共度論

【共度單位】

若有三個線段 $\overline{AB}, \overline{PQ}, \overline{UV}$，而以 $\overline{UV}$ 恰可度淨 $\overline{AB}$ 與 $\overline{PQ}$ 兩者，那麼，$\overline{UV}$ 是兩者的「共度線段」，而且兩者是可共度的。

此時，$|\overline{AB}| = n * |\overline{UV}|$，$|\overline{PQ}| = m * |\overline{UV}|$，因而：兩線段的長度比為有理分數：

$$|\overline{AB}| : |\overline{PQ}| = \frac{n}{m}$$

【Pythagoras 定理】

一個正方形 $\square ABCD$，對角線 $\overline{AC}$ 與一邊 $\overline{AB}$，不可共度！

【Euclid 輾轉互度定理】

假設兩個線段 $\overline{AB}, \overline{PQ}$ 可共度，則其「最大共度線段（長）」可如此求得：設 $|\overline{AB}| \geq |\overline{PQ}|$，我們記：

$$\ell_0 := \overline{AB} \ , \ \ell_1 := \overline{PQ}$$

以 ℓ_1 去度 ℓ_0，其度餘為 ℓ_2。

若 ℓ_2 不是零線段，則以之去度 ℓ_1，其度餘為 ℓ_3。

若 ℓ_3 不是零線段，則以之去度 ℓ_4；一直下去！必會遇到零線段 ℓ_{m+1}。於是，$|\ell_m|$ 就是兩個可共度線段 $\overline{AB}, \overline{PQ}$ 的最大共度線段長，記為：

$$|\ell_m| := \text{hcf}(|\overline{AB}|, |\overline{PQ}|)$$

1.4.4 角度

【角度】

角或者角域的「大小之度量」，稱為此「角」或此「角域」的角度。所以我們將模仿前面的三種度量，採用絕對值的記號！

我們前面提到的 card, λ, 𝒜，分別是零維、一維、二維的度量，那麼現在「角的度量」，有何不同？最主要的不同在於「圍」（有界範圍）與「不圍（無窮遠範圍）」。

角有三要素，角度＝「角域的大小之度量」，只涉及角域這個要素，而角域必然是「一望無際」；至於有窮集之基數、線段之長度、「有窮領域」（如多角形區域）之面積，一定是在視野的有界範圍內！

那麼，分析起來，角度的概念包含了幾個要點：（我們只要把線段 $\overline{AB}$ 改為角域$\angle BAC$，就可以模仿前一小節了！）

甲.如何解釋兩角域有相同角度：$|\angle BAC| = |\angle QPR|$

乙.如何解釋兩角度的大小：$|\angle BAC| > |\angle BAD|$

丙.如何解釋兩角度的相加：$|\angle AOF| + |\angle FOR|$

丁.如何解釋以一角度$|\angle AOF_1|$去整度另一角度$|\angle AOR|$（求自然數 n 使）：

$$n * |\angle AOF_1| < |\angle AOR| < (n+1) * |\angle AOF_1|$$

戊.如何解釋以一角度$\angle BAC$的大小為單位，去「度量」另一角度$\angle QPR$的大小，也就是算出$\dfrac{|\angle QPR|}{|\angle BAC|}$，寫成小數。

註 以下，為了記號方便，我們此地都寫成好像只在討論「劣角」$\angle BAC$ 的角度$|\angle BAC|$。可以這樣做的理由是：如果我們可以把劣角域合同起來：

$$\angle BAC \cong \angle QPR$$

那麼它們的周缺角域也就合同了：

$$\complement BAC \cong \complement QPR$$

【量角器】

希臘人沒有我們這樣方便的工具！所以他們必須做概念的操作。我們卻有

「量角器」可用。

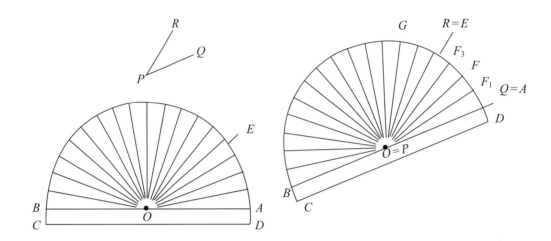

　　圖左上，有一角∠QPR，事實上，|∠QPR|＝37°，我們就解釋為：與圖左下（量角器）的角∠AOE合同！

$$\angle QPR \cong \angle AOE$$

　　量角器是個透明板，所以合同操作就很清楚了！量角器有<u>基線</u>$\overline{AB}$，<u>原點或基準頂點</u>是O點；我們可以平移它到所要量度的角∠QPR頂點P處去，然後又旋轉，就可以把「一邊」$\overrightarrow{OA}$合同於$\overrightarrow{PQ}$。

　　通常的量角器把平角分割為180等份。（我們這裡只顯現到平角的18等份，即10°。）如此，在本例，量角器上的$\overrightarrow{OE}$與$\overrightarrow{PR}$重合，因此由量角器所標示的37°，知道：

$$|\angle QPR| = |\angle AOE| = 37°$$

【角域的合同與角度相等】

　　對於兩個角域∠AOE與∠QPR，如果我們可以用平移旋轉與反轉，使兩者重合為一，那麼，兩者合同！於是就說角度相等：

$$\angle AOE \cong \angle QPR，|\angle AOE| = |\angle QPR|$$

　　問題只在於：要如何操作來驗證？

　　我們可以把（量角器）頂點O平移到P（這是點的合同！），然後，繞著

此點，把（量角器上的）半線 $\overrightarrow{OA}$ 旋轉到 $\overrightarrow{PQ}$（這是半線的合同！）。（如果 $\overrightarrow{PR},\overrightarrow{OE}$ 在直線 $\overleftrightarrow{PQ}=\overleftrightarrow{OA}$ 的不同側，我們就把角域∠AOE 對此直線翻轉。）

現在只要「比對」∠QPR 與∠AOE 就好了！於是，若 $\overrightarrow{PR}=\overrightarrow{OE}$ 重合，我們就驗明了合同！從而兩個角度也相等！

【角度的大小比對】

圖右之中，如果與∠AOR 比對的改為∠AOF（或∠AOG），則有：

$$因 \overrightarrow{OF} \subset \angle AOR，故|\angle AOR|>|\angle AOF|$$
$$因 \overrightarrow{OR} \subset \angle AOG，故|\angle AOR|<|\angle AOG|$$

【角度的相加相減】

若 $\overrightarrow{OF} \subset \angle AOR$，則

$$|\angle AOR|=|\angle AOF|+|\angle FOR|$$

【角度的「以小度大」】

圖右之中，我們要以小角度$|\angle AOF_1|$去整度大角度$|\angle AOR|$，則得：

$$|\angle AOF_1|=|\angle F_1OF|=|\angle FOF_3|>|\angle F_3OR|$$

則有：（不能「淨度」，而有「度餘」！）

$$3*|\angle AOF_1|<|\angle AOR|<4*|\angle AOF_1|$$

【例 1：平角皆相等】

首先，對於一條直線 $\overleftrightarrow{AB}$，取 $O\in\overleftrightarrow{AB}$，得到兩條半線 $\overrightarrow{OA},\overrightarrow{OB}$，那麼，以之為兩邊，就形成兩個平角，頂點都是 O，（開）角域是（開）半面；那麼繞 O 點轉半圈，就把這個（開）半面合同到另一個（開）半面；故：兩個角域是合同的，因而角度相同！

如果另外有一條直線 $\overleftrightarrow{EF}$，及點 $U\in\overleftrightarrow{EF}$，而形成平角，我們可以先平移 O 到 U，又轉 $\overrightarrow{OA}$ 到 $\overrightarrow{UE}$，於是就看出：平角∠AOB（兩個當中任擇一個！）與平角∠EUF 合同！因而角度相同！

依 Babylon 制，就規定此角度為 180°。

【例2：周角（度）】

所有的周角域都是合同的！（把頂點平移到同一點，再把邊緣的半線，旋轉到一致！）因此周角度都相等！Babylon 制，定之為 360°。在概念上，我們有兩種選擇：可以以周角度＝360°，做為出發點；也可以以平角度＝180°。

【例3：直角】

另外一種選擇是取「直角度」為平角（度）的一半！而直角域就是平常所說的象限。放在 Babylon 制，直角度為

$$\frac{180°}{2} = \frac{360°}{4} = 90°$$

註 數學國的國民，即使與台灣國的國民同樣使用漢字，但是，在數學國的文章中，用字意義，必須嚴謹分辨！（英文也如此！）

外角＝exterior angle；補角＝supplementary angle

餘角＝complementary angle

優角＝superior angle；劣角＝inferior angle

前面提到：直線 $\overleftrightarrow{PQ}, \overleftrightarrow{RS}$ 相交於一點 O 時，考慮 $\angle POR$ 的角度 $|\angle POR|$，於是有：

（周）缺角度＝360°－$|\angle POR|$＝$|$優角 $POR|$

（平）補角度＝180°－$|\angle POR|$＝$|\angle ROQ|$＝$|\angle POS|$

（直）餘角度＝90°－$|\angle POR|$

角度與長度之異同

【思考】

我們想像一個科學幻想的場景：與一位（當然是 Plato 學院的）希臘人email，討論幾何問題。如果傳訊給（他或）她說：

「$\overline{PQ}$ ＝37cm；$|\angle QPR|$ ＝37°」

那麼，在 Plato 學院中的（他或）她，能否畫出這樣的線段與角？

甲.（他或）她畫不出這樣的線段，理由是：不知道我們的單位長度。

乙.（他或）她畫不出這樣的角，理由是：不知道我們的角度單位。

丙.所以我們就再傳訊提醒：我們的角度是 Babylon 制。

「這一來，（他或）她應該畫得出這樣的角吧！」

實際上，用她們的希臘規矩，（他或）她還是畫不出這樣的角！但是可以畫出非常接近的角！

丁.如果「科幻機」傳給（他或）她的「紙」上，有我們再傳過去的一個線段，我們註明：$|\overline{AB}| = 10\text{cm}$，那麼（他或）她就可以畫出這樣的線段 $\overline{PQ}$，使得 $|\overline{PQ}| = 37\text{cm}$。

戊.如果「科幻機」傳給（他或）她的「紙」上，畫有我們再傳過去的一個角 $\angle QPR$，其角度為 $|\angle QPR| = 37°$，那麼，不用我們告知，也不用量角器，只用她們的希臘規矩，（他或）她就可以量出這個角度！

我們慢慢檢討：

◉ 甲與乙都指出：任何度量都必須先說清楚度量的單位！

◉ 丙的要點是：長度沒有自然的單位！而角度有自然的單位！

如果 email 中，我們說：一個成年男人大約 170cm。那麼（他或）她，大概可以畫出近似的線段，長度 $|\overline{PQ}| \approx 37\text{cm}$。「一個成年男人的身高」，絕非「自然的長度單位」。

但是：周角度（360°）或平角度（180°）或直角度（90°）都可以取做自然的單位！如果你主張：以 60° 為主要的單位，也很自然！

所以，只要說一句「我們的角度是 Babylon 制」，（他或）她的 37°，就和我們的 37°，概念上完全一樣！（不是「差不多」！）因為周角度（或平角度，或直角度）是精確的概念。（不只是「放諸四海而皆準」，到了「外太空」、「超宇宙」，還是一樣！）

「一個成年男人的身高」，則是不精確的概念。所以，希臘人只好猜想「成年男人的身高」170cm 大約是多長，從而畫出想像中的 37cm。猜想中的「成年男人的身高」，誤差可以有 10cm，那麼，（他或）她畫出「想像中的 37cm」，誤差就可以有 2.2cm。除非如丁的辦法，「傳過去一個線段」，而不是「用說的」。

至於角度，「用說的」就可以了！聽到這樣「Babylon制的37°」，概念上就可以完全精確地畫出來！問題出在工具。

● 用她們的希臘規矩，希臘人畫得出 30°, 36°這樣的角度，當然也畫得出 6°, 3°這樣的角度；但是，Babylon 制的單位是 1°，這倒不是數學上的自然單位，也不是希臘人的自然單位。希臘人只能畫個「差不多」。她們可以畫出

$$36° + \frac{3°}{4} + \frac{3°}{4^2} + \frac{3°}{4^3}$$

這樣子與37°，只差到 $\frac{1°}{4^3}$。原則上誤差可以更小，悉聽尊便！這情形和剛剛說的畫 37cm 的情形不一樣！

已經畫出3°，用她們的希臘規矩，希臘人無法把它「三等分」！因此畫不出 1°。希臘人只能把它「對半分割」！一再的「對半分割」，就可以畫出 $\frac{3°}{4^n}$。

希臘人無法用她們的希臘規矩，把 60°「三等分」為 20°。

但是長度與角度不同：由 10cm，你可以將它分割為 10 等份，就得到 1cm 了。丁的意思就是如此！

● 戊的意思呢？要求她們用希臘規矩，主動地畫出 37°，她們辦不到！但是，如果給了她們一個角度 37°，要求她們用希臘規矩，被動地「量量看」，她們辦得到！（非常奇怪！？）

我們再回到丁去：那是要求她們，用她們的希臘規矩，主動地畫！改為被動也可以：email 給（他或）她的「紙」上，有我們再傳過去的兩個線段，我們註明其一有：$|\overline{AB}| = 10\text{cm}$，要她量出另外的線段 $\overline{PQ}$ 之長（37cm）。這樣子的工作就與戊一樣了，只是把角度改為長度！當然她們也辦得到！

● 剛剛最後的一句話，理由是：輾轉互度的道理，不論是角度或長度，都是相同的！

如果『給了一個長度的基本單位$|\overline{AB}| = 1$（ft），然後說：$|\overline{PQ}| = \frac{37}{12}\text{ft}$ $= 37\text{in}$』，那麼，這情形和『給了一個角度的基本單位$|\angle AOB|$（$= 12°$）1

DD（「大度」），然後說：$|\angle QPR| = \frac{37}{12}DD = 37° = 37$「小度」』，這兩句話的解釋卻是完全一樣的！

因為我們可以輾轉互度！我們以 $|\overline{AB}| = 12\,\text{in} = 1\,\text{ft}$ 去度 $|\overline{PQ}| = 37\,\text{in} = \frac{37}{12}\,\text{ft}$，扣去 3 ft 之後，會有「度餘」，（剩下一段）$|\overline{P_1Q}| = 1\,\text{in}\ (= \frac{1}{12}\,\text{ft})$；於是再用 $|\overline{P_1Q}| = 1\,\text{in}$ 去度 $|\overline{AB}| = 1\,\text{ft}$，恰可度盡，得到 12 in！總結起來：$|\overline{PQ}| = \frac{37}{12} * |\overline{AB}|\,\text{ft} = 37\,\text{in}$。

現在換成角度的度量問題來看！其實道理完全一樣！我們以 $|\angle AOB| = 12° = 1$「大度」去度 $|\angle QPR| = 37° = \frac{37}{12}$「大度」，扣去 3「大度」之後，會有「度餘」，（剩下一小角）$|\angle Q_1PR| = 1°$（= 小度）；於是再用 $|\angle Q_1PR| = 1°$ 去度 $|\angle AOB| = 12° = $「大度」，恰可度盡，得到 12 小度！總結起來：$|\angle QPR| = 37 * |\angle Q_1PR| = 37°$。

註 在前面的圖右中，$|\angle AOR| = 37°$，$|\angle AOF_1| = 10°$；所以，只要給了這兩個角，利用輾轉互度的辦法，就可以由後者量出前者！但是，用她們的希臘規矩，無法畫出 10°！

要點是：用她們的希臘規矩，可以畫出 12°！所以，只要給了單一個角 $\angle AOR$，利用輾轉互度的辦法，她們就可以量出它！不需要你給以 $|\angle AOF_1| = 10°$。

【角的量度】

本來，平面上的角域，我們都要想像成從角頂無限伸展出去。但是，要比較兩個角度時，我們可以這樣做：

先把兩個角的頂點平移成同一點 A，那麼以此點為圓心，任意長為半徑，畫一圓，和這兩個角 $\angle BAC$, $\angle DAE$ 的兩邊，（一共有 4 條「半線」，）$\overrightarrow{AB}$, $\overrightarrow{AC}$, $\overrightarrow{AD}$, $\overrightarrow{AE}$，各交於點 B, C, D, E。換句話說：兩個角域被這個圓截出兩段圓弧 BC, DE，於是也得到兩個扇形區域 BAC, DAE。

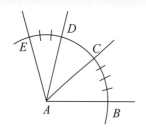

那麼，

兩個角度的比

$|\angle BAC|:|\angle DAE|$

＝弧長 BC：弧長 DE

＝扇形域 BAC 面積：扇形域 DAE 面積

【角度的單位】

在高等數學中，角度常用「自然的單位」，也就是把「平角（度）」記做（希臘字母的）π，和圓周率相同！

$$平角度 =\pi =180°$$

Babylon 制則是六十進位制，也就是 1 周角（度）＝360°；然後再令：

$1°=60'$（1 度＝60 分）；$1'=60''$（1 分＝60 秒）。

Babylon 人早就知道：（或者，「太陽繞地球」，或者，Galilei-Newton 的相對論，）「地球繞太陽」（差不多）是個圓形軌道，週期約是 365 天。

所以地日公轉「每天所轉的角度」，應該是很好的一個角度單位！「取整」，就設為 1 周角（度）＝360°。（一天約公轉一度，60 天約 60°。）

【60°與正六邊形的畫圖】

先畫一直線，在其上取一點 O 為心，任意半徑作圓，稱為基本圓；而基本圓交此直線於 A, D 兩點，（故 AD 為直徑！）再以 A 為心，同樣半徑畫圓，兩圓交於 B, F 兩點，則：

$$|\angle BOA|=60°=|\angle AOF|$$

若以 D 為心，同樣半徑畫圓，交基本圓於 C, E 兩點，則：依次連接各點得到一個正六邊形 $ABCDEF$，內接於基本圓上！

（事實上，你只是利用圓規去截取各點而已！）所以：60°其實才是最容易作出的角度！其實，Babylon 的和尚才想到六十進位制。（以等速圓形軌道的模型，那麼地球大約要 60 天多一點！）

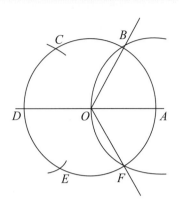

$$\{A, D\} := \overleftrightarrow{DOA} \cap O_*$$

$$\{B, F\} := A_O \cap O_A$$

$$\{C, E\} := D_O \cap O_D$$

$$|\angle AOB| = 60°$$

$$|\angle AOF| = 60°$$

$$|\angle BOC| = 60°$$

$$|\angle FOE| = 60°$$

$$|\angle DOE| = 60°$$

$$|\angle COD| = 60°$$

【作圖題：角的平分線】

我們再強調一下：角度或長度有一點點不同！用希臘規矩，要把線段分割為 N 等份，在相似形與比例的理論中，這問題可以解決！但要把角分割為 N 等份，通常是沒辦法！

但是我們先強調：如果 $N=2$，這是很基本的作圖題！（「求作線段的垂直平分線」，改為「求作：$\angle BAC$ 的平分線」。）

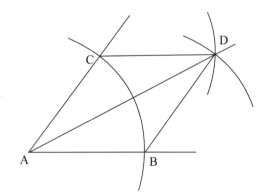

$$B := A_* \cap \overrightarrow{AB}$$

$$C := A_* \cap \overrightarrow{AC}$$

$$\{D, A\} := B_A \cap C_A$$

$$\overrightarrow{AD} = 所欲畫$$

【翻譯】

以頂點 A 為心，任意長 $|\overline{A_*}|$ 為半徑（$*$ 表示（相當）任意的一點！）畫圓，各交兩邊於 B, C 兩點。（就不要原來的 B, C 點好了！）

就以 B, C 兩點為心，取相同半徑 $AB = AC$ 而畫圓，這兩圓的兩交點是本來

的 A 與另一點 D，（$ABDC$ 成為菱形！）而半線 $\overrightarrow{AD}$，即所求 $\angle BAC$ 的垂直平分線！

　　事實上，此半線的反向半線就是優角 $\angle BAC$ 的平分線！

CHAPTER 2

[線段的幾何]

2.1 內角和定理

【多邊形抑多角形】

我們已經解釋過多邊形域 $\mathrm{inT}(P_1, P_2 \cdots, P_n)$ 的意義。這時候，它的頂點集是

$$\{P_1, P_2 \cdots, P_n\}$$

它的邊的集是

$$\{s_1, s_2 \cdots, s_n\}; s_j := \overline{P_j, P_{j+1}} \quad (P_{n+1} = P_1)$$

兩者的基數都是 $n \geq 3$。我們當然可以談論其周邊長：

$$|\delta_\circ(P_1, P_2 \cdots, P_n)| = |s_1| + |s_2| + \cdots + |s_n| = \sum_j |s_j|$$

也可以談其面積：

$$|\mathrm{inT}(P_1, P_2 \cdots, P_n)|$$

最後還有一個度量：角度。

【（三邊形即）三角形】

如果 $n = 3$，我們不太用足碼的方式！我們直接寫 $\triangle ABC$，表示三邊形域；而且這三邊就記做：

$$a = \overline{BC}, b = \overline{CA}, c = \overline{AB}$$

這時候就有三個角（域），

$$\angle A := \angle BAC, \angle B := \angle CBA, \angle C := \angle ACB$$

對於 $\triangle ABC$，頂點 A（或 $\angle A = \angle BAC$）的對邊是 $a = \overline{BC}$；而其兩鄰邊則是指 $b = \overline{CA}$ 與 $c = \overline{AB}$；反之邊 $a = \overline{BC}$ 的對角是 $\angle A$，而其兩鄰角則是指 $\angle B$ 與 $\angle C$。

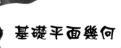
【三角形的稱呼】

如果三邊（長）相等：$BC = CA = AB$，我們就說這是<u>正三角形</u>，其實，這等於說，三角（度）相等：$|\angle BAC| = |\angle CBA| = |\angle ACB| = 60°$。

這是 $n = 3$ 的特別之處：等邊就是等角！

如果兩邊（長）相等：$AC = AB$，我們就說這是「等腰」三角形，其實，這等於說，「兩底角（度）」相等：$|\angle ABC| = |\angle ACB|$。（參見後述的 Thales 定理！）說「腰」（指 $\overline{AB}, \overline{AC}$）或者「底角」（指 $\angle ABC, \angle ACB$）或者「頂角」（指 $\angle BAC$），是因為畫圖經常如此！

如果有一角度是直角（經常取為 $\angle BCA$），這是「直角三角形」；如果有一角度大於直角，這是「鈍角三角形」；若三個角度都小於直角，這是「銳角三角形」。

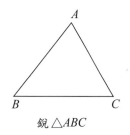

銳 $\triangle ABC$

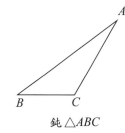

鈍 $\triangle ABC$

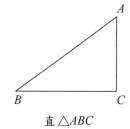

直 $\triangle ABC$

【記號規約】

以下採取這樣的規定：

正 $\triangle ABC$，指：$AB = BC = CA$，$|\angle A| = 60° = |\angle B| = |\angle C|$

直 $\triangle ABC$，指：$|\angle C| = 90°$

鈍 $\triangle ABC$，指：$|\angle C| > 90°$

等腰 $\triangle ABC$，指：$AC = BC$

習題 試畫出一個任意的三角形。

註 要點是：絕對不要畫出「正三角形」、「等腰直角三角形」、「等腰三角形」、「30°，60°直角三角形」、「直角三角形」。

【中線，分角線，垂線】

對於一個 $\triangle ABC$ 的一個頂點 A 來說，到對邊 $\overline{BC}$ 的中點 L 的線（段）$\overline{AL}$ 叫做其「中線」；角 $\angle BAC$ 的分角線 $\overrightarrow{AD}$ 是指：$|\angle BAD| = |\angle DAC|$，而且要 $\overrightarrow{AD}$ 在角域 $\angle BAC$ 內！另外，A 的垂足是 $U \in \overrightarrow{BC}$，$\overrightarrow{AU} \perp \overrightarrow{BC}$ 者。（若 $\angle ABC$ 或 $\angle ACB$ 有一為鈍角，則 U 不在此邊（線段）上，（只是在延長線上！）也不在角域 $\angle BAC$ 內！

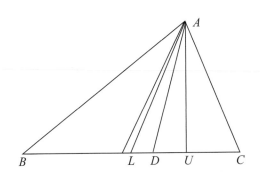

對於頂點 A 而言，$\overline{AD}$ 是分角線：

$|\angle BAD| = |\angle DAC|$

$\overline{AL}$ 是中線：

$BL = LC$

$\overline{AU}$ 是垂線：

$|\angle AUB| = 90°$

【四邊形（即四角形）】

如果 $n = 4$，我們還是認為 n 很小，不需要用足碼的方式！我們直接寫 $\square ABCD$ 表示四邊形域；當然這四邊並不好寫！如果仿照三角形的記法，我們應該寫四個角（域）：

$$\angle A := \angle DAB, \angle B := \angle ABC, \angle C := \angle BCD, \angle D := \angle CDA$$

但是這有一個問題！如果這是個凹四邊形，如下圖右，$\angle C$ 通常是指 $c\angle BCD$，不是指 $\angle BCD$。

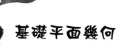
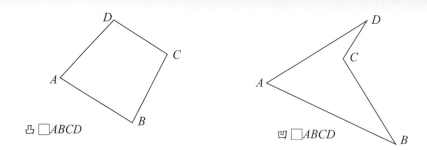

凸 □ABCD   凹 □ABCD

對於四邊形，不論凸凹，我們使用的記號 $\angle A, \angle B, \angle C, \angle D$，指的都是內角。它的定義是這樣子的：

$\angle C$ 有兩邊 $\overrightarrow{CD}$, $\overrightarrow{CB}$，如此，有兩個互為周缺的角域，如圖中的 $\angle BCD$, $\angle BCD$，兩個開角域之中有一個含容了四邊形開域 □ABCD，我們的角域就是這個！

問 為什麼四邊形最多只有一個凹頂點？

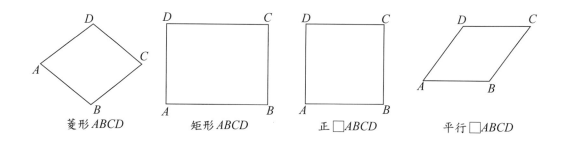

菱形 ABCD   矩形 ABCD   正 □ABCD   平行 □ABCD

【特殊的四邊形】

如果四個邊（長）相等：$AB = BC = CD = DA$，我們說它是菱形。

如果四個角（度）相等，我們說它是矩形：

$$|\angle DAB| = |\angle ABC| = |\angle BCD| = |\angle CDA| = 90°$$

如果是菱形兼矩形，這是正方形，也就是正四邊形。

如果兩組對邊（長）相等：$AB = CD$，$BC = DA$，我們就說這是平行四邊形，事實上，此條件也等於相鄰角（度）互補：

$$|\angle DAB| + |\angle ABC| = 180° = |\angle ABC| + |\angle BCD|$$

「平行」的意義，參見後述！只要有一組對邊（例如 $\overline{AB}$, $\overline{CD}$ ）平行，就叫做梯形。（此時，若 $AD = BC$ ，而 $AB \neq CD$ ，則為等腰梯形。）

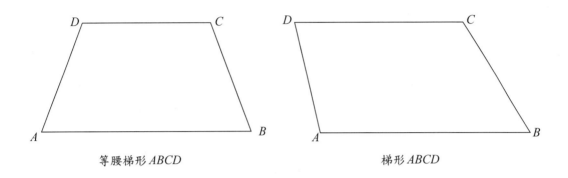

等腰梯形 $ABCD$ 梯形 $ABCD$

習題 試畫出一個任意的四邊形。

註 要點是：絕對不要畫出「正方形」、「矩形」、「菱形」、「平行四邊形」、「等腰梯形」、「梯形」。

問 五邊形（或更多邊形）的時候，要如何定義內角？

若多邊形域 $\mathrm{inT}(P_1, P_2 \cdots, P_n)$ 在頂點 P_j 處「不凸」；我們只要任意取其內部的一點 Q ，非常靠近 P_j ，則 $\angle P_j$ ，就是指含有 Q 點的角域所定的角！

【凸多邊形】

多邊形域 $\mathrm{inT}(P_1, P_2 \cdots, P_n)$ 稱為「凸」（convex），意思是：在這個域內，任取兩點 R, S ，則其連接線段 $\overline{RS}$ 完全在域內！另外一種說法是：

$$\angle P_{j-1} P_j P_{j+1} \supset \mathrm{inT}(P_1, P_2 \cdots, P_n)$$

【規約】

「多角形」、「多邊形」，當然是同義詞！雖然英文似乎偏向前者！
我們用「等邊」，顯然指的是等「邊長」。

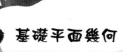
【正 n 角形＝正 n 邊形】

這是指：所有 n 個邊（長）相等，而且所有（內角）相等！

【內角和定理】

如果有個三角形 ABC，我們常單寫 $\angle A = \angle BAC$，這是內角，外角是 $\angle CAT$ 或 $\angle BAS$。（若邊線為 $\overleftrightarrow{SAC}$，$\overleftrightarrow{TAB}$。）

$$內角度 + 外角度 = 180°$$

$$|\angle A| + |\angle B| + |\angle C| = 180°$$

當然這是歐氏平面幾何中最簡單最基本的定理！我們現在還未證明！留到後面。但是，由拼湊的原理，我們就得到：

【多角形內角和定理】

如果有個多角形，那麼，

它的內角和就是「邊數減二」個平角！

📑 以四角形為例，如果是凸四角形，如（p.54 上圖）左邊的樣子，$\overline{AC}$ 或 $\overline{BD}$ 隨便一條對角線，都把四角形割成兩個三角形！

如果是凹四角形，如（p.54 上圖）右邊的樣子，C 凹進去！

必須選「對角線」$\overline{AC}$ 來分割，把四角形割成兩個三角形！

此時：$\triangle ACD, \triangle ABC$ 這兩個三角形各自的內角和 $= \pi = 180°$；全部的和 $= 2\pi$；

$$|\angle DAC| + |\angle D| + |\angle ACD| = \pi$$

$$|\angle BAC| + |\angle B| + |\angle BCA| = \pi$$

但是：對於原四角形而言：

$$|\angle DAB| = |\angle A| = |\angle DAC| + |\angle BAC|$$

$$|\angle BCD| = |\angle C| = |\angle ACD| + |\angle BCA|$$

因此看出：

$$|\angle A| + |\angle D| + |\angle C| + |\angle B| = 2\pi = 360°$$

這個定理應用很廣！

例題1 考慮四邊形 $ABCD$ 的一組鄰角，如 $\angle A, \angle B$，則其分角線 $\overrightarrow{AX}, \overrightarrow{BX}$ 相

交於點 X，於是形成的角度是另外那組鄰角的和的一半！

$$|\angle AXB| = \frac{1}{2}(|\angle BCD| + |\angle CDA|)$$

解 此時，看 $\triangle ABX$，得到：

(i): $|\angle BAX| + |\angle ABX| + |\angle AXB| = \pi \ (= 180°)$

看四角形 $ABCD$，則

(ii): $|\angle ABC| + |\angle BCD| + |\angle CDA| + |\angle DAB| = 2\pi$

但是由「分角線」的定義：

(iii): $|\angle BAX| = \frac{1}{2}|\angle BAD|$

(iv): $|\angle ABX| = \frac{1}{2}|\angle ABC|$

以下只是簡單的移項！

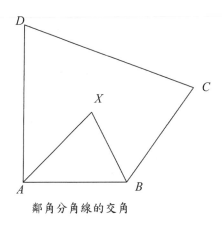

鄰角分角線的交角

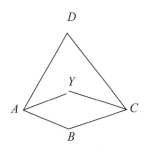

對角分角線的交角

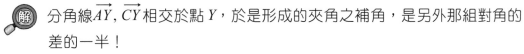 **例題2** 上題，把鄰角 $\angle A, \angle B$ 改為對角，如 $\angle A, \angle C$，又如何？

解 分角線 $\overrightarrow{AY}, \overrightarrow{CY}$ 相交於點 Y，於是形成的夾角之補角，是另外那組對角的

差的一半！

$$\pi - |\angle AYC| = \frac{1}{2}|(|\angle ABC| - |\angle CDA|)|$$

四邊形域 $ABCD$ 被分割成兩個四邊形域：$ABCY$ 與 $ADCY$

我們（可以）就設：點 Y 落在 $\triangle ABC$ 內；於是：

(i) $\square ABCY$ 的內角和 $= 2\pi$

(ii) $\square ADCY$ 的內角和 $= 2\pi$

換句話說：

(i) $\dfrac{1}{2}|\angle DAB| + |\angle ABC| + \dfrac{1}{2}|\angle BCD| + |\angle AYC| = 2\pi$

(ii) $\dfrac{1}{2}|\angle DAB| + |\angle ADC| + \dfrac{1}{2}|\angle BCD| + |\angle AYC| = 2\pi$

但(iii) $|\angle AYC| = 2\pi - |\angle AYC|$

那麼，(i)−(ii)，以(iii)代入，再除以 2，則證畢！

 2.2 三角形的合同

【三角形的合同（全等）】

如果 $\triangle PQR$ 合同於 $\triangle ABC$（記做 $\triangle PQR \cong \triangle ABC$），那麼：

1. 三邊的邊長對應相同：

$$PQ = AB, PR = BC, RA = CA$$

2. 三個內角對應相同：

$$|\angle QPR| = |\angle BAC|, |\angle PQR| = |\angle ABC|, |\angle QRP| = |\angle BCA|$$

註 在寫合同式時，寧可小心地、慢慢地，把對應的頂點寫在對應的順序位置上！絕對是划得來的！這樣子，寫這些邊長與角度的等式時，不必再去看圖！

註 雖然合同的定義要求：角度與長度的總共 6 個，都必須對應相等，但是由我們的作圖法，就知道有三個合同原理！此即 sas，asa，sss。

2.2.1 sas

【sas 合同原理】

對於 $\triangle ABC, \triangle PQR$，

若：$AB = PQ$，$AC = PR$，$|\angle BAC| = |\angle QPR|$，則：$\triangle ABC \cong \triangle PQR$。

【例：平行四邊形定律之一】

假設有凸 $\square ABCD$，交於一點 $O \overset{\in}{=} \overline{AC} \cap \overline{BD}$；

甲.若兩對角線段互相平分於 O（$AO = OC$，$BO = OD$），則有

$$\triangle AOD \cong \triangle COB, \triangle AOB \cong \triangle COD$$

乙.若 $AB = CD$，$|\angle BAC| = |\angle DCA|$，則有

$$\triangle ABC \cong \triangle CDA$$

於是甲就成立！

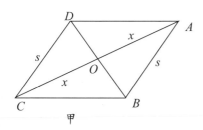

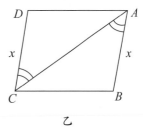

甲   乙

 甲：

由假設：$OA = OC$，$OD = OB$，再由對頂角定理 $|\angle AOD| = |\angle COB|$，於是 sas 給出 $\triangle AOD \cong \triangle COB$。（另一個呢？）

 乙：

由假設，再加上公用的邊：$AC = CA$，就可以用上 sas。於是 $\triangle BAC \cong \triangle DCA$，推得：

$$|\angle BCA| = |\angle DAC|, \ BC = DA$$

現在取 $\overline{AC}$ 的中點 O，然後連接 $\overline{OB}, \overline{OD}$。則：

$$AO = CO, AB = CD, |\angle BAO| = |\angle DCO|$$

又有 sas，故得到：$\triangle BAO \cong \triangle DCO$，$|\angle DAO| = |\angle BCO|$，$DO = BO$。

由對頂角定理，故 $\overline{BOD}$ 為一線段！成為 $\square ABCD$ 的對角線！

且：兩「對角線」相平分。

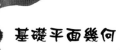
【等腰三角形】

假設有 $\triangle ABC$。在底邊 $\overleftrightarrow{BC}$ 上，可以取點 L, D, U，使得：L 為中點，$|\overline{BL}|=|\overline{CL}|$，$D$ 為分角點，$|\angle BAD|=|\angle CAD|$，而 U 為垂足，$\overleftrightarrow{AU} \perp \overleftrightarrow{BC}$。

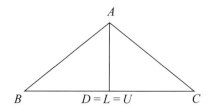

等腰？分角線＝中線＝垂線？

甲.（Thales 定理）如果等腰：$AB=AC$，則兩底角相等：

$$|\angle ABC|=|\angle ACB|$$

乙.如果等腰，$AB=AC$，則頂角 A 之分角線＝中線＝垂線；亦即是：$L=D=U$。這樣子其實是三句話：

(a)如果等腰，$AB=AC$，則頂角 A 之中線＝垂線。

(b)如果等腰，$AB=AC$，則頂角 A 之分角線＝中線。

(c)如果等腰，$AB=AC$，則頂角 A 之分角線＝垂線。

丙.實際上，逆定理也對！

 甲：

我們有 sas 可用，而頂角 $\angle ACB = \angle CAB$ 是公用的！$AB=AC$，$AC=AB$（兩邊對調！）；於是立得

$$\triangle ABC \cong \triangle ACB$$

那麼：甲就證畢！

 乙：

現在取中點 L，$|\overline{BL}|=|\overline{CL}|$；由 $|\angle ABL|=|\angle ACL|$；$AB=AC$，$AL=AL$（公用），於是由 sas，又得到

$$\triangle ABL \cong \triangle ACL$$

因而：

$|\angle ALB|=|\angle ALC|=90°$；即 $U=L$

$|\angle BAL|=|\angle CAL|$；即 $D=L$

以上兩者一結合，就得到 $U=D$。

【證明逆定理之⑴】

如果 $L=U$，$BL=CL$，而且 $\overline{AL} \perp \overline{BC}$，（即 $|\angle AUB|=|\angle ALC|=90°$，）又可用上 sas：

$$\triangle ABL \cong \triangle ACL$$

那麼當然：$AB=AC$。

【中垂線原理】

一線段 $\overline{BC}$ 的中垂線上，任何一點 P，都與線段兩端點等距！反之，若一點 P，與線段 $\overline{BC}$ 兩端點等距，則 P 在此線段的中垂線上！

這只是把剛剛的證明，重新敘述一遍。

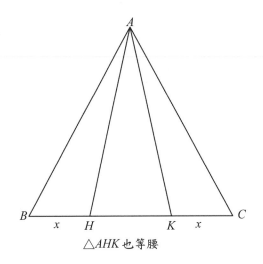

△AHK 也等腰

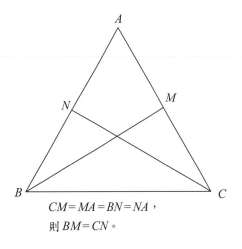

$CM=MA=BN=NA$，
則 $BM=CN$。

習題1 上圖左：

如果等腰 $AB=AC$，而在底邊 $\overline{BC}$ 上，四點 $BHKC$ 符序，並且 $BH=KC$，則 △AHK 也是等腰：$AH=AK$。

習題2 上圖右：

如果等腰 $AB = AC$，則兩中線 $\overline{BM}, \overline{CN}$ 等長。

【鼎立正三角形定理】

對於任意一個 $\triangle ABC$，從三邊各自「向外」畫出正三角形 $\triangle BPC, \triangle CQA,$ $\triangle ARB$；再連 $\overline{AP}, \overline{BQ}, \overline{CR}$，則：三線段等長

$$AP = BQ = CR$$

☞提示：證明 $\triangle ACP \cong \triangle QCB$。

註 事實上三線共點於 O，此即 Fermat 中心。

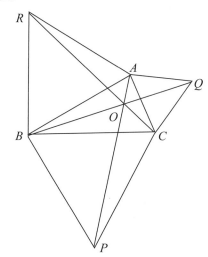

習題3 兩線段 $\overline{AC}, \overline{AD}$，有共同端點 A；其上
各有點 B, E，若 $AB = AE$，$BC = ED$，
則 $CE = BD$。
若 $AC = AD$，$BC = ED$，
則 $|\angle ACE| = |\angle ADB|$。

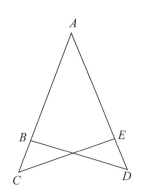

【正三角形】

等邊三角形就是等角三角形，這是 Thales 定理的結論！（反之亦然！）於
是就稱為正三角形。

習題④ 在正 $\triangle ABC$ 的三邊 $\overline{BC}, \overline{CA}, \overline{AB}$ 上，各取一點 D, B, F，使得：

$$AD = BE = CF$$

則 $\triangle DEF$ 亦為正三角形！

$$DE = EF = FD$$

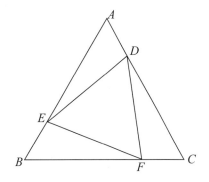

2.2.2 asa

【asa 合同原理】

對於兩個三角形 $\triangle ABC, \triangle PQR$，若：$BC = QR$，$|\angle ABC| = |\angle PQR|$，$|\angle ACB| = |\angle PRQ|$，則：

$$\triangle ABC \cong \triangle PQR$$

【等腰三角形】

假設有 $\triangle ABC$；

甲.如果兩底角相等：$|\angle ABC| = |\angle ACB|$，則兩腰相等：$AB = AC$。

乙.如果頂角 $\angle BAC$ 的平分線 $\overline{AD}$ 即是垂線 $\overline{AU}$，則為等腰。

 甲：

用 asa，比較 $\triangle ABC, \triangle ACB$：

$$|\angle ABC| = |\angle ACB|，\quad BC = CB，\quad |\angle ACB| = |\angle ABC|$$

故 $\triangle ABC \cong \triangle ACB$，因而：$AB = AC$。

 乙：

用 asa，比較 $\triangle ABU, \triangle ACU$：

$$|\angle BAU| = |\angle CAU|，\quad AU = AU，\quad |\angle AUB| = |\angle AUC| = 90°$$

故 $\triangle ABU \cong \triangle ACU$，$AB = AC$。

【定理】

若 $\triangle ABC$ 等腰：$AB = AC$，則兩底角平分線相等！即是：令分角線 $\overline{BE}$ 交 $\overline{AC}$ 邊於點 E，分角線 $\overline{CF}$ 交 $\overline{AB}$ 邊於點 F，則：$BE = CF$。

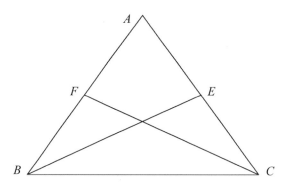

 因為 $AB = AC$，故：$|\angle ABC| = |\angle ACB|$

故：$|\angle EBC| = \dfrac{1}{2}|\angle ABC| = \dfrac{1}{2}|\angle ACB| = |\angle FCB|$

又 $|\angle ECB| = |\angle FBC|$；$BC = CB$

於是，由 asa：$\triangle ECB \cong \triangle FBC$

故 $EB = FC$。

☞注意：這定理的逆，相對地說，難！

若 $\triangle ABC$ 兩底角平分線相等，則等腰！

2.2.3 Ⓢ Ⓢ Ⓢ

【sss 合同原理】

對於兩個三角形 $\triangle ABC, \triangle PQR$，若：$AB = PQ$，$AC = PR$，$BC = QR$，則：
$$\triangle ABC \cong \triangle PQR$$

【sss 作圖題】

已給了線段長 a, b, c，求作 $\triangle PQR$，使得：
$$QR = a, RP = b, PQ = c$$

實際上通常是：（已有 $\triangle ABC$，$BC = a$，$CA = b$，$AB = c$）

給了一線 $l = \overleftrightarrow{QR}$，及其上一點 Q。

在給定點 Q 之後，邊 $\overline{QR}$ 也幾乎確定：這是拿圓規去 $\overline{BC}$ 處吻合！（固定了圓規的張開的半徑長 a！）再把圓規的立足點放在 Q 處，畫圓弧，在 l 上截取 R 點！

因為兩側各有一點，故必須確定它在（此線上）Q 點的哪一側；於是，各以 Q, R 兩點為心，c, b 為半徑，畫圓弧，兩弧的交點就是 P 點！

【討論】

若 $b + c < a$，或者 $|b - c| > a$，當然兩弧不相交，「作圖不可能」！一般的情形，這兩弧在 l 的兩側各有一交點，故必須確定所要的交點 P 是在 l 的哪一側！

退化的情形是：$b + c = a$，或者 $|b - c| = a$，所作的兩圓弧只有一交點，（必然在此線 l 上！）即相切，然則三邊共線，是「退化的三角形」！

【角的作圖題】

已給了一點 Q，及過它的一條半線 $\overrightarrow{QR}$，另有一角 $\angle ABC$，求作 $\angle PQR$，使得角度相同：

$$|\angle PQR| = |\angle ABC|$$

如果允許使用量角器，當然容易作圖；不然的話，我們其實是在 $\triangle ABC$ 的兩邊 $\overrightarrow{BA}, \overrightarrow{BC}$ 各截取一點 A, C，然後用上述 sss 作圖法，作出 $\triangle PQR \cong \triangle ABC$，從而：

$$|\angle PQR| = |\angle ABC|$$

我們當然有個不確定性：$\angle PQR$ 在 $\overrightarrow{QR}$ 的哪一側。

【三角形的 ass 作圖題】

已給了一點 Q，及過它的一條半線 $\overrightarrow{QR}$，另有 $\angle ABC$，邊長 c, b，求作 $\triangle PQR$，使得：

$$|\angle PQR| = |\angle ABC|，\quad QP = c，\quad PR = b$$

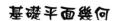

如上所述，我們可以先作出：∠PQR，使得角度合於所求：|∠PQR|=|∠ABC|，這個邊 $\overrightarrow{QP}$ 是唯一確定的，如果事先指定了 P 是在 $\overleftrightarrow{QR}$ 的哪一側。那麼用圓規就可以截取 P 點，使得：QP=c，這也是唯一確定的！

於是，以 P 為心，b 為半徑畫圓（弧），與 $\overrightarrow{QR}$ 相交於點 R，就作出所求的 △PQR。

☞注意：但是這裡有三、四種狀況：

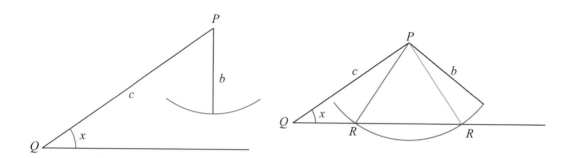

ass 三角形作圖（左：無解，右：兩解）

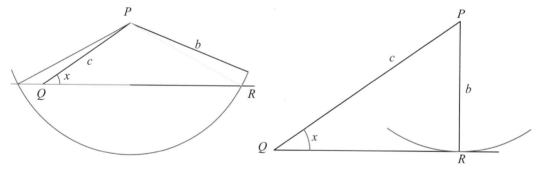

ass 三角形作圖（左：一解，右：一直角）

甲：若 b 太短，則所畫圓弧與 $\overrightarrow{QR}$ 不相交，「作圖不可能」！

乙：一般的情形，b 夠長，又比 c 短，那麼，所畫圓弧與 $\overrightarrow{QR}$ 可能相交於兩點，故有兩個解答！

丙：若 b 比 c 長，那麼，所畫圓弧與直線 $\overleftrightarrow{QR}$ 雖然相交於兩點，但是只有一點在 $\overrightarrow{QR}$ 上，故只有一個解答！

丁：從甲到乙，中間有個「過渡」：所畫圓弧與直線 $\overleftrightarrow{QR}$「相切」，只有一交點，$|\angle PRQ| = 90°$，c 是直角三角形的斜邊，b 是一股，而此作圖題只有一個解答！

【鏡影】

假設 □$ABCD$，

有 $AB = AD$，$DC = BC$，

則有

$$\triangle ABC \cong \triangle CDA$$

這時候，B, D 兩點對於直線 AC 是「鏡影」！

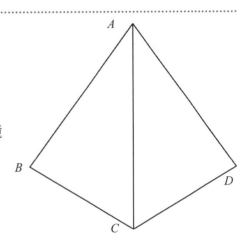

【定理】

兩個直角三角形，若斜邊及一股等長，則合同！

 （如果允許用 Pythagoras 定理！這是 sss。）

 正 □$ABCD$ 中，$P \in \overline{AB}$，$Q \in \overline{BC}$，$\overline{AQ} \perp \overline{DP}$，則：$DP = AQ$。

2.3 ★ 歐氏公理

2.3.1 內錯角定理

【定義：平行線】

平面上的兩條直線 ℓ, m，如果沒有共通點（不相交），就稱為相平行。記號是

$$\ell /\!/ m$$

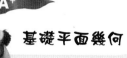

【外角定理】

三角形一內角的外角，必大於其任一鄰角！換句話說：

如下圖左，$\triangle ABC$ 的一角 $\angle C = \angle ACB$ 之外角是 $\angle ACD$，其中 $\overrightarrow{CD}$ 是邊 $\overline{BC}$ 的延伸，鄰角之一是 $\angle B = \angle ABC$，我們的命題（即「主張」）是：

$$|\angle ACD| > |\angle ABC|$$

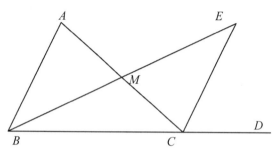
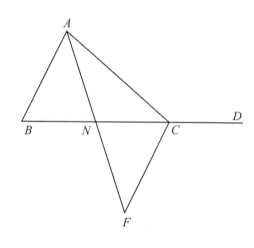

（外角定理）

$|\angle ACD| > |\angle ABC|$

$|\angle ACD| > |\angle BAC|$

 取邊 $\overline{AC}$ 的中點 M，連 B, M，並且延長到 E，使得：$BM = ME$。（因此，A, M, E 三點，對於直線 $\overleftrightarrow{BD}$ 而言，是同側！）

連 C, E，於是：$\triangle AMB \cong \triangle CME$。（這是 sas。）

因此：$|\angle BAM| = |\angle MCE| < |\angle MCD|$。

註 若要對付另一鄰角 $\angle B = \angle ABC$ 呢？如上圖右！練習寫看看！

【兩線被一線所截】

如下圖左，有兩直線 $\overleftrightarrow{AB}, \overleftrightarrow{CD}$ 與另外一條直線 $\overleftrightarrow{HE}$ 分別交於點 G 與 F，而四點 E, F, G, H 符序！此時產生 8 個角：

4 個稱為內角：$\angle AGF，\angle BGF，\angle GFC，\angle GFD$

4 個稱為外角：$\angle AGH，\angle BGH，\angle CFE，\angle DFE$

於是，有：

（兩對）內錯角：$\angle AGF$ 與 $\angle DFG$；$\angle BGF$ 與 $\angle CFG$

（兩對）外錯角：$\angle AGH$ 與 $\angle DFE$；$\angle BGH$ 與 $\angle CFE$

（四對）同位角：$\angle AGH$ 與 $\angle CFH$；$\angle BGH$ 與 $\angle DFH$

$\qquad\qquad\qquad$ $\angle AGE$ 與 $\angle CFE$；$\angle BGE$ 與 $\angle DFE$

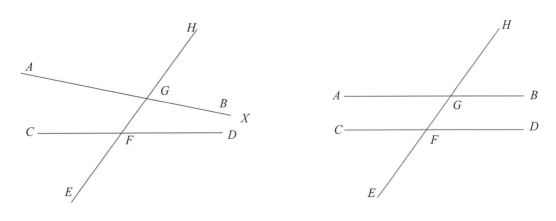

【內錯角定理】

如上述，若有一對內錯角相等：$|\angle AGF| = |\angle DFG|$，則兩直線 $\overleftrightarrow{AB},\ \overleftrightarrow{CD}$ 平行（＝不相交）！

（證）（歸謬法）

若兩半線 $\overrightarrow{AG},\ \overrightarrow{CD}$ 相交於點 X，則有三角形 XGF；如上圖左是頂點 G 處的外角 $|\angle AGF| =$ 其一鄰角 $|\angle GFX| = |\angle GFD|$；這就矛盾了！

【同位角定理】

若有一對同位角相等：$|\angle BGH| = |\angle DFH|$，則兩直線 $\overleftrightarrow{AB},\ \overleftrightarrow{CD}$ 平行！

（證）因為對頂角相等：$|\angle BGH| = |\angle AGF|$。

【推論：同側內角定理】

若有一對同側內角互補：

$|\angle BGF| + |\angle DFG| = \pi$，則兩直線 $\overleftrightarrow{AB},\ \overleftrightarrow{CD}$ 平行！

2.3.2 歐氏平行公理

【歐氏平行公理】

若平面上有一條直線 ℓ，而點 P 不在此線上，則過點 P，恰恰好可以找到一條直線與 ℓ 平行！

有人認為Euclid寫下這個公理乃是神來之筆！事實上，在雙曲平面幾何學中，就假設：過線外一點 P，可以找到兩條不同的直線都與 ℓ 平行！（於是必然有無窮多條！）而歐氏的公理就使得「平行線」的概念與我們的經驗很吻合！

【內錯角定理的逆】

（如上小節中所述的情形，）若兩直線 $\overleftrightarrow{AB}, \overleftrightarrow{CD}$ 平行，則內錯角必相等：$|\angle AGF| = |\angle DFG|$。

 事實上，過點 G，畫直線 $\overleftrightarrow{A_1B_1}$，使得（內錯角相等）：

$|\angle A_1GF| = |\angle DFG|$；於是此直線與 $\overleftrightarrow{CD}$ 平行！

但是過點 G 的平行線是唯一的，因此 $\overleftrightarrow{A_1B_1}$ 與 $\overleftrightarrow{AB}$ 是同一條直線！

【推論】

（同位角定理的逆）：若兩線 ℓ_1, ℓ_2 被一線 m 所截的某對同位角度相等，則兩線平行：$\ell_1 /\!/ \ell_2$。

（同側內角定理的逆）：若兩線 ℓ_1, ℓ_2 被一線 m 所截的某對同側內角互補，則兩線平行：$\ell_1 /\!/ \ell_2$。

【內角和定理】

三角形的內角角度之和為平角！

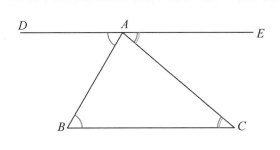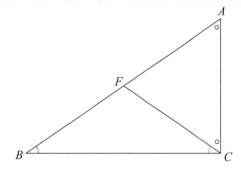

左：三角形內角和，右：弦中線

（如上圖左）過頂點 A，做對邊 $\overleftrightarrow{BC}$ 的平行線 $\overleftrightarrow{DAE}$，於是：由內錯角定理，$|\angle DAB| = |\angle ABC|$，$|\angle CAE| = |\angle ACB|$

於是：

$$|\angle DAB| + |\angle CAE| + |\angle BAC| = |\angle ABC| + |\angle ACB| + |\angle BAC| = \pi$$

【作圖題：平行線的畫法】

給了直線 ℓ，以及不在此線上的點 P，要畫過點 P 與 ℓ 平行的直線 m！

如果你有一根尺，以及一個直角三角板，就容易作圖了！

● 讓三角板的一股 $\overline{CA}$，重合於直線 ℓ，按壓住它！

● 然後讓那根尺與三角板的另一股 $\overline{CB}$ 密合；現在按壓住這根尺！尺的位置就是直線 $n = \overleftrightarrow{CB}$。

● 現在讓三角板在那根尺上「滑移」，$\overline{CB}$ 就是在 n 上變動的線段！我們要滑移到使三角板的另一股 $\overline{CA}$ 通過 P 點，（下圖左，三角板 ABC 滑移到新位置 LMN，）那麼畫出直線 $m = \overleftrightarrow{CA}$，（新位置是 $\overleftrightarrow{NL}$，）就是所求！

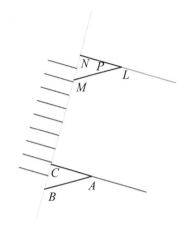

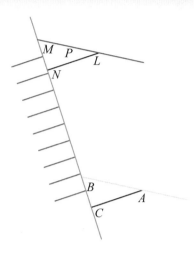

平行線的畫法

註 通常的直角三角板，都是（30°, 60°）的「一二三直角三角板」（30°, 60°, 90°是30°的一二三倍！），其實，我們的作法是利用同位角定理的逆，和三角板的形狀無關！上左圖中，同位角是用：

$$|\angle LNM| = |\angle ACB| = 90°$$

上右圖中，同位角是用：

$$|\angle LMN| = |\angle ABC| = 30°$$

【希臘規矩作圖法】

如果沒有（＝「不能用」！）三角板，那麼你可以有一個方法（下圖左）：

● 先過 P，作垂線 $\overline{PQ} \perp \ell$

● 再過 P，作垂線 $\overleftrightarrow{PR} \perp \overline{PQ}$；那麼就得到所求：

$$m = \overleftrightarrow{PR} /\!/ \ell$$

這個道理可以簡括為：「垂直線的垂直線是平行線」！

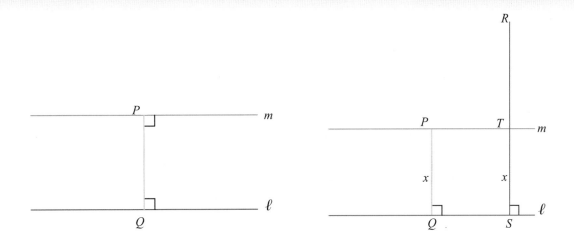

也許更好的作圖法是（上圖右）：

- 先過 P，作垂線 $\overline{PQ} \perp \ell$（垂足 Q）

- 再任選一點 R，不在 $\overleftrightarrow{PQ}$ 上，而且與 P 在 ℓ 的同一側，於是過 R，作垂線 $\overline{RS} \perp \ell$（垂足 S）

- 在 $\overrightarrow{SR}$ 上，擇取 T 點，使得：$ST = QP$

- 則 $\overleftrightarrow{PT}$ 即是所求！

這個道理是：四邊形 $PQST$，若有：

$$|\angle PQS| = |\angle TSQ| = 90° \text{；} PQ = TS$$

則必：$\overleftrightarrow{PT} /\!/ \overleftrightarrow{RS}$。

2.3.3 半弦定理

【弦中線定理】

若三角形 $\triangle ABC$ 的中線長 $CN = \dfrac{1}{2}AB$，則 C 為直角。

（如右圖）

$\because NC = NB \quad \therefore |\angle NBC| = |\angle NCB|$

$\because NC = NA \quad \therefore |\angle NAC| = |\angle NCA|$

$|\angle NCB| + |\angle NCA|$

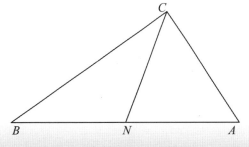

$$= |\angle NBC| + |\angle NAC|$$

即 $|\angle ACB| = |\angle ABC| + |\angle BAC| = 90°$

【半弦定理】

反過來說：直角三角形 ABC 斜邊（弦）上的中線長 CN 為弦長 AB 的一半。

 對直角三角形 ABC，在直角域內，作半線 $\overrightarrow{CN_1}$，交 $\overline{AB}$ 於 N_1 點，使

$$|\angle BCN_1| = |\angle ABC|，然則 BN_1 = CN_1$$

於是，其等之餘角：

$$|\angle ACN_1| = |\angle BAC|，然則 AN_1 = CN_1$$

因此：

$$N_1B = N_1C = N_1A$$

然則 N_1 為弦 AB 上的中點 N。

註 這個證明法就是驗明正身法！必須記住：圖中，

$$|\angle CNA| = 2 * |\angle CBA|；|\angle CNB| = 2 * |\angle CAB|$$

另外的證法是：在中線 $\overrightarrow{NC}$ 上，取點 X，使得：$NX = NA = NB$；連 $\overline{AX}, \overline{BX}$，

則得 $\triangle ABX$，並且我們已證得：

$$|\angle AXB| = 90°$$

我們想證明：$NX = NC$，則 $X = C$，於是證畢！

若 $NC > NX$，則（外角大於內角！）：

$$|\angle BXN| > |\angle BCN|；|\angle AXN| > |\angle ACN|$$

相加得到：

$$90° = |\angle AXB| > |\angle ACB| = 90°$$

若 $NC < NX$，則大小符號恰好顛倒！也是矛盾！

例題 1 $\triangle ABC$ 中，設：$|\angle ACB| = 2 * |\angle ABC|$，底邊 $\overline{BC}$ 之中點為 L，高足為

D，則：$LD = \dfrac{1}{2}AC$。

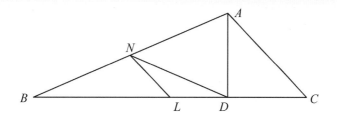

 取 $\overline{AB}$ 中點 N，則：（平行，且 $\overline{NL}$ 的邊長為 $\overline{AC}$ 之半）

$$\overline{NL} \stackrel{/\!/}{=} \frac{1}{2}\overline{AC}$$

對直角 $\triangle ABD$ 適用半弦定理，則：

$$NB = NA = ND$$

因此：$|\angle ABD| = |\angle NDB|$，但：一方面（由同位角），$|\angle NLB| = |\angle ACB| = 2 * |\angle ABD|$，一方面（由外角)，$|\angle NLB| = |\angle NDL| + |\angle LND|$，於是：$|\angle NDL| = |\angle LND|$，故 $LD = LN$。

例題2 $\triangle ABC$ 中，$\overrightarrow{AP}$ 是由 A 向 $\angle ABC$ 的分角線 $\overrightarrow{BP}$ 所作的垂線，自垂足 P 作直線 $\overrightarrow{PQ}/\!/\overline{BC}$，交 $\overline{AB}$ 於 Q，則 $AQ = QB = QP$。

 （我不畫圖！你要畫畫看！）事實上，點 C 並不出現！它的功能只是提供一條直線 $\overleftrightarrow{BC}$ 而已！（你最好擦掉 $\overline{AC}$！）

真正出現的三角形反倒是 $\triangle PBA$。由所給的條件看，它是直角三角形！（其實畫的圖就是弦中線定理的圖，只是頂點的標記改了！）

因為平行線的內錯角相等，所以

$$|\angle QPB| = |\angle PBC| = |\angle PBQ|$$

（後者是分角線的定義。）於是 $QP = QB$。

另外一方面，取餘角，則得：

$$|\angle QPA| = |\angle PAB|$$

故得：（等腰）$QA = QP$。

例題③ 直角 $\triangle ABC$ 中，有垂線 $\overline{CW}$ ，中線 $\overline{CN}$ ，則分角線 $\overline{CF}$ 平分 $\angle NCW$ ：

$$|\angle NCF| = |\angle FCW|$$

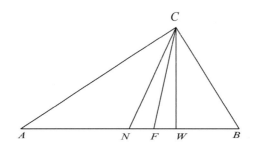

 我們可以設 $BC < AC$ ， $|\angle CAB| = x < 45°$ ； $|\angle CBA| = 90° - x$ ；因而（弦中線定理）：

$$|\angle CEB| = 2 * x ；|\angle ECA| = |\angle CAE| = x ；|\angle BCE| = |\angle CBE| = 90° - x$$

因為

$$|\angle BCD| + |\angle CBD| = 90° = |\angle CAB| + |\angle CBA|$$

所以

$$|\angle BCD| = |\angle CAB| = x = |\angle ECA| < 45°$$

由分角線的意思：

$$|\angle BCF| = |\angle FCA| = 45°$$

即：

$$|\angle BCD| + |\angle DCF| = 45° = |\angle FCE| + |\angle ECA|$$

$$|\angle DCF| = |\angle FCE| = 45° - x$$

習題① 若等腰： $AB = AC$ ，則自點 B 向對邊作垂線 $\overline{BV}$ ，

則 $|\angle CBV| = \dfrac{1}{2}|\angle BAC|$ 。（下圖中， D 為底邊中點。）

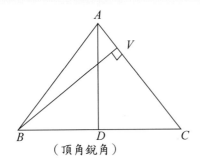

（頂角銳角）

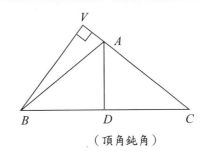

（頂角鈍角）

習題2 若 $\triangle ABC$ 中，$\angle C$ 為直角，$\overline{CW}$ 為高線，$\overline{BE}$ 為分角線，$\overline{CW}, \overline{BE}$ 相交於 J，則 $CE = CJ$。

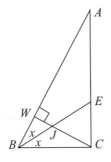

習題3 若 $\triangle ABC$ 中，$AB = 2 * BC$，$|\angle B| = 2 * |\angle A|$，則 $\angle C$ 為直角。

（下圖中，$\overline{BE}$ 為分角線，$\overline{EN}$ 為垂線。）

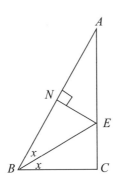

【aas 定理】

兩個三角形有兩角對應相等，一邊對應相等，就合同！

 由內角和定理，第三角也相等！

【推論】

兩個直角三角形，斜邊及一銳角相等，則合同！

【逆定理】

兩個直角三角形，斜邊及一股等長，則合同！

 若用上 Pythagoras，則這是 sss 合同定理！

【分角線原理】

一角的分角線上任一點到兩邊的垂線長等長！

反之，若一點到一角之兩邊的垂線長相等，則此點在此角的分角線上！

 圖中，$\overrightarrow{OP}$ 是 $\angle QOR$ 的分角線，$\overline{PQ} \perp \overrightarrow{OQ}$，$\overline{PR} \perp \overrightarrow{OR}$，斜邊公用，一銳角相等，則合同！

則 $\triangle POQ \cong \triangle POR$。

反之，斜邊公用，一股等長，也合同！

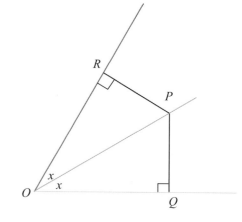

【三角形內心定理】

三角形的三個分角線共點！即為內心。

 設兩個分角線 $\overrightarrow{BI}, \overrightarrow{CI}$，相交於 I。

因 I 在分角線 $\overrightarrow{BI}$ 上，故 I 到 $\overline{BA}, \overline{BC}$ 的

垂線等長：$IZ = IX$

同理：$IX = IY$

故得：$IY = IZ$

因此：I 在 $\angle BAC$ 的分角線上！

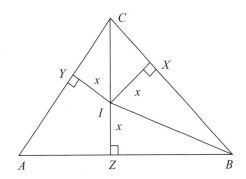

習題④ $\triangle ABC$ 中，$P \in \overline{AB}$，$|\angle ACB| = 3 * |\angle ABC|$，$AP = AC$，則：$PB = CP$。

習題⑤ $\triangle ABC$ 中，$AB = AC$，$\angle ABC$ 的平分線 $\overrightarrow{BE}$ 交 $\overline{AC}$ 於 E，P 在 $\overrightarrow{AC}$ 上，

且 $|\angle ABP| = |\angle AEB|$，則：$CB = CP$。

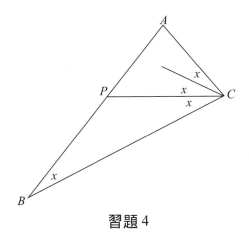

習題 4

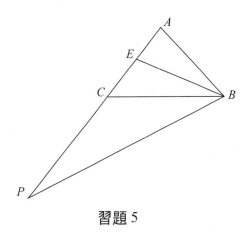

習題 5

習題⑥ 四邊形 $ABCD$ 中，$AB = AD$，$\angle DBC$ 為直角，自 A 作 $\overrightarrow{AP} // \overline{BC}$，則

$\overrightarrow{AP}$ 平分 $\overline{BD}$。

習題7 正方形 $ABCD$ 的對角延長線 $\overrightarrow{CA}$ 上，

有 P 點：$DA = AP$，而 $DAPQ$ 為菱形：

$AP = PQ = QD = DA$，則 $RP = RC$。

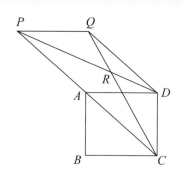

2.3.4 平行四邊形

【定義】

四邊形 $ABCD$，若兩組對邊平行，則稱為平行四邊形。

【定理】

平行四邊形 $ABCD$，被對角線 $\overline{AC}$ 分割為兩個合同三角形

$$\triangle ABC \cong \triangle CDA$$

 由錯角相等原理

$|\angle ACB| = |\angle CAD|$

$|\angle CAB| = |\angle ACD|$

$AC = CA$

故由 sas：

$$\triangle ACB \cong \triangle CAD$$

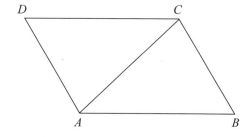

【推論】

平行四邊形 $ABCD$ 的兩組對邊等長：

$$AB = CD，\quad AD = CB$$

【逆定理1】

若四邊形 $ABCD$ 的兩組對邊等長，則為平行四邊形！

 若 $AB = CD$，$BC = DA$，以 $CA = AC$（sss）得合同！

【定理】

平行四邊形 $ABCD$ 的兩對角線互相平分：若交點為 O，

$$OA = OC，OB = OD$$

 由錯角相等原理，

$|\angle ABO| = |\angle CDO|$

$|\angle BAO| = |\angle DCO|$

$AB = CD$

故由 asa：$\triangle ABO \cong \triangle CDO$

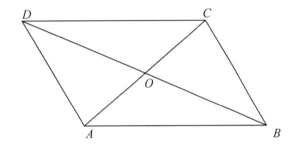

【逆定理 2】

若四邊形 $ABCD$ 的兩對角線互相平分，則為平行四邊形！

 如上圖，若 $AO = CO$，$BO = DO$，由對頂角相等 $|\angle AOB| = |\angle COD|$，則 sas 給出 $\triangle AOB \cong \triangle COD$，$AB = CD$。再用逆定理 1。

【記號與定理】

平行四邊形 $ABCD$ 的對邊相等且平行，用記號：

$$\overline{AB} \overset{\text{//}}{=} \overline{DC}；\overline{AD} \overset{\text{//}}{=} \overline{BC}$$

反過來說：若四邊形 $ABCD$ 有一組對邊相等且平行，則為平行四邊形！

 如上圖，若 $\overline{AB} \overset{\text{//}}{=} \overline{DC}$，則有 $AB = CD$，且錯角相等 $|\angle BAC| = |\angle DCA|$，$AC = CA$，則 sas 給出 $\triangle ABC \cong \triangle CDA$，$BC = DA$。再用逆定理 1。

【解釋】

若兩直線 ℓ_1, ℓ_2 平行：

$$\ell_1 = \overleftrightarrow{AB} // \ell_2 = \overleftrightarrow{DC}$$

它們被一條線 $m_1 = \overleftrightarrow{AD}$ 所截的截點是 A, D；而線段長為 $\overline{AD}$；如果改用另外一條平行線 $m_2 = \overleftrightarrow{BC}$ 去截，所截得的線段 $\overline{BC}$ 將等長：

$$BC = \overline{AD}$$

【中點三角形定理】

將一個三角形三邊中點連起來，就把原三角形分割成四個合同的小三角形！

【輪換原理：系統的記號】

習慣上使用拉丁大寫字母表示一點；當處理一個三角形時，例如說我們用 A, B, C 表示其三個頂點；那麼寫三邊長，就寫：

$$a = BC, b = CA, c = AB$$

請注意：寧可按照這種輪換的順序，不要寫 $b = AC, c = BA$。更不要用 a 去代表 AB，有時這會是「致命的」！

那麼三邊中點就依次用 L, M, N；必須是「一組」！（你可以用 D, E, F；或者 P, Q, R；或者 X, Y, Z；自己固定一個習慣！）所以我們就是要證明：

$$\triangle LMN \cong \triangle ANM \cong \triangle BLN \cong \triangle MLC$$

後面三個小三角形，只要小心寫了一個，
那麼就可以用「同時的輪換」，寫出另
兩個！
證明也只要頭一個！
（其餘「同理可證」！）

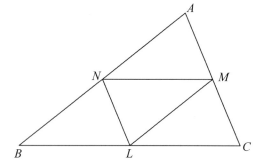

【定理的證明：迂迴法】

「直衝」似乎不是個好方法！事實上，（在證明了之後！）當然：

$$AN = NB = ML = \frac{c}{2} \; ; \quad AM = MC = NL = \frac{b}{2} \; ; \quad NM = BL = LC = \frac{a}{2}$$

而這四個小三角形，只是縮了一半的原三角形！那麼這是相似形。而對應的角度相同！我們證明的方法是反其道而行：

我們取 $\overline{AB}$ 的中點 N，與 $\overline{AC}$ 的中點 M，於是做出平行四邊形 $AML_{\#}N$，換句話說，我們作平行線

$$\overleftrightarrow{NL_{\#}} // \overleftrightarrow{AB} \quad 與 \quad \overleftrightarrow{ML_{\#}} // \overleftrightarrow{AB}$$

（這樣寫的時候，意思就是：$\overleftrightarrow{NL_\#},\overleftrightarrow{ML_\#}$ 相交於點 $L_\#$；）那麼，對邊相等且平行：

$$\overline{ML_\#}\left(\overset{/\!/}{=}\overline{AN}\right)\overset{/\!/}{=}\overline{NB}$$

因此 $MNBL_\#$ 是平行四邊形；於是，對邊相等且平行：

$$\overline{NM}\overset{/\!/}{=}\overline{BL_\#}\quad（甲）$$

同樣地，平行四邊形 $AML_\#N$，對邊相等且平行：

$$\overline{NL_\#}\left(\overset{/\!/}{=}\overline{AM}\right)\overset{/\!/}{=}\overline{MC}$$

因此 $ML_\#CM$ 是平行四邊形；於是，對邊相等且平行：

$$\overline{NM}\overset{/\!/}{=}\overline{L_\#C}\quad（乙）$$

但是，過點 L 只能作一條線平行於 $\overleftrightarrow{NM}$，由甲乙，故知：

$$L_\# 是 \overline{BC} 的中點 L！（qed.）$$

$\triangle LMN$ 是 $\triangle ABC$ 的中點三角形！而：$\triangle ABC$ 是 $\triangle LMN$ 的衍倍三角形。

 例題1　對平行 $\square ABCD$，自兩邊 $\overline{AB},\overline{BC}$，各向外作正 $\square ABLM$，

正 $\square BCHK$，則：$KL=BD$。

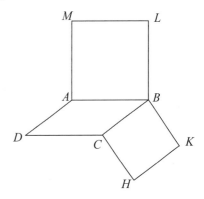

解　由 asa，驗證：

$$\triangle DAB \cong \triangle KBL$$

而：$|\angle KBL|+|\angle CBA|=180°$

$$=|\angle DAB|+|\angle CBA|$$

 例題2　若有平行四邊形 $ABCD$，邊 $\overline{AB}$ 中點為 H，作 $\overrightarrow{BK}/\!/\overrightarrow{HD}$，交截 $K=\overrightarrow{AD}\cap$

$\overrightarrow{BK}$，則：$DK=BC$。

解　這是驗明正身法：將 $\overline{AD}$ 延長兩倍到 $K_\#$，使 $AD=DK_\#$，如此一來：

$\triangle AK_\#B$ 的兩邊中點 H,D，將有 $\overline{DH}\overset{/\!/}{=}\dfrac{1}{2}\overline{K_\#B}$

故：$K=K_\#$，而 $DK=AD=BC$

【菱形】

菱形的一條對角線把菱形割成兩個等腰三角形，因此，中線是垂線！故：
菱形的對角線相垂直！

 例題3 已知菱形的面積為 120，而對角線長度和為 34，求兩對角線長！

解 設兩對角線長為 x, y，則：

$$x + y = 34 \ ; \ x * y = 2 * 120 = 240$$

得到答案 24, 10

註 真正的老手也許令兩對角線長為 $2 * X(=x)$, $2 * Y(=y)$，則得：

$$X + Y = 17, \ X * Y = 60 ; 故 X, Y = 12, 5$$

例題4 已知菱形的面積為 120，而周長為 52，求兩對角線長！

解 設兩對角線長為 $2 * X, 2 * Y$，則：

$$4 * \sqrt{X^2 + Y^2} = 52, \ 2 * XY = 120$$

2.3.5 應用

要證明平行性，經常用到：三角形 ABC 兩邊中點的連線，平行於其底邊
（且長度折半）！

 例題1 自三角形 ABC 的頂點 A 作其兩底角分角線 $\overrightarrow{BP}, \overrightarrow{CQ}$ 的垂線 $\overrightarrow{AP}, \overrightarrow{AQ}$，
對應的垂足是 P, Q，試證：$\overline{PQ} /\!/ \overline{BC}$。

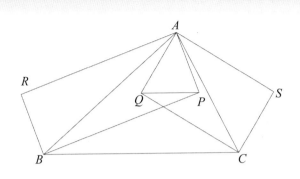 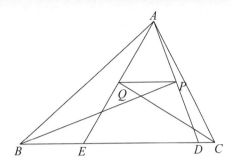

🔍 如上圖左，不容易看出來！若把這兩垂線 $\overrightarrow{APD}, \overrightarrow{AQE}$ 延長到與底邊相交，交點分別是 D, E；如上圖右，就多了直角 $\triangle PDB, \triangle QCE$，看出來有些合同了！

事實上，由直角三角形的合同定理，

$$\triangle APB \cong \triangle DPB \; ; \; \triangle AQC \cong \triangle EQC$$

於是：

$$AP = PD \, , \, AQ = QE$$

因此，在 $\triangle ADE$ 中，

$$\overline{PQ} \overset{/\!/}{=} \frac{1}{2}\overline{DE}$$

📋 實際上，可以更進一步：自頂點 A 作其兩底角的外分角線 $\overrightarrow{BR}, \overrightarrow{CS}$ 的垂線 $\overrightarrow{AR}, \overrightarrow{AS}$，對應的垂足是 R, S。則：P, Q, R, S 連同 $\overline{AB}, \overline{AC}$ 兩邊的中點 N, M（如上圖左），這六點共線。

事實上，$\angle PBR, \angle QCS$ 都是直角：底角的內外分角線相垂直！$ARBP, ASCQ$ 都是矩形！

🎯**例題2** 兩線 $\overleftrightarrow{HIJK}$ 與 $\overleftrightarrow{IABC}$ 相交於 I，而：

$$HI = IJ = JK$$

$$IA = AB = BC$$

則三線 $\overrightarrow{HA}, \overrightarrow{BK}, \overline{CJ}$ 共點！

（解）作平行四邊形 $CEJA$，換句話說：畫

$$\overrightarrow{CE}//\overrightarrow{BK}，\overrightarrow{JE}//\overrightarrow{IC}$$

相交於 E 點。於是：

$$\overrightarrow{JE}//\overrightarrow{AC}//\overrightarrow{IB}$$

因為 $\triangle IKB$ 中，J, A 是 $\overline{IK}, \overline{IB}$ 的中點；
所以

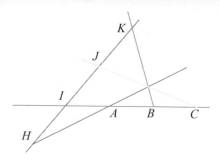

$$\overline{EC}\overset{//}{=}\overline{JA}\overset{//}{=}\frac{1}{2}\overline{KB}$$

（在平行四邊形 $CEJA$ 中，$\overrightarrow{KDB}$ 是上下兩底中點的連線！）

在 $\triangle HJE$ 中，I 是 $\overline{HJ}$ 的中點，而 $\overline{IABC}//\overline{JDE}$，所以：$\overline{IABC}$ 通過 $\overline{HE}$ 的中點 A'，

$$\overline{IA'}\overset{//}{=}\frac{1}{2}\overline{JE}//\frac{1}{2}\overline{IB}$$

即 $A'=A$。

在平行四邊形 $CEJA$ 中，兩條對角線 $\overleftrightarrow{HAE}, \overrightarrow{CJ}$，與上下兩底中點的連線 $\overrightarrow{KB}$，三線共點！

習題①　若有平行四邊形 $ABCD$，而邊 $\overline{AB}, \overline{CD}$ 的中點，各是 P, R，則 $\overline{DP}$，$\overline{RB}$ 將把對角線 $\overline{AC}$ 平分為三等份！

習題②　若平行四邊形 $ABCD$，邊 $\overline{AB}, \overline{BC}$ 的中點，各是 P, Q，則 $\overline{DP}, \overline{DQ}$ 將把對角線 $\overline{AC}$ 平分為三等份！

習題③　（中點四邊形與重心）

若凸四邊形 $ABCD$，四邊 $\overline{AB}, \overline{BC}, \overline{CD}, \overline{DA}$ 的中點各為 E, F, G, H；則：

(i)$EFGH$ 是平行四邊形

(ii)若對角線 $\overline{AC}, \overline{BD}$ 的中點各為 L, K，則三線段 $\overline{KL}, \overline{EG}, \overline{FH}$ 共點！

註　（完全四邊形）：任取這四（頂）點 A, B, C, D；兩兩連接，則得到「六

邊」：

$$\overline{AB},\overline{CD}\ ;\ \overline{AC},\overline{BD}\ ;\ \overline{AD},\overline{BC}$$

如上是一共三組「對邊」！（意思是：你不要畫圖！分不清那兩個一組是「對角線」！）三組「對邊」的中點之連線共點！此點為四邊形「重心」！

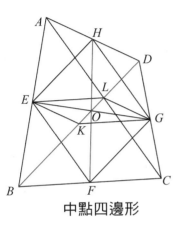

中點四邊形

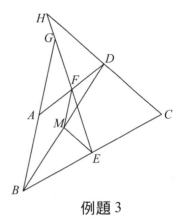

例題 3

 若四邊形 $ABCD$，具有等長的一對邊：$AB = CD$，那麼，過此對邊中點的連線 $\overleftrightarrow{EF}$，與另外的一對邊 $\overleftrightarrow{AB}, \overleftrightarrow{CD}$ 成等角！

（解） 如圖，$\overline{BC}, \overline{DA}$ 的中點，依次是 E, F，$\overleftrightarrow{EF}, \overleftrightarrow{AB}$ 相交於 G；$\overleftrightarrow{EF}, \overleftrightarrow{CD}$ 相交於 H（既然 E, F 是中點！）我們連線段 BD，並且取其中點 M；則：

$\triangle DAB$ 有「兩中點線段」

$$\overline{FM} \overset{//}{=} \frac{1}{2}\overline{AB}$$

同理在 $\triangle DBC$ 中，有：

$$\overline{EM} \overset{//}{=} \frac{1}{2}\overline{CD}$$

由假設，$AB = CD$，因此在等腰 $\triangle MEF$ 中，有：

$$|\angle MFE| = |\angle MEF|$$

但是：

$$\overleftrightarrow{MF} /\!/ \overleftrightarrow{BAG}$$

依照同位角相等的定理，

$$|\angle MFE| = |\angle BGE|$$

同理，因為

$$\overleftrightarrow{ME} /\!/ \overleftrightarrow{CDH}$$

依照內錯角相等的定理，

$$|\angle MEF| = |\angle EHC|$$

因此：

$$|\angle MEF| = |\angle BGE|$$

習題4 若平行四邊形 $ABCD$，自各頂點作分角線，則四線組成矩形 $EFGH$；尤其當 $ABCD$ 為矩形時，$EFGH$ 為正方形！

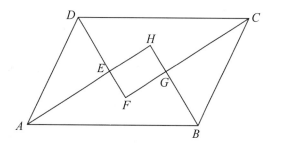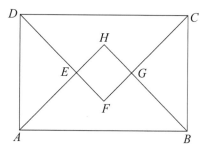

習題4：平行四邊形的分角線矩形

習題5 設 M, N 分別為 $\triangle ABC$ 兩腰 $\overline{AC}, \overline{AB}$ 的中點；在底邊上任取一點 $P \in \overline{BC}$，連接 $\overline{PM}, \overline{PN}$，且兩倍延伸到 Q, R，試證：A, Q, R 三點共線！

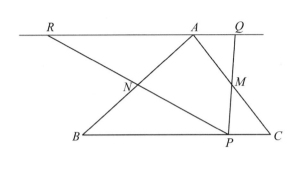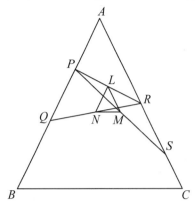

左：習題 5；右：習題 6

習題6 設有等腰 $\triangle ABC$，在兩腰 $\overline{AB}, \overline{AC}$ 上，分別取等長的線段：

$$PQ = RS, P \in \overline{AB}, Q \in \overline{AB}, R \in \overline{AC}, S \in \overline{AC}$$

再取 $\overline{RP}, \overline{PS}, \overline{QR}$ 的中點 L, M, N；試證明：$\triangle LMN$ 等腰！且 $\overline{MN} /\!/ \overline{BC}$。

習題7 設 $\triangle ABC$ 三邊 $\overline{BC}, \overline{CA}, \overline{AB}$ 的中點，分別為 D, E, F；今自兩腰中點

F, E，分別作向外的線段垂直於該邊：

$$\overline{FH} \perp \overline{AC} \;;\; \overline{EG} \perp \overline{AC}$$

且使：$FH = AF$；$EG = AE$；試證：

$$\overline{HD} \perp \overline{DG} \;;\; HD = DG$$

習題8 設 $\triangle ABC$ 有：$|\angle CBA| = 2 * |\angle ACB|$；而 L, M 各為 $\overline{BC}, \overline{AC}$ 之中點；

$\overline{AD}$ 為高線；試證：$LM = LD$。

【提示】連 $\overline{MD}$；用弦中線定理。

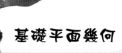

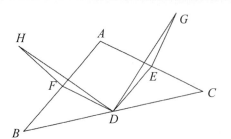
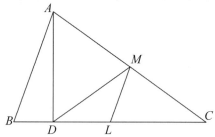

左：習題 7；右：習題 8

2.3.6 重心 • 垂心 • 外心 • 內心

一個三角形有這麼多心！很好玩！（當然對於正三角形，諸心合一！）以下取定一個 $\triangle ABC$。我們要解釋其重心 G、垂心 H、外心 O、內心 I 的意義與建構（作圖）；並且要做比較！

【外心定理】

三角形三邊的中垂線共點！交點 O 稱為外心。

【內心定理】

三角形三角的分角線共點！交點 I 稱為內心。

【重心定理】

三角形的三條中線 $\overline{AL}, \overline{BM}, \overline{CN}$ 共點！交點 G 稱為重心。

【垂心定理】

三角形的三條高線 $\overline{AP}, \overline{BQ}, \overline{CR}$ 共點！交點 H 稱為垂心。

☞注意：通常的三條線不會「共點」，所以共點才會是「很特別」「必須證明」的事實。這四個定理聽起來是有相似之處！

我們首先要警告：內心 I、重心 G 一定在三角形內部！但是對於鈍角三角形，外心 O、垂心 H 一定不會在三角形內部！（切記：「一定不」，和「不一定」，意思完全不同！）這就是一個很大的不同！

通常要證明三線共點，辦法是拿兩條作出交點，再驗明它必定在第三條線

上！（驗明正身法）

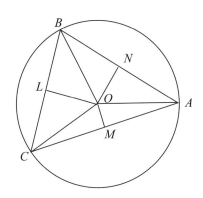
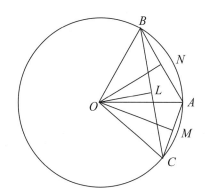

【外心定理的證明】

（銳角與鈍角左右的圖像稍異！如上圖。）設兩邊 $\overline{BC}, \overline{CA}$ 的中垂線相交於點 O。換句話說：此兩中垂線為 $\overleftrightarrow{LO}, \overleftrightarrow{MO}$。

因為 O 在 $\overline{BC}$ 的中垂線上，所以，由中垂線原理，

$$OB = OC \quad \text{(i)}$$

同理，因為 O 在 $\overline{CA}$ 的中垂線上，所以，由中垂線原理，

$$OC = OA \quad \text{(ii)}$$

由(i), (ii)，得到：

$$OA = OB \quad \text{(iii)}$$

現在（「反」）用中垂線原理，那麼，由(iii)得到：O 在 $\overline{AB}$ 的中垂線上！

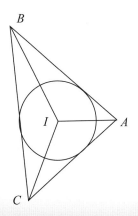
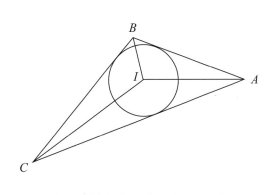

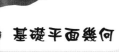
【內心定理的證明】

（銳角與鈍角左右的圖像無異！如上圖。）設兩角 $\angle BAC, \angle CBA$ 的分角線相交於點 I。換句話說：此兩分角線為 $\overline{AI}, \overline{BI}$。

因為 I 在 $\angle BAC$ 的分角線上，所以，由分角線原理，

$$\text{dist}(I, \overline{CA}) = \text{dist}(I, \overline{AB}) \quad \text{(i): } IY = IZ$$

同理，因為 I 在 $\angle CBA$ 的分角線上，所以，由分角線原理，

$$\text{dist}(I, \overline{BC}) = \text{dist}(I, \overline{AB}) \quad \text{(ii): } IX = IZ$$

由 (i), (ii)，得到：

$$\text{dist}(I, \overline{BC}) = \text{dist}(I, \overline{CA}) \quad \text{(iii): } IX = IY$$

現在（「反」）用分角線原理，那麼，由 (iii) 得到：I 在 $\angle ACB$ 的分角線上！

【兩個證明的比較】

後者只是把前者做個轉換！

把三「邊」$\overline{BC}, \overline{CA}, \overline{AB}$，改為三「角」$\angle BAC, \angle CBA, \angle ACB$。

把「中垂線」$\overleftrightarrow{LO}, \overleftrightarrow{MO}, \overleftrightarrow{NO}$，改為「分角線」$\overline{AI}, \overline{BI}, \overline{CI}$。

把「點（與）點距」$OA = \text{dist}(O, A) = OB = OC =$（外接圓半徑），改為「點與線距」$\text{dist}(I, \overline{BC}) = IX = \text{dist}(I, \overline{CA}) = IY = \text{dist}(I, \overline{AB}) = IZ =$（內切圓半徑）。

「中垂線原理」改為「分角線原理」。

（注意到這兩個原理都是「兩面刃」！正反兩用！）

於是，外心（＝外接圓心）就改為內心（＝內切圓心）。

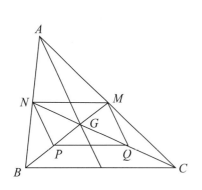
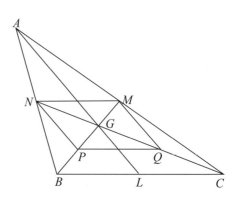

【重心定理的證明】

（銳角與鈍角左右的圖像無異！如上圖。）令 $\overline{BM}, \overline{CN}$ 的交點為 G。

連接 M, N，則

$$\overline{NM} \overset{/\!/}{=} \frac{1}{2}\overline{BC}$$

現在取 BG 的中點 P，與 CG 的中點 Q，連接 P, Q，則：

$$\overline{PQ} \overset{/\!/}{=} \frac{1}{2}\overline{BC}$$

因此：

$$\overline{PQ} \overset{/\!/}{=} \overline{NM}$$

即：$PQMN$ 為平行四邊形！於是對角線互相平分：

$$PG = GM，\quad QP = PN$$

那麼：G 是在中線 $\overline{BM}$ 內離頂點 $B \dfrac{2}{3}$ 處，也是中線 $\overline{CN}$ 內離頂點 $N \dfrac{2}{3}$ 處。

以上是把 G 看成兩條中線 $\overline{BM}, \overline{CN}$ 的交點！

那麼，若考慮兩條中線 $\overline{AL}, \overline{BM}$ 的交點，一定也是在中線 $\overline{BM}$ 內離頂點 $B \dfrac{2}{3}$

處，也就是同樣這一點 G。因此證明了三條中線 $\overline{AL}, \overline{BM}, \overline{CN}$ 共點。

【1:2 分割原理】

圖右是鈍角三角形的情形，但一切論證絲毫不受影響！我們沒有「中垂線原理」或「分角線原理」可用，而是證明了「1:2 的分割比」性質！

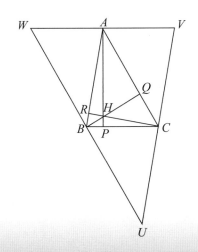
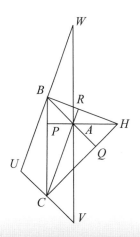

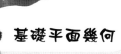
【垂心定理的證明】

如上圖，過 A, B, C 諸點，各畫平行線：

$$\overleftrightarrow{WAV}//\overleftrightarrow{BC}，\overleftrightarrow{UBW}//\overleftrightarrow{CA}，\overleftrightarrow{VCU}//\overleftrightarrow{AB}$$

兩兩的交點是：U, V, W；$\triangle UVW$ 是 $\triangle ABC$ 的<u>衍倍三角形</u>，事實上，由三個平行四邊形 $CABU, ABCV, BCAW$ 得到：

$$\overrightarrow{AV} \overset{//}{=} \overrightarrow{BC} \overset{//}{=} \overrightarrow{WA}$$

因而：A, B, C 是 $\triangle UVW$ 的三邊中點！$\triangle ABC$ 是 $\triangle UVW$ 的中點三角形！

並且：$\overline{AP}$ 是 $\overline{BC}$ 與 $\overline{UV}$ 的垂線，因此是：$\triangle UVW$ 一邊 $\overline{UV}$ 的中垂線！

因此：衍倍三角形 $\triangle UVW$ 的外心，就是原三角形 $\triangle ABC$ 的三條高線的共同交點 H，叫做 $\triangle ABC$ 的垂心！

☞注意：上圖右是鈍角三角形的情形，但論證不受影響！只是三個高線要延長為 $\overrightarrow{BQ}, \overrightarrow{CR}$ 以及 $\overrightarrow{AP}$，才可以相交！

【Euler 線：其一】

記三角形 ABC 的三邊中點為 L, M, N，則有：

$$AH = 2 * OL；BH = 2 * OM；CH = 2 * ON$$

 垂心為 H 是高線 $\overleftrightarrow{AR}, \overleftrightarrow{CT}$ 的交點；外心 O 是中垂線 $\overleftrightarrow{OL}, \overleftrightarrow{ON}$ 的交點；對於 $\triangle AHC$，取 $\overline{AH}$ 的中點 U，$\overline{CH}$ 的中點 V；於是

$$\overline{UV} \overset{//}{=} \frac{1}{2}\overline{AC}$$

對於 $\triangle ABC$，取 $\overline{AB}$ 的中點 N，$\overline{CB}$ 中點 L；於是

$$\overline{NL} \overset{//}{=} \frac{1}{2}\overline{AC}$$

因而

$$\overline{NL} \overset{//}{=} \overline{UV}$$

但：

$$\overleftrightarrow{CH}//\overleftrightarrow{ON}；\overleftrightarrow{AH}//\overleftrightarrow{OL}$$

於是：

$$|\angle VUH| = |\angle CAH| = |\angle NLO|；|\angle UVH| = |\angle ACH| = |\angle LNO|$$

由 asa，故：

$$\triangle UVH \cong \triangle LNO$$

因此：$AH = 2 * HU = 2 * OL$。

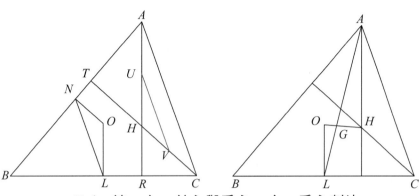

Euler 線，左：外心與垂心，右：重心割比

【Euler 線：其二】

三角形 ABC 的重心 G，在垂心 H、外心 O 的線段上，其割比為：

$$OG:GH = 1:2$$

 如上圖右，設 $\overline{AL}, \overline{OH}$ 相交於一點 G'，我們只要證明 $G' = G$ 就好了！

但今

$$|\angle LAH| = |\angle ALO| \; ; \; |\angle AGH| = |\angle LGO|$$

故：$\triangle G'OL \sim \triangle G'HA$

但因為 $AH = 2 * OL$，因此：$AG' = 2 * G'L$

故由上述，知：G' 為重心 G。

例題1 自 $\triangle ABC$ 的兩邊各自向外作正 $\square ABPQ$、正 $\square ACRS$，又 $\overline{AD} \perp \overline{BC}$，則：$\overleftrightarrow{AD}, \overleftrightarrow{CP}, \overleftrightarrow{BR}$ 三線共點！

 將高線 $\overline{DA}$ 延長為 $\overrightarrow{DT}$，而且取其上的點 T，使得：$AT = BC$

連 $\overline{TB}, \overline{TC}$；我們將證明：

$$\overline{TB} \perp \overline{CP}$$

同理：$\overline{BR} \perp \overline{CT}$

於是：$\overline{BR}, \overline{CP}, \overline{TD}$ 是 $\triangle TBC$ 的三高線，必然共點！（我們的圖中，故意不畫出 $\overline{BR}, \overline{TC}$，減少一些線段，以免妨礙思考！）

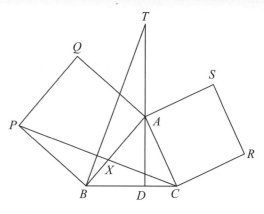

為了證明：$\overline{TB} \perp \overline{CP}$，若記 $\overline{AB}$，$\overline{CP}$ 的交點為 X，我們只需要證明：

$$|\angle TBA| + |\angle PXB| = 90°$$

但因為 $ABPQ$ 是正方形，

$$|\angle CPB| + |\angle PXB| = 90°$$

我們就只需要證明：

$$\angle TBA \cong \angle CPB$$

為此，我們將利用 sas 證明：

$$\triangle BAT \cong \triangle PBC$$

今由我們的作法，立即得到兩邊：

$$DB = BA, \quad BC = AT$$

只剩下角度的問題：$|\angle PBC| = |\angle BAT|$？

$$(\angle PBA + \angle ABC =) \angle PBC \cong \angle BAT (= \angle BAQ + \angle QAT)$$

換句話說，我們只要證明：

$$\angle ABC \cong \angle QAT$$

然而兩者的餘角都是 $\angle BAD$，所以證明完畢！

【極限情形】

考慮一個銳角三角形 $\triangle ABC'$；當然可以找出其外心與垂心。

今固定 A, B 兩點，又固定半線 $\overrightarrow{AC'}$，但是讓頂點 C' 向 A 移動，則角度 $|\angle AC'B|$ 逐漸擴大，終於變成直角 $|\angle ACB| = 90°$；討論其外心與垂心的變化！

涉及中線的作圖

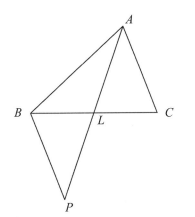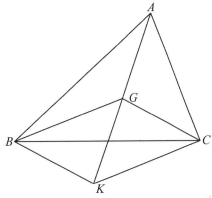

（三角形作圖）左：兩邊夾一中線；右：三中線

【作圖題 1】

已給三角形的兩邊長 $c = AB$，$b = AC$，以及中線長 $m_A = AL$，試畫出 $\triangle ABC$。

（想像）把中線延伸加倍成 $\overline{AP}$，則 $ABPC$ 是個平行四邊形，而且：$ABPC$

可以對半分割成：$\triangle ABC \cong \triangle PCB$

也可以對半分割成：$\triangle APC \cong \triangle PAB$

而 $\triangle PAB$ 的三邊長是已給的：

$$AB = c，\quad BP = AC = b，\quad AP = 2 * m_A$$

由此可以畫出 $\triangle PAB$，再畫出平行四邊形 $ABPC$，連 BC，就得到所要的

$\triangle ABC$。

【作圖題 2】

已給三角形的三個中線長 $m_A = AL$，$m_B = BM$，$m_C = CN$，試畫出 $\triangle ABC$。

想像已經畫出此 $\triangle ABC$，以及三條中線 $\overline{AG}$, $\overline{BG}$, $\overline{CG}$：都畫了 $\frac{2}{3}$，畫到

重心 G 為止；實際上若單把 $\overline{AG}$ 延伸加倍成 $\overline{AK}$，則 $GCKB$ 是個平行四

邊形，而：

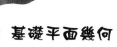

$$GB = \frac{2}{3}m_B \; ; \; GC = \frac{2}{3}m_C = BK \; ; \; GK = \frac{2}{3}m_A$$

我們可以把原問題看成：已給三邊 $GB = \frac{2}{3}m_B \; ; \; BK = \frac{2}{3}m_C \; ; \; GK = \frac{2}{3}m_A$；求作 $\triangle BKG$ 的問題，畫出之後，再把 $\overline{KG}$ 延伸加倍成 $\overline{KA}$，則 $\triangle ABC$ 就是所求！

2.4 Pythagoras

【面積公式】

對於平行四邊形域與梯形域的面積公式，這是小學就會的！利用前述的加減拼湊法與對折原理，這是容易證明的！請看下圖左（平行四邊形域）與圖右（梯形域）：

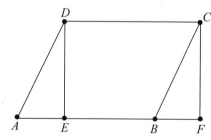

|平行 $\square ABCD$| = |矩形 $\square EFCD$|

直 $\triangle ADE \cong$ 直 $\triangle BCF$

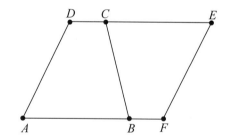

|梯形 $\square ABCD$| = $\frac{1}{2}$|平行 $\square AFED$|

梯形 $\square ABCD \cong$ 梯形 $\square ECBF$

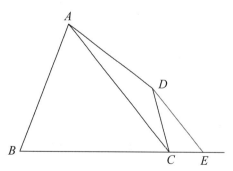

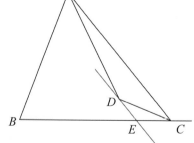

等積的作圖；右：凹入時

【等積的作圖題】

已給一個凸四邊形 $ABCD$，試在邊 $\overleftrightarrow{BC}$ 上，求一點 E，使得：$\triangle ABE$ 與此四邊形 $ABCD$ 等面積！

 （如果已經找到一個解答 E，那麼一定恰好有另外一個解 E_1，只要在 $\overleftrightarrow{BC}$ 上，B 點的另外一側，取一點 E，使 $EB = BE_1$。）

連 $\overline{AC}$，則 D, B 在此線異側！我們打算求得此點 E，與 D 在同側！故想像已得到此點 E，則：

$$|\triangle ABE| = |\triangle ABC| + |\triangle ACE| = |ABCD| = |\triangle ABC| + |\triangle ACD|$$

也就是：

$$|\triangle ACE| = |\triangle ACD|$$

其實只要 $\overleftrightarrow{BC}$ 上有點 E，（與 B 在 C 點異側，）使此式成立，則它就是所要的解答！

但這個條件就是兩個同底邊三角形必須同高！（又因為同側），所以：

$$\overleftrightarrow{ED} /\!/ \overline{AC}$$

所以我們只要：過 D 點，畫一直線，與 $\overline{AC}$ 平行，則其與 $\overleftrightarrow{BC}$ 的交點 E，就是所求！

問1 那麼，改為凹四邊形，而 D 是凹進來的頂點，又該如何作圖？

例題1 設 P 為正三角形 ABC 內任意一點，則由 P 到三邊的垂線長之和 $PU + PV + PW$，與點 P 無關！

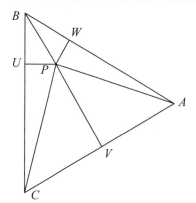 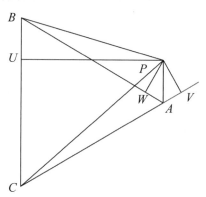

正三角形內的垂線長之和；右：在外面時

 由面積公式，

$$|\triangle PBC| = \frac{1}{2}PU * BC$$

$$|\triangle PCA| = \frac{1}{2}PV * CA$$

$$|\triangle PAB| = \frac{1}{2}PW * AB$$

但 $AB = BC = CA$，而三者之和為：

$$|\triangle ABC| = \frac{\sqrt{3}}{4}BC * BC = \frac{1}{2}(PU + PV + PW) * BC$$

因此：

$$(PU + PV + PW) = \frac{\sqrt{3}}{2}BC$$

與 $P \in \triangle ABC$ 無關！

問2. 若 P 在 $\triangle ABC$ 的外部，又將如何？

2.4.1 畢氏定理

如下這兩個最重要的代數公式，有其幾何上的解釋：涉及正方形的面積。

【和的平方公式】

如下圖左，大正方形的邊長 $= a + b$；

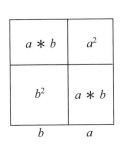 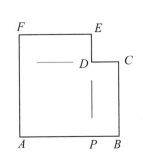 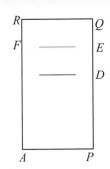

左：和的平方公式，右：平方差公式

我們畫出縱橫的十字線，將它分割為四塊：馬上看出

乙：$(a+b)^2 = a^2 + b^2 + 2*a*b$

【習題：平方差公式】

$u^2 - v^2 = (u+v)*(u-v)$。如何畫圖解釋？

 如上圖右，$ABCDEFA$ 是大正方形（邊長 $AB=u$）被扣掉右上角落小正方形（邊長 $CD=v$）的結果！

今割斷其右邊 $BCDP$ 矩形區塊，（高 $BC=u-v$，寬 $CD=v$，）黏到上邊 FE 的上面去！

矩形 $BCDP \cong$ 矩形 $FEQR$

於是成為同面積的矩形 $APQR$。

【畢氏定理】

如果 $\triangle ABC$ 有一直角 $|\angle C|=90°$，則其勾股 $a=BC$，$b=CA$ 的平方和就是弦 $c=AB$ 的平方：

$$c^2 = a^2 + b^2$$

【分割的想法】

如下圖（左邊），大正方形的邊長 $=a+b$；我們將它分割為 5（$=1+4$）塊：四角有四個全等的直角三角形，中間有一個小正方形，邊長 $=c$；因此：

$$甲：(a+b)^2 = c^2 + 4 * \frac{a*b}{2} = c^2 + 2*a*b$$

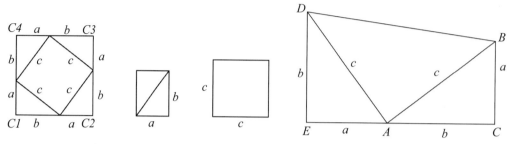

左：畢氏定理的分割法；右：Garfield 總統的證法

同樣的面積有兩種分割計算法！因此：甲＝乙，故 $a^2 + b^2 = c^2$。

【Garfield 總統的證法】

註 （1831-1881），美國第二十任，迅即被刺身亡！

如上圖右，梯形 $DECB$ 的面積是應該等於三個三角形的面積之和：

$$\triangle ACB = \frac{a*b}{2}$$

$$\triangle ADE = \frac{a*b}{2}$$

$$\triangle ABD = \frac{c^2}{2}$$

只要再利用和的平方公式，就證明了畢氏定理！

【黃河文明的證法】

如下圖左，正方形（邊長＝c）斜置！中間也是小正方形（邊長＝$d=b-a$）；四邊是四個直角三角形！

如此「剪割」之後，可以「重拼」成如下圖右，那就顯然是兩個正方形的和；因此證明了畢氏定理！

【歐氏（Euclid）的證法】

如下頁圖，由直角三角形 $\triangle ABC$ 的三邊，向外做出正方形！斜邊 AB 上的

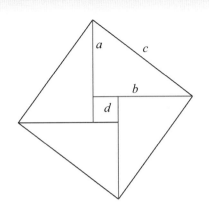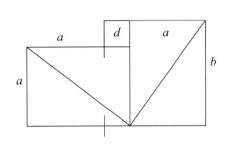

剪割重拼

高 CD，延長到正方形 $ABGF$ 的對邊上！

於是有「全等」三角形：

$$\triangle HAB \cong \triangle CAF$$

這是因為（「兩邊夾角」，sas = side-angle-side）：

$AH = AC$；$AB = AF$；$\angle HAB = \angle HAC + \angle CAB = \angle BAF + \angle CAB = \angle CAF$

兩個三角形面積相等！

但是：三角形面積＝底＊高／2；因此，就面積來說：

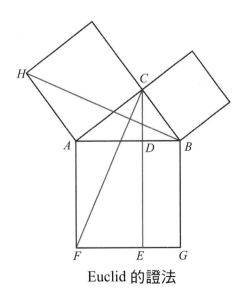

Euclid 的證法

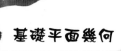

$$2 * \triangle HAB = 正方形\ AC$$

$$2 * \triangle ACF = 矩形\ ADEF$$

也就是說：正方形AC＝矩形$ADEF$；同樣地：正方形BC＝矩形$BDEG$；於是其和＝正方形$ABGF$（qed.）。

 例題 1 從正方形$ABCD$的對角線$\overline{BD}$上截取一點E，使得$BE = BC$；作垂線$\overline{EF} \perp \overline{BD}$，交$\overline{DC}$於$F$，則：

$$DE = EF = FC$$

（解） 設邊長為$BC = a$，則由定理：

$$BD^2 = BC^2 + CD^2 = a^2 + a^2 = 2 * a^2$$

$$BD = a * \sqrt{2}$$

因此：

$$DE = BD - BE = a(\sqrt{2} - 1)$$

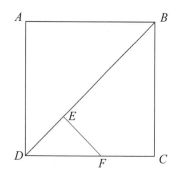 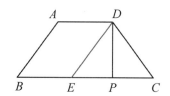 

左：例題 1（無理數 $\sqrt{2}$）；右：例題 2

$\triangle DEF$又是等腰直角三角形！因此：

$$DF = \sqrt{2} * DE = a * (\sqrt{2} - 1) * \sqrt{2} = a * (2 - \sqrt{2})$$

終於：

$$FC = DC - DF = a - a * (2 - \sqrt{2}) = a * (\sqrt{2} - 1)$$

希臘人（或 Pythagoras 派下？）知道輾轉互度法：

先以邊長$a = BC$去度對角線$BD = \sqrt{2} * a$（整商是 1），剩餘ED

再以 $ED=FC$ 去度邊長 $a=DC$（整商是 2）

但如果我們先扣掉一個 $ED=FC$，剩餘 FD

則 FD 與 ED 的關係就是 BD 與 BC 的關係！（沒完沒了！）

因此 $\sqrt{2}$ 是無理數！

 例題2 等腰梯形的一底為 4；周長 24，面積 $=28$；如何畫圖？

解 設高 $=h$，另一底 $=x$，腰 $=u$，則：

$$\text{(i)}: \left(\frac{4-x}{2}\right)^2 + h^2 = u^2$$

$$\text{(ii)}: 4+x+2*u=24$$

$$\text{(iii)}: (4+x)*h = 2*28 = 56$$

以：(ii)$u=\dfrac{20-x}{2}$ 代入(i)，得：

$$x = \frac{96-h^2}{8}$$

再代入(iii)，得：

$$h^3 - 128*h + 448 = 0, \quad (h-4)*(h^2+4h-112) = 0$$

若 $h=4$，則：$x=10$，$u=5$

若 $h=2\sqrt{29}-2$，則：$x=\sqrt{29}-3$，$u=\dfrac{23-\sqrt{29}}{2}$

2.4.2 畢氏定理的兩個應用

畢氏定理乃是一切幾何計算的根本！

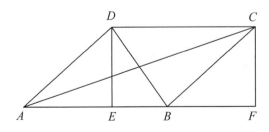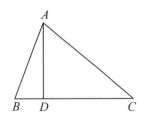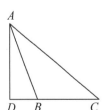

左：平行四邊形定律；右：Heron 公式

【Apollonius 平行四邊形定律】

任何四邊形 $ABCD$ 的四邊平方和，叫做這四邊形的 Apollonius 和，我們用 Apol $(ABCD)$ 表示：

$$\text{Apol } (ABCD) := AB^2 + BC^2 + CD^2 + DA^2$$

而 Apollonius 說：對於平行四邊形，此和，等於其對角線平方和：

$$\text{Apol } (ABCD) = 2 * (AB^2 + BC^2) = AC^2 + BD^2$$

 自上底頂點 C, D，作高線 $\overline{CF}, \overline{DE}$；於是得矩形 $CDEF$；用畢氏定理，則：

$$AC^2 = AF^2 + CF^2$$

$$BD^2 = EB^2 + ED^2$$

$$BC^2 = BF^2 + CF^2$$

$$ED = CF$$

$$AF = AB + BF$$

$$EB = AB - AE = AB - BF$$

那麼就可以計算出來了！

【Heron 公式】

若△ABC 的三邊長為：

$$BC = a, CA = b, AB = c$$

則可以利用其半周長 $s = \dfrac{a+b+c}{2}$，計算出其面積為：

$$(\triangle =) |\triangle ABC| = \sqrt{s(s-a)(s-b)(s-c)}$$

註 當然先煩惱：「會不會出現負數」？那麼：

$$s - a = \frac{a+b+c}{2} - a = \frac{b+c-a}{2} \; ; \; 2\,(s-a) = b+c-a > 0 \qquad （甲）$$

 我們作高線 AD，令其長為 h；所求面積就是△$= \dfrac{a*h}{2}$。

我們有兩個直角三角形△ADB, △ACD，可以用得上畢氏定理；因此用：

$$DB = x, DC = y$$

因而：

$$(\text{i}) : x^2 + h^2 = c^2$$

$$(ii) : y^2 + h^2 = b^2$$

但是：有 x, y, h 三個未知數，必須再一個！這就是：

$$(iii) : x + y = a$$

請注意：圖中，在 $|\angle ABC|$ 為鈍角時，我們將假定：$x < 0, y = a - x > a$。

解此組聯立方程，先從 $(i), (ii)$ 消去 h，即是 $(i) - (ii)$：

$$(iv) : x^2 - y^2 = c^2 - b^2$$

於是，$(iv) \div (iii)$：

$$(v) : x - y = \frac{c^2 - b^2}{a}$$

那麼 $(iii), (v)$，就是和差問題，可以解出 (x, y)。

但那不是目標！只有 h 才是目標！所以只要計算 $(iii) + (v)$（除以 2），解出：

$$(vi) : x = \frac{1}{2}\left(a + \frac{c^2 - b^2}{a}\right) = \frac{a^2 + c^2 - b^2}{2a}$$

代入 (i)，就算出：

$$h^2 = c^2 - x^2 = c^2 - \left(\frac{a^2 + c^2 - b^2}{2a}\right)^2 = \frac{4c^2 a^2 - (a^2 + c^2 - b^2)^2}{4a^2}$$

你不要去（開平方）算 h，乾脆，算平方 $\triangle^2 = \frac{a^2 * h^2}{4}$。

$$\triangle^2 = \frac{1}{16}(4c^2 a^2 - (a^2 + c^2 - b^2)^2)$$

亦即：

$$16 * \triangle^2 = 4c^2 a^2 - (a^2 + c^2 - b^2)^2$$

現在要一再用 $X^2 - Y^2 = (X + Y) * (X - Y)$

$$16\triangle^2 = (2c * a - (a^2 + c^2 - b^2))(2c * a + (a^2 + c^2 - b^2))$$

$$= (2c * a - a^2 - c^2 + b^2))(2c * a + a^2 + c^2 - b^2)$$

$$或即 = (b^2 - (c - a)^2) * ((c + a)^2 - b^2)$$

$$= (b - (c - a))(b + (c - a)) * ((c + a) - b)((c + a) + b)$$

$$= (b - c + a)(b + c - a)(c + a - b)(c + a + b)$$

當然還須用到上頁的公式（甲）！

 例題1 假設 $ABCD$ 是平行四邊形，而對角線 BD 被 E, F 兩點平分為三段，而

$$\text{Apol}(AECF) = 65 \; ; \; \text{Apol}(ABCD) = 193$$

試求：兩對角線長 AC, BD。

解 下圖左，由 sas 可知：$\triangle ABE \cong \triangle CDF$，立知：$AECF$ 為平行四邊形！

（太笨了！金華的國一生，馬上說：因為對角線 $\overline{EF}, \overline{AC}$ 互相平分！）

今：$BD = 3 * EF$，

$$\text{Apol}(AECF) = AC^2 + EF^2 = 65 \; ; \; \text{Apol}(ABCD) = AC^2 + 9 * EF^2 = 193$$

因此 $8 * EF^2 = 128$；$EF = 4$，$AC = 7$，$BD = 12$

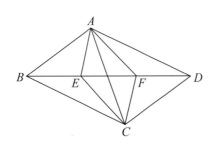
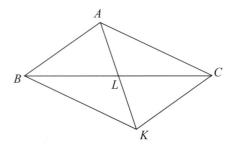

習題1 假設 $ABCD$ 是平行四邊形，而對角線 BD 被 E, F, G, H 諸點平分為五段，而

$$\text{Apol}(AFCG) = 169 \; ; \; \text{Apol}(AECH) = 369$$

試求：$\text{Apol}(ABCD)$。

【中線長公式】

對於 $\triangle ABC$ 的中線 $\overline{AL}$，其長度 $m_a = AL$，由三邊長 $a = BC$, $b = CA$, $c = AB$，就可以算出來：

$$AL = \frac{1}{2}\sqrt{2b^2 + 2c^2 - a^2}$$

上圖右，把中線 $\overline{AL}$ 延長兩倍到點 K，則得平行四邊形 $ABKC$，而得：

$$2\,(AB^2 + AC^2) = BC^2 + AK^2$$

 已知三角形的三邊長為 $10, 11, 12$，求各個高線之長與中線之長！

2.5 比例與面積

2.5.1 相似三角形

　　在前述（如圖）中點三角形定理中，我們如果過點 A，作 $\ell_1 /\!/$ 底邊 $\ell_3 = \overleftrightarrow{BC}$；中點連線 $\ell_2 = \overleftrightarrow{NM} /\!/ \overleftrightarrow{BC}$；另外有直線 $\overleftrightarrow{PQR} /\!/ \overleftrightarrow{AC}$；截三線於 P, Q, R，我們就得到

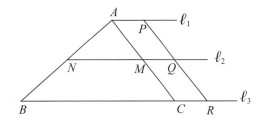

【等間隔定理】

有三條平行線

$$\ell_1 /\!/ \ell_2 /\!/ \ell_3$$

而它們被一條直線 $m = \overleftrightarrow{AB}$ 截出相同間隔（$AF = FB$），然則被另一條直線 $n = \overleftrightarrow{AC}$（或者其平行線！）截出相同間隔！（$AE = EC$）

 若有 $\triangle AED$；兩邊上的三點 $C \in \overline{AE}$，$B, F \in \overline{AD}$；而且：$AB = BC$，$DC = DE$，$\overline{BC} /\!/ \overline{FE}$，則：$FD = AB$。

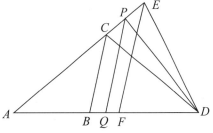 今作等腰 $\triangle DEC$ 的中垂線 DP，則得直角 $\triangle ADP$，由弦中點定理，若 $\overline{AD}$ 中點為 Q，則：

$$QA = QD = QP$$

故：

$$|\angle QPA| = |\angle QAP| = |\angle BCA|$$

於是：

$$\overline{PQ} /\!/ \overline{CB}$$

但是：$CP = PE$，故由等間隔定理，$BQ = QF$，由減法，

$$AQ - BQ = QD - QF；故\ AB = DF$$

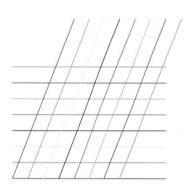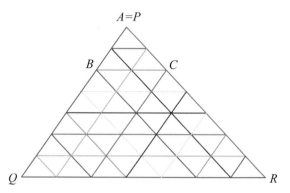

等間平行網格與相似三角形

【相似三角形】

如上圖右，兩個三角形△ABC, △PQR；兩組對應邊長之比相等，而且夾角相同：

$$AB : PQ = CA : RP = 2 : 7；且 |\angle BAC| = |\angle QPR|$$

我們利用平移，把 A 移到 P，用旋轉（也許再加翻轉！）把 $\overrightarrow{AB}$ 轉到 $\overrightarrow{PQ}$，把 $\overrightarrow{AC}$ 轉到 $\overrightarrow{PR}$。

由如圖的三組平形線，就看出：三角形△ABC 可以分割成 $2^2 = 4$ 個小三角形，而△PQR 可以分割成 $7^2 = 49$ 個小三角形，它們全都是合同的！於是推知：

$$AB : PQ = CA : RP = BC : QR$$

$$|\angle BAC| = |\angle QPR|, |\angle CBA| = |\angle RQP|, |\angle ACB| = |\angle PRQ|$$

以上的式子就是兩個三角形相似的定義：

$$\triangle ABC \sim \triangle PQR$$

【相似三角形 sas 定理】

若兩個三角形兩組對應邊長之比相等，而且夾角相同，則相似！

【相似三角形 sss 定理】

若兩個三角形三組對應邊長之比相等，則相似！

【相似三角形 aaa 定理】

若兩個三角形對應角度都相等，則相似！

【相似三角形面積比定理】

若兩個三角形相似，則面積之比為邊長之比的平方。

 對於 sas，以上這種證法當然適用於對應邊長可共度的情形！至於不可共度的情形，當然必須用到連續性原則，此地就不提了。

【直角三角形的相似拆解原理】

從直角 $\triangle ABC$ 的直角頂 C 作垂線 $\overline{CF}$，則得兩個與之相似的三角形！

$$\triangle ABC \sim \triangle ACF \sim \triangle CBF$$

於是有「比例中項」：

$$CF = \sqrt{FA * FB} \ ; \ CF^2 = FA * FB$$

【伸縮】

我們已經有相似形的概念：如果一個圖形 Γ，經由合同（可以包括：平移、旋轉，與翻轉）以及伸縮，可以變成另外一個圖形 Γ'，我們就說兩者是相似形，記成：

$$\Gamma \sim \Gamma'$$

我們可以縮小這個概念，而定義「伸縮」。所謂對於中心點 O 的 α 倍伸縮，意思是：把一點 P，變到另一點 P'，而使得：

$$OP' = \alpha * OP \ ; \ \overrightarrow{OP} = \overrightarrow{OP'}$$

這裡，伸縮倍率 $\alpha > 0$。（雖然在日常生活中的用字，$\alpha > 1$ 是「伸」，而

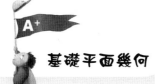
$1 > \alpha > 0$ 時是「縮」。）「伸縮」的歐文是 Dilatation，所以我們將寫：

$$\text{Dil}\,(O, \alpha) : \Gamma \sim \Gamma'$$

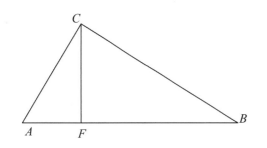
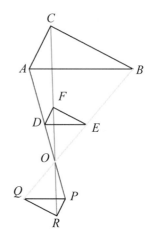

左：直角三角形的相似拆解；右：伸縮與瑕伸縮

【瑕伸縮】

以下（有時），我們將允許：伸縮倍率 $\alpha < 0$，而得到瑕伸縮，意思就是：圖形 Γ 的一點 P，對應到的點 $P' \in \Gamma'$，一定與伸縮相似中心 O，三點共線，而且 O 必定介於 P, P' 兩點間，而使得：

$$OP' = |\alpha| * OP$$

所以，這種瑕伸縮可以看成先作個一般的伸縮，然後再繞著「伸縮中心」，旋轉 $180°$。

> 註 「瑕伸縮」、「伸縮」都是「相似」的特例；若 Γ, Γ' 相似而不具有相似中心，我們就不用「伸縮倍率」而改用「相似比」，這是 Γ, Γ' 之上，對應的線段長之比！如果「相似比」$= 1$，那就是合同！

例題1 取 $\triangle ABC$ 三邊的中點 L, M, N，而連成中點三角形 $\triangle LMN$，這就得到三個伸縮及一個瑕伸縮：

$$\text{Dil}\left(A, \frac{1}{2}\right) : \triangle ABC \sim \triangle ANM$$

$$\mathrm{Dil}\left(B, \frac{1}{2}\right) : \triangle ABC \sim \triangle NBL$$

$$\mathrm{Dil}\left(C, \frac{1}{2}\right) : \triangle ABC \sim \triangle MLC$$

$$\mathrm{Dil}\left(G, \frac{-1}{2}\right) : \triangle ABC \sim \triangle LMN$$

這裡 G 是重心！

我們知道：四個小三角形 $\triangle ANM, \triangle NBL, \triangle MLC, \triangle LMN$ 都是合同的，但是前三者互相是平移，因為，（例如）從 $\triangle ANM$ 變到 $\triangle NBL$ 中，就是整個移動：A 移到 N，N 移到 B，M 移到 L。

但是，中間那個 $\triangle LMN$，與另外的三個小三角形，則是「瑕伸縮」！

這是因為，一個平行四邊形，如 $LMAN$，被它的對角線 $\overline{MN}$ 分割為二，則有：

$$\mathrm{Dil}\,(U, -1) : \triangle AMN \sim \triangle LNM$$

這裡 U 是 $\overline{MN}$ 的中點，也是 $\overline{AL}$ 的中點。

【正五邊形】

所謂「正 n 邊形」就是各邊長相等，各內角也相等！

（若 $n > 3$，則這兩句話是獨立的！例如菱形與矩形，$n=4$。）

正五邊形有五條對角線，當然等長 $AC = BE = \cdots$；

$$\angle |ABC| = 108° \;；\; \angle |ABE| = 36° = \angle|BCA| \;；\; \angle|FBC| = 72° = \angle|CFB|$$

因此：

$$\triangle ABC \sim \triangle AFB$$

我們看出：

$$AC : CB = AB : BF \;；\; 即 AC : CF = CF : FA = CF : (AC - CF)$$

我們顛倒比之：

$$\gamma = CF/AC = (1 - \gamma) : \gamma$$

這就是所謂的黃金比：

$$\gamma^2 + \gamma - 1 = 0 \;，\; \gamma = \frac{\sqrt{5} - 1}{2} > 0$$

註 當然你曉得：黃金比如何作圖！

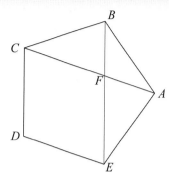
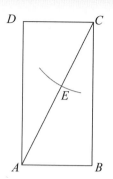

正五邊形與黃金比

　　從所給的長度畫兩個正方形相並，得矩形 $ABCD$；於是畫對角線 AC；以 C 點為心，AB 為半徑，畫圓，截出 $\overline{AC}$ 上的點 E，於是，AE 之半，就是所要的：$\gamma * AB$。

　　有人認為：黃金比 γ 更可以說是第一個無理數！因為它的「輾轉互度，沒完沒了」更加清楚！

考題 請找出圖中有哪些（瑕）伸縮？有哪些相似形？注意三種基本形 $\triangle ABC$, $\triangle ABD$，及五邊形 $ABCDE$。（也許也要考慮菱形 $ABCQ$，五角星形 $ASBTCPDQERA$。前者有三個合同形，後者只有一個合同形；但如果（從五角形 $PQRST$，連對角線！）繼續畫下去，會有許多伸縮形！）

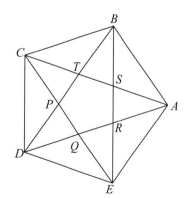
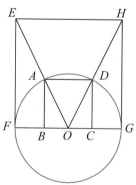

左：習題；右：例題 2

例題2 半圓形 $FADG$，圓心為 O，而底邊是直徑 $\overline{FG}$，請畫出它的內接正方形 $ABCD$，使得：其一邊 $\overline{BC}$ 在 $\overline{FG}$ 上，而另兩頂點 A, D 在半圓上！

解 由於 $AB = CD = BC$，A, D 要同時在圓上，必須有對稱性：$CO = BO$；因此，直角 $\triangle OCD$ 中，

$$OC : CD : OD = 1 : 2 : \sqrt{1^2 + 2^2}$$

因為 $OD = OG$ 為圓的半徑，所以截出

$$OC = \frac{1}{\sqrt{5}} OG$$

之後，就可以作出 $ABCD$ 了！

實際的操作反倒很簡單：作出正方形 $EFGH$，連出 $\overline{OE}, \overline{OH}$，就截得 A, D 兩點！

2.5.2 比例與滑移

例題1 （垂心、外心與重心一二三）

我們回去看前面 §2.3.6 的 Euler 線之一，事實上，我們也看出：

$$\overline{AH} \overset{\parallel}{=} \overline{OL}$$

如果連接 $\overline{AL}$，與 $\overline{OH}$ 交於一點 G，則

$$對頂：|\angle GOL| = |\angle GHA| \; ; \; 內錯：|\angle OLG| = |\angle HAG|$$

因此，由 aaa 相似定理：

$$\triangle GOL \sim \triangle GHA$$

而相似比是：

$$OL : HA = 1 : 2 = OG : GH$$

那麼，G 點是三條中線 $\overline{AL}, \overline{BM}, \overline{CN}$ 的交點！即是 $\triangle ABC$ 的**重心**。

例題2 過平行四邊形 $ABCD$ 的對角線上一點 P，畫一直線 ℓ，截出各點：

$$Q = \ell \cap \overleftrightarrow{AB}, R = \ell \cap \overleftrightarrow{CB}, S = \ell \cap \overleftrightarrow{AD}, T = \ell \cap \overleftrightarrow{CD}，於是：$$

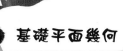

$$PQ : PS = PT : PR ; 換句話說 PQ*PR = PS*PT$$

 注意看相似形！

$$\triangle APQ \sim \triangle CPT$$

因此：

$$PQ : PT = AP : CP \quad \text{(i)}$$

$$\triangle APS \sim \triangle CPR$$

因此：

$$PS : PR = AP : CP \quad \text{(ii)}$$

由 (i)＝(ii)，故：

$$PQ : PT = PS : PR$$

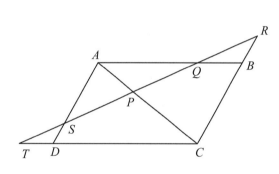 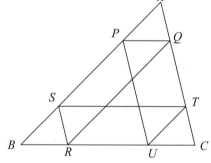

左：例題 2；右：例題 3

例題 3 對於 $\triangle ABC$，我們將依序在周邊上，得到：P, Q, R, S, T, U 各點；首先在 $\overline{AB}$ 上任取一點 P，接著畫：

$$\overleftrightarrow{PQ} \,/\!/\, \overleftrightarrow{CB}$$

$$\overleftrightarrow{QR} \,/\!/\, \overleftrightarrow{BA}$$

$$\overleftrightarrow{RS} \,/\!/\, \overleftrightarrow{AC}$$

$$\overleftrightarrow{ST} \,/\!/\, \overleftrightarrow{CB}$$

$$\overleftrightarrow{TU} \,/\!/\, \overleftrightarrow{BA}$$

$$\overline{UP} /\!/ \overleftrightarrow{AC}$$

試證明恰好就此回到原點！

 這是比例滑移法！

因為：$\overline{PQ} /\!/ \overline{CB}$　所以：$\dfrac{AP}{BP} = \dfrac{AQ}{CQ}$

因為：$\overline{QR} /\!/ \overline{BA}$　所以：$\dfrac{AQ}{CQ} = \dfrac{BR}{CR}$

因為：$\overline{RS} /\!/ \overline{AC}$　所以：$\dfrac{BR}{CR} = \dfrac{BS}{AS}$

因為：$\overline{ST} /\!/ \overline{CB}$　所以：$\dfrac{BS}{AS} = \dfrac{CT}{AT}$

因為：$\overline{TU} /\!/ \overline{BA}$　所以：$\dfrac{CT}{AT} = \dfrac{CU}{BU}$

於是知道：

$$\frac{CU}{BU} = \frac{AP}{BP}$$

因此：$\overline{UP} /\!/ \overline{AC}$

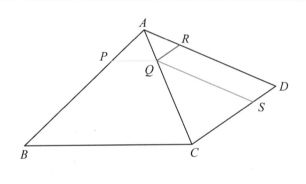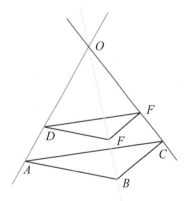

左：比例滑移法；右：三對平行邊

【比例滑移法】

如上圖左，$\overline{AB}$ 上的點 P，（沿 $\overline{BC}$）滑移到 $Q \in \overline{AC}$，再（沿 $\overline{CD}$）滑移到 $R \in \overline{AD}$，或（沿 $\overline{AD}$）滑移到 $S \in \overline{CD}$。

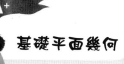

【三對平行邊定理】

過 O 點，有三條直線 $\overleftrightarrow{OA}$, $\overleftrightarrow{OB}$, $\overleftrightarrow{OC}$，其上各有一點 D, E, F，

若：$\overline{DE}/\!/\overline{AB}$，$\overline{EF}/\!/\overline{BC}$，則：$\overline{DF}/\!/\overline{AC}$

 這是具有對應平行邊的兩三角形 $\triangle ABC$, $\triangle DEF$；由「同位角相等」立知：

$$|\angle ODE| = |\angle OAB|, |\angle OED| = |\angle OBA|$$

故：$\triangle ODE \sim \triangle OAB$

$$|\angle OFE| = |\angle OCB|, |\angle OEF| = |\angle OBC|$$

故：$\triangle OEF \sim \triangle OBC$

於是：$OD : OA = OE : OB = OC : OF$

於是：$\overline{DF}/\!/\overline{AC}$

☞注意 1：（負號的比例：）如果比例 $OD : OA = OE : OB = OC : OF$ 為負號，其實也成立！

☞注意 2：（逆定理：）對於兩個三角形 $\triangle ABC$, $\triangle DEF$，若：$\overline{DE}/\!/\overline{AB}$，$\overline{EF}/\!/\overline{BC}$，$\overline{DF}/\!/\overline{AC}$，則：三線 $\overleftrightarrow{AD}$, $\overleftrightarrow{BE}$, $\overleftrightarrow{CF}$ 共點。（除非？）

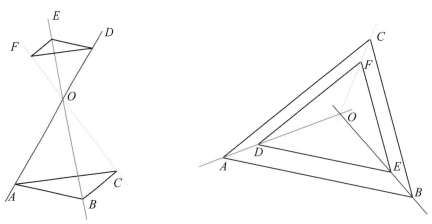

具有對應平行邊的兩三角形

我們用「驗明正身法」！今取交點：$O \overset{\in}{=} \overleftrightarrow{AD} \cap \overleftrightarrow{BE}$，連 $\overleftrightarrow{OC}$，而得交點 $G \overset{\in}{=} \overleftrightarrow{OC} \cap \overleftrightarrow{EF}$。（故只要證明 $G = F$ 就好了！）

今由原定理，$\overleftrightarrow{AC} /\!/ \overleftrightarrow{DG}$，但已知：$\overleftrightarrow{DF} /\!/ \overleftrightarrow{AC}$, $\overrightarrow{DG} = \overrightarrow{DF}$，因而 $F = G$。

☞ 注意 3：逆定理的證明，在 $\overleftrightarrow{AD} /\!/ \overleftrightarrow{BE}$ 時，有點問題！但是，此時
$$\overleftrightarrow{DE} /\!/ \overleftrightarrow{AB}, \overleftrightarrow{EF} /\!/ \overleftrightarrow{BC}$$

在 $\overleftrightarrow{BE}$ 所得的同位角相加，則：
$$|\angle DEF| = |\angle ABC|$$

同理：
$$|\angle EDF| = |\angle BAC|$$

又利用平行四邊形 $ABED, AB = DE$，那麼 asa，可知：
$$\overline{DF} \overset{/\!/}{=} \overline{CA}, \overline{EF} \overset{/\!/}{=} \overline{BC}$$

於是
$$\overline{AD} /\!/ \overline{BE} /\!/ \overline{CF}$$

逆定理的「例外」就是這個平行條件！（解釋為：共點於無窮遠處！）

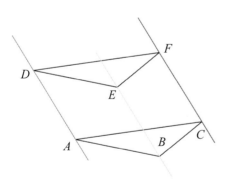 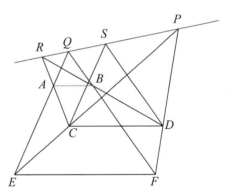

具有對應平行邊的兩三角形

例題 4 如上圖右，設有長度互異的三個平行線段：
$$\overline{AB} /\!/ \overline{CD} /\!/ \overline{EF}$$

則：三交點

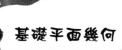

基礎平面幾何

$$P \overset{\in}{=} \overleftrightarrow{CE} \cap \overleftrightarrow{DF}, \quad Q \overset{\in}{=} \overleftrightarrow{AE} \cap \overleftrightarrow{BF}, \quad R \overset{\in}{=} \overleftrightarrow{AC} \cap \overleftrightarrow{BD}$$

共線！

 想法是：引入一點 S，使得 R, Q, S 三點共線，另有 P, Q, S 三點共線，於是，P, Q, R 三點共線！

今作：

$$\overleftrightarrow{CS} /\!/ \overleftrightarrow{AE}, \quad \overleftrightarrow{DS} /\!/ \overleftrightarrow{BF}$$

則得：$\triangle SCD, \triangle QAB$ 是具有對應平行邊的兩三角形！因而 R, Q, S 三點共線！同理，$\triangle SCD, \triangle QEF$ 是具有對應平行邊的兩三角形！因而 P, Q, S 三點共線！

5.5.3 比例與相似的作圖

【代數的幾何化】

希臘人的幾何學遠比代數學進步！因此可以說他們是以幾何來思考代數！他們擅長用幾何的「量」，來了解代數的「數」。平面幾何中的「量」有三種：長度、面積與角度。這裡面最根本的就是長度。

【加減運算的幾何意涵】

在代數裡面，兩個「數」x 與 y 可以做四則運算：$x+y, x-y, x*y, x/y$，那麼在幾何上兩個「量」x 與 y，是否可做這樣的四則運算？如果 x 與 y，都是代表長度或者角度，那麼，加減這兩則運算是很容易解釋的！（前面已經講過了！）

註 回憶一下減法：在一條直線 ℓ 上，設 $\overline{AC}$ 代表 z，另外又設 $\overline{BC}$ 代表 y，$y<z$，並且 B 介於 A, C 間，則 $\overline{AB}$ 代表了 $z-y$。所以你知道：古人對於負數不能掌握！量只能代表正數，因此，$z-y$ 僅限於 $z>y$。只到了坐標幾何學，才可以解釋 $z-y<0$。

【面積與長度】

如果 x 與 y 所代表的是面積，又將如何？

有一種辦法是：把面積的問題化為長度的問題！我們的根據就是等積原理：

120

● 對於任意的多角形區域，$\mathcal{P}$，我們可以作出矩形 $ABCD$，使得兩者的面積相等：

$$|\mathcal{P}| = AB * AD$$

而且這裡的「底邊」$\overline{AB}$，可以任意選定！（從而射向 $\overrightarrow{AD}$ 有「兩擇」。）

● 對於任意的矩形 $ABCD$，可以作出正方形 $PQRS$，使兩者面積相等：

$$AB * AD = PQ^2$$

【尺規作圖】

必須強調的是：上述的等積作圖法，我們是可以遵守希臘規矩而達成的！所以，

第一句話中，「多角形區域 $\mathcal{P}$」不能改為圓盤（＝圓形域）。

第二句話中，（平面幾何的）「矩形區域與正方形域等面積」，不能改為（立體幾何的）「長方體與立方體等體積」。

【乘除運算的幾何意涵：相似】

對於乘除法，$x*v, x/v$，的解釋與作圖，有一種情形很容易解決：

假設：x 代表長度，但是 v 是一個（正！）整數！

如果 v 是自然數，例如 $v = 7$，當然容易作出

$$v*x = 7*x = x+x+x+x+x+x+x$$

如前所述，在一條直線 ℓ 上，設 $\overline{AB}$ 代表了 x；那麼我們在此線上，依序再作出（截出！）點 $B_2, B_3, B_4, B_5, B_6, B_7$，使得：

$$(x=)AB = BB_2 = B_2B_3 = B_3B_4 = B_4B_5 = B_5B_6 = B_6B_7$$

那麼 $AB_7 = 7*x$，即：$\overline{AB_7}$ 代表了 $7*x$。

（我們在小學已經熟悉了！）換句話說：（整數的）乘法運算只是加法的簡寫！但若 $v = \dfrac{3}{7}$ 是分數，而 $z = AC$ 是長度，$v*z = \dfrac{3}{7}*z$ 要如何解釋？你可以說：

$$\frac{3}{7}*z = \left(\frac{z}{7}\right)*3，\text{或者} = \frac{3*z}{7}$$

關鍵在於：「長度如何用 7 除」？

$\dfrac{3}{7}*z$ 的作圖法如下：

已經用線段代表長度：$z = \overline{AC}$

過 A 點，畫另外一條直線 ℓ，（可以相當隨意！但）不要通過 C 點！

如前，在 ℓ 上，依序再作出（截出！）點 $B_1, B_2, B_3, B_4, B_5, B_6, B_7$，使得：

$$AB_1 = B_1B_2 = B_2B_3 = B_3B_4 = B_4B_5 = B_5B_6 = B_6B_7$$

然後，作出

$$\overline{B_3C_3} \,/\!/\, \overline{B_7C}$$

使得：$\overrightarrow{B_3C_3}$ 交 $\overrightarrow{AC}$ 於點 C_3，於是：

$$AC_3 : AC = AB_3 : AB_7 = 3 : 7 \,; \; AC_3 = \frac{3}{7} * AC$$

整個的根據就是：（平行線截出相似形！）

$$\triangle AB_7C \sim \triangle AB_3C_3$$

【尺規數】

以上的辦法適用於：從長度 $z = AC$，和一個「有理」數 v，只利用希臘規矩，作出長度 $v*z$。

希臘人已經知道：即使 v 不是有理數，有時也可以作出 $v*z$；這樣子的數叫做<u>尺規數</u>。這是很容易描述的：從整數出發，經過有窮次的「五則運算」，所能得到的數，叫做尺規數。

【開平方的作圖題】

所謂「五則運算」，就是加減乘除的四則運算之外，多了一個開平方運算。

這是我們在前面已經提到過的「直角三角形的相似拆解原理」：

從直角 $\triangle ABC$ 的直角頂 C 作垂線 $\overline{CF}$，則得「比例中項」：

$$CF = \sqrt{FA * FB} = \sqrt{v * FA} \,; \; 若 \, FB = v * FA$$

那麼作圖的要領就是：

◉ 在一直線上，依序畫出 A, F, B 三點，而：$FB = v * AF$。

◉ 以 $\overline{AB}$ 中點為心，$\frac{1}{2}AB$ 為半徑長，（換句話說：以 $\overline{AB}$ 為直徑！）畫一圓。

◉ 過 F 點，畫出對 $\overline{AB}$ 的垂線，而交圓於（兩點，你只要其）一點 C，於是：

$$CF=\sqrt{AF*BF}=\sqrt{v*AF}$$

註 我們用到前面的弦中線定理，因而：$|\angle ACB|=90°$。

【第四比例項的作圖題】

假設：y, u 都代表長度，那麼乘除法 $y*u, y/u$，如何解釋？

這時候，乘積 $y*u$ 解釋為長寬各為 y 與 u 的矩形之<u>面積</u>！商 y/u 解釋為<u>比數</u>！

因此兩者都不是長度！比較自然的解釋是再引入另一個長度，一共有三個長度，改寫成 y, z, x，來思考 $y*z/x$。而比例相似的原理，就提供了這個解釋與作圖！

在 $\angle BAC$ 的兩邊上，各取兩點 $P, R \in \overrightarrow{AB}$；$Q, T \in \overline{AC}$，而 $\overline{PQ}//\overline{RS}$，於是 $\triangle PAQ \sim \triangle RAS$，那麼：

$$AP:AQ=AR:AS$$

那麼作圖時，只是截取：

$$AP=x, AQ=y, AR=z；則 AS=\frac{y*z}{x}$$

註 稍一畫圖，就不會錯了！絕對不要背！不要那麼死板：因為改用 $AQ=z$，$AR=y$，還是一樣有 $AS=\frac{y*z}{x}$。

例題 1 假設 $\triangle ABC$ 是已給定的，請畫出它的內接正方形 $DEFG$，使得：其一邊 $\overline{EF}$ 在 $\overline{BC}$ 上，而另兩頂點 $D \in \overline{AB}, G \in \overline{AC}$，分在兩腰上！

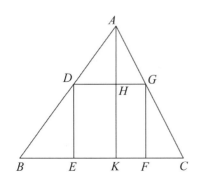 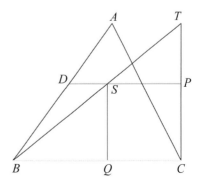

例題 1 作圖

想像作出 A 點的高線 $\overline{AK}$，交 $\overline{DG}$ 於 H，於是：

$$\triangle ABC \sim \triangle ADG ; \triangle ABK \sim \triangle ADH$$

因此：

$$DG : BC = AD : AB = AH : AK = (AK - DG) : AK$$

未知數只有 $KH = DG$，故改寫為：

$$DG : (AK - DG) = BC : AK ; 因而 DG : AK = BC : BC + AK$$

這是第四比例項的作圖，造出（算出） $KH = DG$ 之後，在 $\overline{KA}$ 上截取 KH，得到 H 點，就作出正方形 $DEFG$ 了！

☞ 注意：KH 只與 BC, AK 有關，但與 BK 無關！

當然，這一題，$\triangle ABC$ 不可以是鈍角三角形！必須要求 $BK \le BC$。但是，這樣一來卻讓我們想起很簡單的作法：

把 $\triangle ABC$ 滑移成直角 $\triangle TBC$，但保持「高度」 $AK = TC, TC \perp BC$。

$\triangle ABC$，改為 $\triangle TBC$，則實際的操作非常簡單：

作 $45°$ 的角 $\angle BCS$，換句話說：作直角 $\angle BCT$ 的平分線 $\overrightarrow{CS}$，交 $\overline{TB}$ 於 S 點，那麼，以 $\overline{SC}$ 為對角線的正方形，就是 $\triangle TBC$ 的內接正方形！而自 S 作 $\overline{SD}/\!/\overline{BC}$，它截出 $\overline{AB}$ 上的 D 點，就解決了問題！

【比例中項的作圖題】

上述是求第四比例項，由 x, y, z，求 $t = \dfrac{y*z}{x}$，因為這可以寫成： $x : y = z : t$。未知的是比例的第四項！

所謂比例中項的作圖題，則是：由 x, y，求 $t = \sqrt{x*y}$，這是求比例中項，因為這可以寫成： $x : t = t : y$；作圖的要領則是上述的開平方法： $CF = \sqrt{AF*BF} = \sqrt{x*y}$，若： $AF = x, BF = y$。

【割點的作圖題】

已給線段長 u, v，及一線段 $\overline{AB}$，求其上一點 P，使得：

$$PA : PB = v : u$$

 過 A 點，畫另一直線 $\overrightarrow{AC}$，然後在其上依序截取兩段 $\overline{AQ}, \overline{QR}$，使得： $AQ = v, QR = u$，連 $\overline{BR}$，再作： $\overline{QP}/\!/\overline{RB}$，則 $\overline{QP}$ 在 $\overline{AB}$ 上，截出所求的點 P。

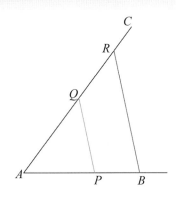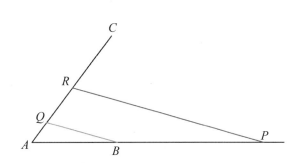

內外割點的作圖

註 以上是所謂的「內割點」：P 在 $\overline{AB}$ 上，也就是在 A, B 之間；若 P 在 $\overline{AB}$ 的延長線上，在 $\overline{AB}$ 之外，那就是所謂的「外割點」。不論是內或外割點，若 $u>v$，則 P 更靠近 A 而遠 B。反過來說，若 $v>u$，則 P 更靠近 B 而遠 A。（這當然不要背！冷靜地思考一下，就不可能弄錯了！）

若是 $v>u$，外割點的作圖如下：過 A 點，畫另一直線 $\overrightarrow{AC}$，然後在其上截取兩點 Q, R，使得：$AQ=v-u, QR=u$，連 $\overline{BQ}$，再作：$\overline{RC}/\!/\overline{QB}$，則 $\overline{RC}$ 在 $\overrightarrow{AB}$ 上，截出所求的點 P。

註 上述的作法有點死板！也許可以改用這個辦法（如下圖左）：

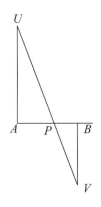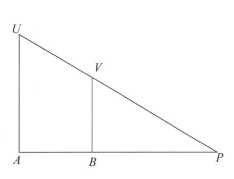

內外割點的作圖

在 A, B 處，各作垂線 $\overline{AU}\perp\overline{AB}, \overline{BV}\perp\overline{AB}$，但是一個往上一個往下，其長度為

$$AU : BV = v : u$$

連 U, V，則 $\overline{UV}$ 交 $\overline{AB}$ 於所求的割點 P。

在作外割點時，U, V 在 $\overleftrightarrow{AB}$ 的同一側，如上圖右。

2.5.4 面積比

【單體】

平面幾何學中，三角形是最重要的素材！三角形域，被稱為（二維）單體（simplex）；因為，一切平面領域「差不多」都是由三角形域拼湊而成！

【相似形面積比定理】

若兩個領域相似，則面積之比為「對應邊長」之比的平方。

這是相似三角形面積比定理的推論！

【畢氏定理的比例證明法】

如下圖左，如果從直角頂 C 作高線 CR，則它將三角形分割為兩個與自己相似的直角三角形！

$$\overline{\triangle}CAB = \triangle RAC \cup \overline{\triangle}RCB$$

$$|\overline{\triangle}CAB| = |\overline{\triangle}RAC| + |\overline{\triangle}RCB|$$

$$\overline{\triangle}CAB \sim \overline{\triangle}RAC \sim \overline{\triangle}RCB$$

$$|\overline{\triangle}CAB| : |\overline{\triangle}RAC| : |\overline{\triangle}RCB| = c^2 : b^2 : a^2$$

兩個三角形會相似，充要條件就是有兩個對應角度相等！（當然這一來，連第三個角度也相等！）現在把相似三角形面積比定理推廣！

【一角度相同的兩個三角形域面積比定理】

如下圖右，如果兩個三角形 $\triangle ABC$, $\triangle PQR$ 有一個角度相同，（或互補！）則面積比＝夾此角兩邊長的乘積之比！

若 $|\angle ABC| = |\angle PQR|$，或 $|\angle ABC| + |\angle PQR| = \pi$，則

$$\frac{|\triangle ABC|}{|\triangle PQR|} = \frac{AB * BC}{PQ * QR}$$

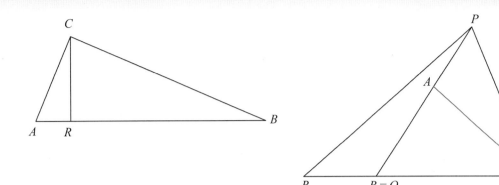

左：畢氏自我形似法；右：一角相同的兩個三角形面積比

 不妨把點 Q 搬移到 B 點！把半線 $\overrightarrow{QP}$ 旋轉到 $\overrightarrow{BA}$ 去，然後設：$B = Q, C, R$ 共一線。（若 $|\angle ABC| = |\angle PQR|$，則 $\overrightarrow{BC} = \overrightarrow{QR}$；若 $|\angle ABC| + |\angle PQR| = \pi$，則 $B = Q \in \overrightarrow{CR}$）

現在連接線段 PC，那麼，在兩個三角形 $\triangle ABC, \triangle PQR$ 之外，另外多了一個 $\triangle PBC = \triangle PQC$；那麼：待證式左側，分子、分母同除以 $|\triangle PBC|$，而待證式右側，分子、分母同除以 $BP * BC$，故我們只須要證明：（兩式其實是同一回事！）

(i) $\dfrac{|\triangle ABC|}{|\triangle PBC|} = \dfrac{AB * BC}{PB * BC} = \dfrac{AB}{PB}$

(ii) $\dfrac{|\triangle PBC|}{|\triangle PBR|} = \dfrac{PB * BC}{PB * BR} = \dfrac{BC}{BR}$

換句話說：我們等於考慮兩個三角形，不但有一角全同（或互為外角），且角之一邊也全同！要在此條件下證明定理，就很容易了！

以(i)為例，各作高線 $\overline{AU}, \overline{PV}$，則得相似形：

$$\triangle ABU \sim \triangle PBV$$

$$\frac{AU}{PV} = \frac{AB}{PB}$$

由「底乘高除以 2」的公式，立知：

$$\frac{|\triangle ABC|}{|\triangle PBC|} = \frac{\dfrac{AU * BC}{2}}{\dfrac{PV * BC}{2}} = \frac{AU}{PV} = \frac{AB}{PB}$$

【分角線割比定理】

自△ABC的一頂點A，作內角$\angle BAC$的分角線AS，或外角$\angle CAY$的分角線AT，交到對邊，所得的割比為鄰邊長的比：

$$BS : CS = AB : AC = BT : CT$$

 因為$|\angle BAS| = |\angle SAC|$，這是上一定理的推論！自$A$作高線$AX$，則：

$$|\triangle ABS| : |\triangle ACS| = \frac{AX*AB}{2} : \frac{AX*CS}{2} = AB : AC$$

習題1 △ABC的三個（內角）分角線段為$\overline{AU}, \overline{BV}, \overline{CW}$，求面積比：$|\triangle UVW| : |\triangle ABC|$。

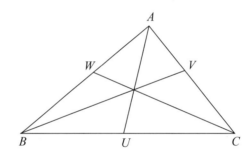

2.5.5 Menelaus-Ceva

【Menelaus 定理】

已予△$ABC, \ell \in \mathcal{L}$，得交點：
$P \stackrel{\in}{=} \ell \cap \overleftrightarrow{BC}, Q \stackrel{\in}{=} \ell \cap \overleftrightarrow{CA}, R \stackrel{\in}{=} \ell \cap \overleftrightarrow{AB}$，
則割比之積

$$\frac{PB}{PC} * \frac{QC}{QA} * \frac{RA}{RB} = 1$$

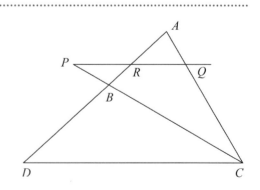

過點 C 作 l 的平行線 $\overleftrightarrow{CD}$ 交 $\overleftrightarrow{AB}$ 於點 D；那麼，針對 A, B 兩點，做為相似中心，有：

$$\triangle AQR \sim \triangle ACD \; ; \; \triangle BPR \sim \triangle BCD$$

我們有：

$$\triangle AQR \sim \triangle ACD \; ; \; \frac{CQ}{AQ} = \frac{DR}{AR}$$

$$\triangle BPR \sim \triangle BCD \; ; \; \frac{BP}{CP} = \frac{BR}{DR}$$

這就得到：$\dfrac{BP}{CP} * \dfrac{CQ}{AQ} * \dfrac{AR}{BR} = \dfrac{BR}{DR} * \dfrac{DR}{AR} * \dfrac{AR}{BR} = 1$

【Menelaus 反定理】

已予 $\triangle ABC$，以及：$P \in \overleftrightarrow{BC}, Q \in \overleftrightarrow{CA}, R \in \overleftrightarrow{AB}$，若割比之積 $\dfrac{PB}{PC} * \dfrac{QC}{QA} * \dfrac{RA}{RB}$

$=1$，則：P, Q, R 三點共線！

 （這個辦法是「驗明正身法」！）我們取：

$$l := \overleftrightarrow{PQ}，再令 R' \stackrel{\in}{=} l \cap \overleftrightarrow{AB}$$

那麼由 Menelaus 定理，就有割比之積

$$\frac{PB}{PC} * \frac{QC}{QA} * \frac{R'A}{R'B} = 1$$

而我們只要驗明 $R' = R$ 就好了！但由所給的條件，（與上式相除，）就得到：

$$\frac{R'A}{R'B} = \frac{RA}{RB}$$

如此就逼使：$R = R'$。

註 割比：想像在點 B 處，放上質量 β，在點 C 處，放上質量 γ，那麼這兩個質點的「重心」就在線段 $\overline{BC}$ 上的 P 點處，而

$$\frac{PB}{CP} = \gamma : \beta$$

對於任意的正數 $s > 0$，我們都可以在 $\overline{BC}$ 上，找到一點 P，使得：$\dfrac{PB}{CP} = s$；s 就稱做點 $P \in \overline{BC}$ 對於 B, C 兩點的割比。

有時，我們採取有號割比的說法！對於直線 $\overleftrightarrow{BC}$ 上的點 $P \notin \overline{BC}$，我們也可以定義它對於 B, C 兩點的割比，只不過是負值！這是因為：當 P 在線段 BC 上

時，從 B 到 P，與從 P 到 C 一定是「相同的意向」！但若 P 在線段外，則從 B 到 P，與從 P 到 C 一定是「相反的意向」！所以，我們就把「意向」也考慮進來，情形很像思考負數一樣。這樣子，Menelaus 定理其實應該說成：

對於 $P \overset{\in}{=} \ell \cap \overleftrightarrow{BC}$，$Q \overset{\in}{=} \ell \cap \overleftrightarrow{CA}$，$R \overset{\in}{=} \ell \cap \overleftrightarrow{AB}$，這三點是否在一條直線上？

條件是：它們各自對於 (B, C)，(C, A)，(A, B) 的有號割比之積為 -1。

$$\frac{PB}{CP} * \frac{QC}{AQ} * \frac{RA}{BR} = -1$$

例如，在圖中，$\frac{QC}{AQ}$，$\frac{RA}{BR}$ 都是正號，而 $\frac{PB}{CP} < 0$ 為負號！這是因為 $\overrightarrow{PB}$，$\overrightarrow{CP}$ 恰好「意向」相反。

例題 1 假設在四邊形 $ABCD$ 中，任取一點 U，過點 U，作 $\overleftrightarrow{SUR}//\overleftrightarrow{BC}$，得交點 $S \in \overleftrightarrow{CD}$，$R \in \overleftrightarrow{AB}$；作 $\overleftrightarrow{PUQ}//\overleftrightarrow{AB}$，得交點 $P \in \overleftrightarrow{AD}$，$Q \in \overleftrightarrow{BC}$，試證：$\overleftrightarrow{PR}$，$\overleftrightarrow{SQ}$，$\overleftrightarrow{BD}$ 三線共點！（參看下圖左。）

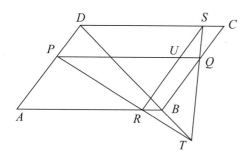
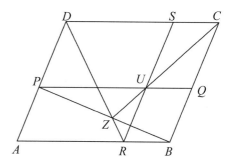

解 我們要驗證：兩線 $\overleftrightarrow{SQ}$，$\overleftrightarrow{BD}$ 的交點 T 就是兩線 $\overleftrightarrow{PR}$，$\overleftrightarrow{BD}$ 的交點。（仍是驗明正身法！）我們看 $\triangle BCD$，它的三邊被 $\overleftrightarrow{SQ}$ 截過！截點為：

$$S \in \overleftrightarrow{CD}, T \in \overleftrightarrow{DB}, Q \in \overleftrightarrow{BC}$$

因此，由 Menelaus,

$$\frac{DT}{TB} * \frac{BQ}{QC} * \frac{CS}{SD} = 1$$

我們再看 $\triangle BDA$，它的三邊被 $\overleftrightarrow{PR}$ 截過！截點為：

$$P \in \overleftrightarrow{DA}, R \in \overleftrightarrow{AB}, T' \in \overleftrightarrow{BD}$$

因此，由 Menelaus,

$$\frac{BT'}{T'D} * \frac{DP}{PA} * \frac{AR}{RB} = 1$$

注意到：

$$QC = PD, BQ = AP \,;\, SD = RA, CS = BR$$

我們把兩式相乘：

$$\frac{DT}{TB} * \frac{BT'}{T'D} = 1 \,;\, 即 \frac{DT}{TB} = \frac{DT'}{T'B} \,;\, T = T'$$

習題1 如上例，試證：$\overleftrightarrow{PB}, \overleftrightarrow{RD}, \overleftrightarrow{CU}$ 三線共點！（參看上圖右。）

☞ 提示：考慮：$\overleftrightarrow{RD}$ 對 $\triangle CUS$，與 $\overleftrightarrow{PB}$ 對 $\triangle CUQ$。

習題2 於 $\overleftrightarrow{AB}$ 與 $\overleftrightarrow{AC}$ 上，各取點 R 與 Q，使得：$BR = 2 * AR, AQ = 2 * QC$；而 $\overleftrightarrow{QR}$ 交 $\overleftrightarrow{BC}$ 於 P，問：比例 $BP : CP$ 為何？

例題2 於前述之 Menelaus 定理中，若 $QA = RA$，則 $RB : QC = PB : PC$。（此時不談有號比！）

【Menelaus 定理另證】

我們要把這些「割比」（如 $\frac{PB}{PC}$）都化成在「同一方向上」線段長的比！

這方向，最自然的當然就是取 ℓ 本身！或者與之垂直的方向！

自三頂點作「到 ℓ 的垂線」$\overline{AL}, \overline{BM}, \overline{CN}$，垂足各為 $L, M, N \in \ell$；於是：

$$\triangle PMB \sim \triangle PNC \,;\, \frac{PB}{PC} = \frac{MB}{NC}$$

$$\triangle QNC \sim \triangle QLA \,;\, \frac{QC}{QA} = \frac{NC}{LA}$$

$$\triangle RLA \sim \triangle RMB \,;\, \frac{RA}{RB} = \frac{LA}{MB}$$

相乘就好了！

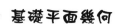
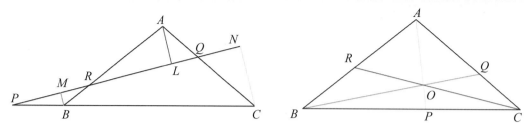

左：Menelaus 定理另證；右：Ceva 定理

【Ceva 定理】

已予 $\triangle ABC$，以及三點：$P \in \overleftrightarrow{BC}, Q \in \overleftrightarrow{CA}, R \in \overleftrightarrow{AB}$，若：$\overleftrightarrow{AP}, \overleftrightarrow{BQ}, \overleftrightarrow{CR}$ 三線共點於 O，則：割比之積 $\dfrac{PB}{CP} * \dfrac{QC}{AQ} * \dfrac{RA}{BR} = 1$。

【Ceva 反定理】

已予 $\triangle ABC$，以及三點：$P \in \overleftrightarrow{BC}, Q \in \overleftrightarrow{CA}, R \in \overleftrightarrow{AB}$，

若：割比之積 $\dfrac{PB}{CP} * \dfrac{QC}{AQ} * \dfrac{RA}{BR} = 1$，則：$\overleftrightarrow{AP}, \overleftrightarrow{BQ}, \overleftrightarrow{CR}$ 三線共點！

註 由 Ceva 定理，利用「驗明正身法」，就以證明逆反定理！

另外，要證明 Ceva 定理，可以利用 Menelaus 定理！

事實上，$\overleftrightarrow{COR}$ 為 $\triangle ABP$ 之截線，$\overleftrightarrow{BOQ}$ 為 $\triangle CAP$ 之截線，就可以分別利用 Menelaus 定理！

例題3 $\triangle ABC$ 的三條中線 $\overline{AL}, \overline{BM}, \overline{CN}$ 交於一點（重心）！

解 （參見前面！）此時：$BL = LC, CM = MA, AN = NB$，因此三個割比都 $= 1$。符合 Ceva 共點條件。

例題4 $\triangle ABC$ 的三條高線 $\overline{AP}, \overline{BQ}, \overline{CR}$ 交於一點（垂心）！

解 （參見前面！）我們並不直接計算三個割比，而是去算這六個割出的線段（長）PB, PC, QC, QA, RA, RB 中，有相同端頂點的一對，例如 QA, RA；

此時：兩個具有共同銳角 $\angle BAC$ 的直角三角形相似：

$$\triangle BQA \sim \triangle CRA$$

因此：

$$(i): \frac{QA}{RA} = \frac{BQ}{CR}$$

同理，

$$(ii): \frac{RB}{PB} = \frac{CR}{AP}$$

$$(iii): \frac{PC}{QC} = \frac{AP}{BQ}$$

那麼三式相乘，就驗明 Ceva 共點條件。

【記住】

寫「同理」，意思本來是再去找另外的兩對相似直角三角形

$$\triangle CRB \sim \triangle APB \; ; \; \triangle APC \sim \triangle BQC$$

常常找錯！其實，「同理」當然是「同理」，若用輪換的寫法！根本不須再去找另外的兩對相似直角三角形！直接可以抄下結論(ii), (iii)。

記號很重要！此地我們用：$(A, B, C), (P, Q, R)$，兩組對應的文字！

「輪換」是指：把 A 變為 B，B 變為 C，C 變為 A；同時把 P 變為 Q，Q 變為 R，R 變為 P；這就把(i)式變為(ii)式了！再「輪換一次」，就得到(iii)式了！

習題❸ （用 Ceva！）$\triangle ABC$ 三個分角線 $\overleftrightarrow{AP}, \overleftrightarrow{BQ}, \overleftrightarrow{CR}$ 共點。

2.5.6 補充

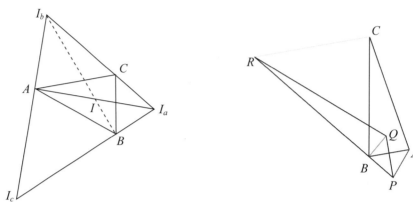

旁心三角形與垂足三角形

【旁心三角形】

三角形 $\triangle ABC$，兩個外角的分角線 $\overleftrightarrow{BI_a}$，$\overleftrightarrow{CI_a}$ 相交於一點 I_a；這是一個旁心。

同理得到別的旁心 I_b, I_c；而且外角的分角線

$$\overleftrightarrow{BI_a} = \overleftrightarrow{BI_c}$$

因此 B 在 $\overline{I_aI_c}$ 上；同理：$A \in \overline{I_bI_c}$；$C \in \overline{I_aI_b}$。

由分角線的定義，此點 I_a 到三邊延長線的垂距相等！因此，它在 $\angle BAC$ 的分角線 $\overrightarrow{AI}$ 上！

注意到：C 的內外分角線相垂直：

$$\overleftrightarrow{CI} \perp \overleftrightarrow{CI_c}$$

因此，旁心三角形 $\triangle I_aI_bI_c$ 的垂心，就是原三角形 $\triangle ABC$ 的內心！

【垂足三角形】

如何由旁心三角形 $\triangle I_aI_bI_c$ 反求原三角形 $\triangle ABC$？事實上，由上述，$\triangle ABC$ 就是 $\triangle I_aI_bI_c$ 的垂足三角形：

$$\overline{I_aA} \perp \overline{I_bI_c} \quad （輪換！）$$

【角度的計算】

B, C 處的外角度，分別是

$$\pi - |\angle B| , \pi - |\angle C|$$

於是，

$$|\angle BI_aC| = \pi - \frac{1}{2}((\pi - |\angle B|) + (\pi - |\angle C|)) = \frac{1}{2}(|\angle B| + |\angle C|) = \frac{\pi - |\angle A|}{2} < \frac{\pi}{2}$$

因此，不論原來 $\triangle ABC$ 是何種形狀，（銳角或鈍角三角形，）旁心三角形 $\triangle I_aI_bI_c$ 卻一定是銳角三角形！

那麼，如果給了我們一個鈍角三角形，我們一定沒有辦法，設之為旁心三角形 $\triangle I_aI_bI_c$，而反求 $\triangle ABC$。例如上圖右（圖中，P, Q, R 就是 I_a, I_b, I_c），取

$$|\angle P| = 40° ; |\angle Q| = 130° ; |\angle R| = 10°$$

算出：$100°, -80°, 160°$；事實上：

$$|\angle A| = 80° ; |\angle B| = 80° ; |\angle C| = 20°$$

⭐ 2.6 不等式

2.6.1 三角不等式

【（三角不等式）原理】

對於三點 A, B, C

$$AB + BC \geq AC$$

且等號表示：$B \in \overline{AC}$。

【中線長的和不等式】

對於 $\triangle ABC$，中線長的和，介於周長與半周長之間！

$$\frac{1}{2}(BC + CA + AB) < AL + BM + CN < BC + CA + AB$$

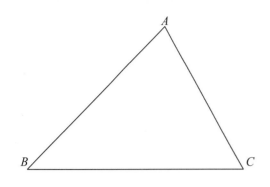 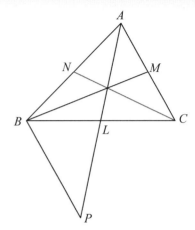

左：三角不等式；右：中線長的和

【證明右半】

如上圖右，作出平行四邊形 $ABPC$，則對角線 $\overline{AP}$ 與 $\overline{BC}$ 互相平分於交點 L；而且 $\overline{BP} \overset{//}{=} \overline{AC}$。

由三角不等式，於 $\triangle APB$ 中：

$$AB + BP > AP \text{；因此 } AB + CA > 2*AL$$

同理：$BC + AB > 2*BM$；$CA + BC > 2*CN$

把這三個式子加起來，就得到：

$$AB + CA + BC + AB + CA + BC > 2*(AL + BM + CN)$$

即：$2*(BC + CA + AB) > 2*(AL + BM + CN)$；除以 2 就好了！

【盡量給自己方便！】

證明的要領之一是：

$$由 y+z>u, z+x>v, x+y>w，得到：x+y+z > \frac{1}{2}(u+v+w)$$

注意到輪換的對稱性！也就是說：我們要一組三個相對應！頂點 (A, B, C)，而對邊中點是：(L, M, N)；中線是 $(\overline{AL}, \overline{BM}, \overline{CN})$。

只要證明一個式子：

$$AB + CA > 2*AL$$

就已經大功告成！因為其它兩式，只是「輪換」此式而已：

把 A 變為 B，B 變為 C，C 變為 A

同時　把 L 變為 M，M 變為 N，N 變為 L

注意到 P 只是「過渡性的東西」！真要做出個三人組也可以，那就是：(P, Q, R)；但是你千萬不要！否則圖會變得複雜，而看不清要點！

輪換的對稱性，好處就是「同理可得」這個詞句！

【左半的證明】

由三角不等式，於 $\triangle ABL$ 中：

$$AL + LB > AB$$

同理（輪換）：

$$BM + MC > BC \text{；} CN + NA > CA$$

把這三個式子加起來，就得到：

$$(AL + BM + CN) + (LB + MC + NA) > (BC + CA + AB)$$

但是：$LB = \dfrac{1}{2}BC$；$MC = \dfrac{1}{2}CA$；$NA = \dfrac{1}{2}AB$；因此：

$$(LB + MC + NA) = \dfrac{1}{2}(BC + CA + AB)$$

代入原不等式：

$$(AL + BM + CN) + \dfrac{1}{2}(BC + CA + AB) > (BC + CA + AB)$$

移項就好了！

【等腰定理】

等腰，則底角相同：（$AC = AB$）則（$|\angle ABC| = |\angle ACB|$）；反過來說也對：底角相同，則等腰！這是我們已經知道的！

現在思考「不等」的情形！

【大邊對大角定理】

對於 $\triangle ABC$，若 $AC > AB$，則 $|\angle ABC| > |\angle ACB|$。

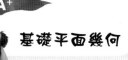

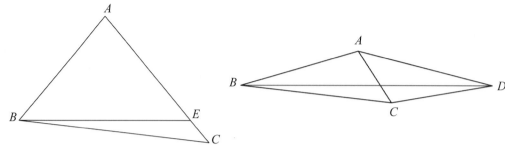

左：大邊對大角，右：習題 1

 在邊 $\overrightarrow{AC}$ 上，取點 E，使 $AE=AB$，則 $\overrightarrow{AE}$ 在 $\angle ABC$ 內，

$$|\angle ABE| < |\angle ABC|$$

又由外角定理，

$$|\angle ACB| < |\angle AEB|$$

再由等腰定理，

$$|\angle ABE| = |\angle AEB|$$

因此：

$$|\angle ACB| < |\angle AEB| = |\angle ABE| < |\angle ABC|$$

照這個定理，（換湯不換藥！）就知道：若 $AC < AB$，則 $|\angle ABC| < |\angle ACB|$。

結果，我們可以寫成：

$$若 \; AB \underset{>}{\overset{<}{=}} AC，則 |\angle ACB| \underset{>}{\overset{<}{=}} |\angle ABC|$$

因為這裡的因果都有三種互斥的狀況，所以可以顛倒因果：

【大角對大邊定理】

對於 $\triangle ABC$，若 $|\angle ABC| > |\angle ACB|$，則 $AC > AB$。

習題 1 簡單四邊形 $ABCD$ 中，若對角線長 AC 比各邊為小，則對角線長 BD 比各邊為大！（上圖右）

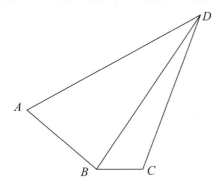
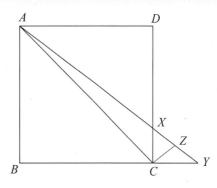

左：習題 2，右：例題 1

習題2 簡單四邊形 $ABCD$ 中，若邊長 AD 最大而對邊 BC 最小，

則：$|\angle B| > |\angle D|$，$|\angle C| > |\angle A|$。（上圖左）

例題1 過正方形 $ABCD$ 的頂點 A，引一直線 $\overleftrightarrow{AXY}$，交 $\overline{CD}$ 於 X，與 $\overrightarrow{BC}$（延長線）交於 Y，如上圖右。試證

$$AC < \frac{1}{2}(AX + AY)$$

 取 XY 中點 Z，於是

$$\frac{1}{2}(AX + AY) = AZ$$

我們必須證明：

$$|\angle ACZ| > |\angle CZA|$$

（由圖可猜：$|\angle ACZ| >$ 直角！）事實上，$|\angle ACX| = 45°$；而

$$|\angle CXZ| > |\angle ACX| = 45°$$

今 $\triangle XCY$ 為直角三角形！則：$ZX = ZY = ZC$

故：$|\angle ZCX| = |\angle ZXC| > 45°$。於是：

$$|\angle ACZ| = |\angle ACX| + |\angle ZXC| = |\angle ACX| + |\angle ZCX| > 45° + 45° = 90°$$

故 $|\angle ACZ| > |\angle AZC|$；於是：$AZ > AC$。

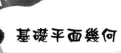
習題③ 有 $\triangle ABC, AB = AC, P \in \overline{BC}, Q \in \overline{AC}$ ，則：$BQ > PQ$。

【sas 大角對大邊定理】

對於兩個三角形 $\triangle ABC, \triangle PQR$，

若：$AB = PQ, AC = PR, |\angle BAC| < |\angle QPR|$，則：$BC < QR$。

證 我們利用平移，把 A 移到 P，用旋轉把 $\overline{AB}$ 轉到 $\overline{PQ}$，（也許再加翻轉！）

把 $\overrightarrow{AC}$ 轉到與 $\overrightarrow{PR}$ 在 $\overleftrightarrow{AB} = \overleftrightarrow{PQ}$ 的同側；於是：$\overrightarrow{AC}$ 在 $\angle QPR$ 的角域內！

做出 $\angle CAR$ 的分角線 $\overrightarrow{AD}$，與 $\overline{BR}$ 交於點 D；

$$由 sas，\triangle ACD \cong \triangle ARD$$

故 $CD = DR$；於是：

$$BC < BD + DC = BD + DR = BR = QR$$

（下圖左，$AC = PR = x, |\angle CAD| = |\angle DAR| = u$）

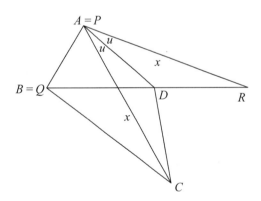
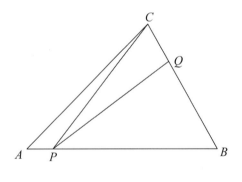

左：sas 大角對大邊；右：三角形的限距

【三角形的限距定理】

在閉三角形域中，任取兩點，其距離都不大於最大邊的長度！

證 對於 $\triangle ABC$ 開域中的任兩點 P, Q，我們連結兩者，並且兩方向都延長到

邊界，當然：長度 PQ 不如延長後的線段長！換句話說：我們從頭就可

以假設這兩點 P, Q 就在三角形的邊界上！

如果 P, Q 兩點就在三角形的同一邊，如 $\overline{AB}$ 上，那就不用證了！

我們再假設點 Q 是一頂點，如 $Q=C$，而 P 在對邊 $\overline{AB}$ 上。換句話說，我們先證明這個

【距離的凸性補題】

對 $\triangle CAB$ 邊 $\overline{AB}$ 上的任一點 P，

$$CP < \max (CA, CB) \text{（} \max (x, y, \cdots) \text{是} x, y, \cdots \text{中的較大者）}$$

但是，今可設 $CB \geq CA$，故於 $\triangle CAB$ 中，$|\angle CAB| \geq |\angle CBA|$；連 CP，則外角大於鄰角：$|\angle CPB| > |\angle CAB| \geq |\angle CBA|$，因此，在 $\triangle CPB$ 中，$CB > CP$。補題證畢！

如果 $Q \in \overline{CB}$，$P \in \overline{AB}$，則連 $\overline{CP}$，考慮 $\triangle CPB$ 中，邊 $\overline{BC}$ 上的點 Q，由剛剛的命題，可知：$PQ < \max (PC, PB)$；而那命題又說：$PC < \max (CA, CB)$，另外，當然 $PB \leq AB$，這些式子合起來，就說明了：

$$PQ < \max (PC, PB) \leq \max (PC, AB) \leq (CA, CB, AB)$$

2.6.2 三角形的不等式

【定理 0】

如果 $\triangle ABC$ 等腰：$AB=AC$，則高線長 $BQ=CR$，分角線長 $BE=CF$，中線長 $BM=CN$。

但若 $AC > AB$？（當然，畫個圖就可以猜到答案了！）

【定理 1】

對於 $\triangle ABC$，若 $AC > AB$，則高線 $\overline{BQ}, \overline{CR}$：$BQ < CR$。

 若利用面積公式，則面積 =

$$\frac{1}{2} BQ * CA = \frac{1}{2} CR * AB$$

就馬上證明了！現在思考純幾何的證明！

延長高線到兩倍長，得線段 $\overline{CV}, \overline{BU}$，連線段 $\overline{BV}, \overline{CU}$，於是有直角三角

形的全等：

$$\triangle BRV \cong \triangle BRC, \triangle CQB \cong \triangle CQU$$

因為 $AC>AB$，則 $|\angle ABC|>|\angle ACB|$；於是：

$$|\angle VBC|=2*|\angle ABC|>2*|\angle ACB|=|\angle UCB|$$

但這兩個等腰三角形 $\triangle VBC, \triangle UBC$ 邊長相同：

$$BC=BU=CV$$

於是：

$$VC>UB；即 2*CR>2*BQ$$

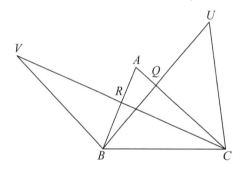
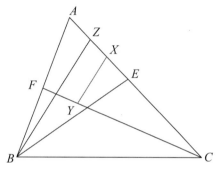

比較（左）高線長與（右）分角線長

【定理2】

對於 $\triangle ABC$，若 $AC>AB$，則分角線長 $BE<CF$。

 於是

$$|\angle ABE|=|\angle EBC|>|\angle ACF|=|\angle FCB|$$

因此可以在角域 $\angle ABE$ 內，畫出 $\overline{BZ}$，使得：$|\angle EBZ|=|\angle ZCF|$

於是：$|\angle CBZ|=|\angle CBE|+|\angle EBZ|=|\angle CBE|+|\angle ZCF|$

$$>|\angle FCB|+|\angle ZCF|=|\angle ZCB|$$

因而：$CZ>BZ$

那麼在 $\overline{CZ}$ 上，可以取點 X，使得：

$$CX=BZ$$

作平行線

$$\overrightarrow{XY} // \overleftrightarrow{BZ}$$

於是 $\overrightarrow{XY}$ 截得 $\overline{CF}$ 於 Y 點；那麼：

（同位角）$|\angle CXY| = |\angle BZE|$ ； $|\angle YCX| = |\angle EBZ|$ ； $CX = BZ$

由 asa： $\triangle YCX \cong \triangle EBZ$

故： $CY = BE$ ；然則： $CF > CY = BE$。

【定理 3】

對於 $\triangle ABC$，若 $AC > AB$，則中線長 $BM < CN$。（參看下圖左。）

 記重心為 G，而 $\overline{BC}$ 邊中點為 L。

對 $\triangle ALB$ 與 $\triangle ALC$，由 sas 大邊對大角定理，可知：

$$|\angle ALC| > |\angle ALB|$$

再對 $\triangle GLB$ 與 $\triangle GLC$，由 sas 大角對大邊定理，可知：

$$BG < CG$$

於是：

$$BM = \frac{3}{2}BG < \frac{3}{2}CG = CN$$

☞注意：由這三個定理，就知道：定理 0 的逆也成立！

(i)如果 $\triangle ABC$ 兩高線長 $BQ = CR$，則：等腰 $AB = AC$。

(ii)如果 $\triangle ABC$ 兩分角線長 $BE = CF$，則：等腰 $AB = AC$。

(iii)如果 $\triangle ABC$ 兩中線長 $BM = CN$，則：等腰 $AB = AC$。

【(ii)Steiner 定理】

（Lehmus 請教的！）對於 $\triangle ABC$，

若：兩分角線長 $BE = CF$，則：等腰 $AB = AC$。（不用歸謬法？！）

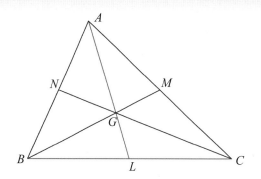
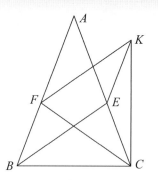

左：比較中線長；右：Steiner 定理

【另證】

（利用 sas 大角與大邊定理！）作平行四邊形 $FBEK$；再連 $\overline{KC}$，注意到：

$$FK = BE = CF$$

於是等腰△KFC 的兩底角大小相等：

$$\angle FCK = \angle FCA + \angle ACK \cong \angle FKC = \angle FKE + \angle EKC$$

(i)如果 $AB < AC$，則 $|\angle ACB| < |\angle ABC|$；因而：

$$|\angle FCB| < |\angle EBC|$$

利用 sas 大邊對大角定理，比較△FCB, △EBC，則：$FB < CE, KE < CE$，於是

$$|\angle KCE| < |\angle CKE|$$

加上

$$|\angle FCA| < |\angle EBF| = |\angle EKF|$$

故得：

$$|\angle KCE| + |\angle FCA| < |\angle CKE| + |\angle EKF|$$

違反了：

$$|\angle KCF| = |\angle CKF|$$

(ii)如果 $AB > AC$，則上述的不等式全部反轉！也不行！

2.7 坐標法

2.7.1 向量

例題 1 自正方形 $ABCD$ 之邊 $\overline{BC}$ 上一點 E，向外作垂線 $\overline{EH} \perp \overline{BC}$，且使 $EH = \frac{1}{2}BC$；以 $\overline{EH}$ 為對角線，作正方形 $EGHF$，再以 $\overline{AG}, \overline{DF}$ 為邊，各向外作正方形 $ALKG, DFMN$；試證：三點 K, H, M 共線！

 注意到幾件事：

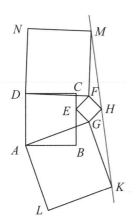
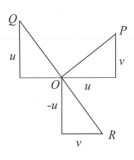

左：例題 1；右：位移轉一直角

文章多讀幾遍！才不會畫錯圖！

因為都是「正方形」，用坐標法很容易！

坐標系（原點、軸向，及單位長度）可以任意取！

此地我們將取：（$ABCD$ 邊長 $BC = 4$，四邊都是縱橫走向！中心為原點）

$$A = (-2, -2), B = (2, -2), C = (2, 2), D = (-2, 2)$$

因此：$E = (2, y)$（應該 $-2 < y < 2$），那麼：$EH = \frac{4}{2} = 2$

從一「點」，移向一「點」，物理上叫做<u>位移</u>（displacement），位移是

向量，不但有「大小」（量！）也有「方向」。所以向量都有兩個成分：「向東的成分」與「向北的成分」。（如果是向西或向南，就得到負的成分！）

此地，BC 是縱（南北）向，而從 E 向 H 是「向東」（「向北的成分」$=0$），所以 H 的橫坐標是 E 的橫坐標加 2，H 的縱坐標是 E 的縱坐標加 0，

$$H=(2+2, y+0)=(4, y)$$

正方形 $EGHF$ 的中心（暫時用 O 表示）就是 $\overline{EH}$ 中點，它的坐標就是 E, H 兩點（橫、縱，分別講！）坐標的簡單平均，即 $O=(3, y)$。

於是，由 O 到 F 與到 G 的位移，都是北南向，「向東的成分」$=0$，而「向北的成分」各是 1 與 -1；因此：

$$F=(3, y+1)\,;\,G=(3, y-1)$$

現在要作正方形 $ALKG$，或者乾脆說：要計算 K 的坐標；已經知道 G（的坐標），我們只要知道：從點 G 到 K 的位移向量（的橫與縱的成分）。

從 A 到 G 的位移向量是：向東 $3-(-2)=5$，向北 $y-1-(-2)=y+1$；所以，（「順時針」）轉個直角，就知道：從 G 到 K 的位移向量是：向東 $y+1$，向北 -5（注意這個多加的負號！），因此算出：

$$K=(3+(y+1),(y-1)-5)=(y+4, y-6)$$

從 D 到 F 的位移向量是：向東 $3-(-2)=5$，向北 $y+1-2=y-1$；所以，（「逆時針」）轉個直角，就知道：從 F 到 M 的位移向量是：向東 $-(y-1)$（注意這個多加的負號！），向北 5；因此算出：

$$M=(3-(y-1),(y+1)+5)=(4-y, y+6)$$

由此看出：不但三點 K, H, M 共線，而且：H 就是 $\overline{KL}$ 的中點！

☞注意：要把位移向量轉一直角，有順時針與逆時針的區別！

2.7.2 線段上的割比

【中心、重心、質心、形心】

所謂「中心」（center），乃是最廣泛的稱呼。物理學上，常用的是：重心或質心，常常是用其一，對於通常人，也許前者較熟悉，但是對於許多唸物

理的人，質心是「質量中心」，重心是「重力的中心」，在他們的討論當中，也許後者較有用！形心則是幾何的名詞！

【兩點的形心】

兩點 A, B 的形心，或者稱為線段 AB 的「形心」，就是 A, B 的中點。

【兩點的形心之平均原理】

若 C 是兩點 A, B 的形心，而 ℓ 是一條直線，不通過線段 $\overline{AB}$，則

$$\text{dist}(A; \ell) + \text{dist}(B; \ell) = 2 * \text{dist}(C; \ell)$$

其中，$\text{dist}(A; \ell)$ 是 A 至 ℓ 的垂距，也就是說：

若作垂線 $\overline{AU} \perp \ell$（垂足 U），則：$\text{dist}(A; \ell) = UA$。

 我們作垂線

$$\overline{AU} \perp \ell, \overline{BV} \perp \ell, \overline{CW} \perp \ell，垂足為 U, V, W$$

因此：

$$\text{dist}(A; \ell) = UA, \text{dist}(B; \ell) = VB, \text{dist}(C; \ell) = WC$$

有兩種極端！

如果 $\overleftrightarrow{AB} \perp \ell$，則垂足相同：$U = V = W$；此時，由假定，$A, B$ 在 ℓ 的同側。

我們可以假設：$UACB$ 是在 $\overleftrightarrow{AB}$ 上的順序，那麼：

$$UC = UA + AC ; AC = CB ; UB = UC + CB$$

就證明了（想證明的）：

$$UA + UB = 2 * UC$$

若不垂直，則自 A, B, C 所作的垂足 U, V, W 就不同，而且，

$$\overline{AU} /\!/ \overline{BV} /\!/ \overline{CW}；那麼：UW = WV$$

此時的一種極端是：$\overleftrightarrow{ACB} /\!/ \ell$，則 $ABVU$ 成了矩形，於是 $AU = BV = CW$，就證明了命題。

否則，一般的情形是：$\overleftrightarrow{ACB}$ 與 ℓ 相交於 O；那麼，有相似直角三角形：

$$\triangle OAU \sim \triangle OBV \sim \triangle OCW$$

那麼：

$$\frac{UA}{OA} = \frac{WC}{OC} = \frac{VB}{OB}$$

我們不妨設：$\overleftrightarrow{ACB}$ 上的順序是 $OACB$；那麼上面的比例式，讓我們得到：

$$= \frac{WC - UA}{OC - OA} = \frac{VB - WC}{OB - OC}$$

但因為：

$$OC - OA = OB - OC$$

所以：

$$WC - UA = VB - WC$$

這其實就是待證式！

【比例的公式】

（等式中，$x*y*u*v \neq 0$）

$$\text{若} \frac{x}{y} = \frac{u}{v}，\text{則} = \frac{x-u}{y-v} = \frac{x+u}{y+v}$$

【有號距離】

想像有許許多多的直線相平行，從左到右：

$$\ell_1 // \ell_2 // \ell_3 // \cdots$$

例如說：固定的線段 $\overline{AB}$ 在 ℓ_6 的右側，在 ℓ_8 的左側。

我們考慮讓直線 ℓ 往右移動：從 ℓ_1 變為 ℓ_2，再變為 ℓ_3，等等！

於是：公式

$$\text{dist}(A; \ell_j) + \text{dist}(B; \ell_j) = 2 * \text{dist}(C; \ell_j)$$

對於 $\ell_1, \ell_2, \cdots, \ell_6$ 都對，對於 $\ell_8, \ell_9, \cdots$ 也都對！

實際上，當 ℓ_1 變為 ℓ_2 時，因為往右移，故 $\text{dist}(A; \ell_1)$ 減少了這段移動的距離，變成 $\text{dist}(A; \ell_2)$；對於 B, C 兩點也完全一樣！（減少相同的距離！）所以公式當然繼續成立。

如果是 $\text{dist}(A; \ell_8) + \text{dist}(B; \ell_8) = 2 * \text{dist}(C; \ell_8)$ 已經成立，ℓ_8 右移為 ℓ_9 時，也是同樣的道理：對於這三點，增加相同的距離！因此，

$\text{dist}(A; \ell_9) + \text{dist}(B; \ell_9) = 2 * \text{dist}(C; \ell_9)$ 保持成立。

但是，例如說：設 ℓ_7 與 $\overline{AB}$ 相交於中點 C；此時：

$$AU = BV, C = W, CW = 0$$

所以，

$$\text{dist}(A; \ell_7) + \text{dist}(B; \ell_7) = 2 * \text{dist}(C; \ell_7)$$

當然不對！但如果此式的左邊是減號而非加號，那就對了！

所以，一個解決之道是：採取有號距離的觀點！對於一直線 ℓ，它有兩側，我們可以隨意指定一側 n 為「正向」，另一側就成了「負向」，我們就規定：

$$\text{dist}_n(A; \ell) = \begin{cases} UA & \text{；當 } A \text{ 在正側} \\ -UA & \text{；當 } A \text{ 在負側} \end{cases}$$

（這裡的 n 只是代表了指定的那一側。）如果這樣約定，那麼，就永遠成立：

$$\frac{1}{2}\text{dist}_n(A; \ell) + \frac{1}{2}\text{dist}_n(B; \ell) = \text{dist}_n(C; \ell)$$

記號地說：兩點 A, B 的形心是

$$C = \frac{1}{2}A + \frac{1}{2}B$$

【兩質點的質心】

物理學上，如果有兩個「質點」，其質量各為 m_1 與 m_2，而（某瞬間的）位置在點 A 與 B；那麼，這兩個質點的「質心」，就在線段 $\overline{AB}$ 上的點 C；但是：

$$AC : CB = m_2 : m_1 \; ; \; AC : AB = m_2 : (m_1 + m_2) \; ; \; CB : AB = m_1 : (m_1 + m_2)$$

註 非常容易顛倒弄錯！要緊的是比例！如果 $m_1 = m_2$，這是「一比一」，就是本來的中點，不會弄錯。若 $m_1 > m_2$，那麼，質心 C 一定更靠近 A 點！

即是：$AC < CB$。這是記憶的要點！

如果：$\overline{AB}$ 在直線 ℓ 的一側，那麼：

$$\text{dist}(C; \ell) = \frac{m_1}{m_1 + m_2}\text{dist}(A; \ell) + \frac{m_2}{m_1 + m_2}\text{dist}(B; \ell)$$

 與前相似，若：$\overline{AB} // \ell$，則 $ABVU$ 成了矩形，於是 $AU = BV = CW$，就證明了命題。

其次，一種極端是：如果 $\overleftrightarrow{AB} \perp \ell$，則垂足相同：$U = V = W$

因為 $A, B, (C,)$ 同側，若順序上是 UAB，則：

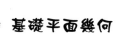

$$VB = UB = UA + AB \; ; \; WC = UC = UA + AC \; ; \; AC = AB * \frac{m_2}{m_1 + m_2}$$

馬上算出：

$$WC = \frac{m_1}{m_1 + m_2} UA + \frac{m_2}{m_1 + m_2} VB$$

否則，一般的情形是：$\overleftrightarrow{ACB}$ 與 ℓ 相交於 O，而且有三個相似直角三角形：

$$\triangle OAU \sim \triangle OBV \sim \triangle OCW$$

那麼：

$$\frac{UA}{OA} = \frac{WC}{OC} = \frac{VB}{OB}$$

我們不妨設：$\overleftrightarrow{ACB}$ 上的順序是 $OACB$；那麼上面的比例式，讓我們得到：

$$\frac{WC - UA}{OC - OA} = \frac{VB - UA}{OB - OA}$$

或者：

$$\frac{WC - UA}{VB - UA} = \frac{OC - OA}{OB - OA} = \frac{m_2}{m_1 + m_2}$$

$$WC - UA = (VB - UA) * \frac{m_2}{m_1 + m_2}$$

$$WC = \frac{m_1}{m_1 + m_2} UA + \frac{m_2}{m_1 + m_2} VB$$

註 實際上，如果 ℓ 與 $\overline{AB}$ 相交，這式子還是成立的，只要用有號距離 dist_n 來代替距離。

所以，我們可以寫：

$$C = \frac{m_1}{m_1 + m_2} A + \frac{m_2}{m_1 + m_2} B$$

【坐標系】

我們如果在平面上選定兩條相垂直的直線，稱之為 x 軸與 y 軸，並且分別為它們選擇了正側，那就是建立一個坐標系了：

一點 P 對於 y 軸的有號距離，稱為此點的 x 坐標，而對於 x 軸的有號距離，則稱為此點的 y 坐標。如果，P 點的 x 坐標與 y 坐標分別為 a 與 b，則我們就記：

$$P = (a, b)$$

（當然這是要先固定了坐標系才可以！）

有了坐標系之後，上述的質心公式，就可以這樣解釋：把式子中的 A, B, C 用它們的 x 坐標代入也成立，用它們的 y 坐標代入也成立！（同時都成立！）

【線段上一點的割比】

如果 $A \neq B$ 是平面上兩點，對於開線段 $\overline{AB}$ 上的任一點 C，我們就稱呼距離的比 $CB : AC$ 為點 C 對於 (A, B) 的割比。（意思就是用這個「比例」，去「分割」這個線段！）

當然，如果點 C 是如上所述兩質點的質心，那麼這個割比就是「質量比」$m_1 : m_2$。

☞注意：大部分情形下，出現的就是 m_1 與 m_2 兩個數；我們要記住：兩個數，個別的沒有用，要緊的是「兩個數的比」。

當然，若 $m_2 = 0$，則 $C = A$；若 $m_1 = 0$，則 $C = B$；這是極端，或者叫退化。

【直線 $\overleftrightarrow{AB}$ 上一點的割比】

物理上不應該有「負的質量」，但是在我們上述的討論中，我們其實允許 m_1, m_2 為「一正一負」。

唯一的禁忌是：$m_1 + m_2 = 0$，$m_1 : m_2 = -1 : 1$。

換句話說，我們可以規定：（不論正負！）上面由割比 $m_1 : m_2$ 所定義的割點 C，就是：在直線 $\overleftrightarrow{AB}$ 上，由式子所定義的點！

（要記住：當比例 $\dfrac{m_1}{m_2}$ 為負時，C 點一定在線段的外部！）

【定義】

如果直線 $\ell = \overleftrightarrow{AB}$，那麼，對於任何一點 $P \in \ell$，一定可以找到兩個數 α, β，使得：

$$P = \alpha * A + \beta * B ; \quad \alpha + \beta = 1$$

而且只有一個答案，因為這裡的「割比」是：

$$\alpha = \frac{PB}{AB}, \quad \beta = \frac{AP}{AB}$$

☞注意：我們要求：這兩個係數和為 $\alpha + \beta = 1$；因此，若兩者均為正：$\alpha > 0$，

$\beta > 0$，則必然都小於 1，而 $P = \alpha * A + \beta * B$ 必然在線段內！

若 P 在線段外方，則 α, β 中必有一為負數，另一必為絕對值更大的正數！

如果：$\beta < 0$，則：$\alpha = 1 + |\beta| > 1$，而：$P = \alpha * A + \beta * B$ 比較靠近 A！

【割比計算的可換可縮可分配原理】

如果直線 ℓ 上有 A, B, P, Q, R 諸點，而：$A \neq B$，

$P = \alpha * A + \beta * B, \alpha + \beta = 1$；$Q = c * A + d * B, c + d = 1$；$R = m * P + n * Q, m + n = 1$

那麼：

$$R = x * A + y * B \ (x + y = 1) \ , \ 必然 \ x = (m * \alpha + n * c) ; y = (m * \beta + n * d)$$

例題 2 在直線 ℓ 上依次有 H, I, J, K, L 諸點，且等距：

$$HI = IJ = JK = KL$$

那麼我們可以寫：

$$J = \frac{1}{2} I + \frac{1}{2} K ; K = 2 * J - I ; L = 3 * J - 2 * I ; H = 2 * I - J$$

於是你可以算出：

$$K = \frac{2}{3} * L + \frac{1}{3} * I ; J = \frac{1}{3} H + \frac{2}{3} * K$$

2.7.3 三角形中的割比

【重心定理】

若 G 是 $\triangle ABC$ 的重心（也稱為三點 A, B, C 的形心），而 ℓ 是一條直線，不通過 $\triangle ABC$，則

$$\mathrm{dist} \, (G; \ell) = \frac{1}{3} (\mathrm{dist} \, (A; \ell) + \mathrm{dist} \, (B; \ell) + \mathrm{dist} \, (C; \ell))$$

 考慮 $\overline{BC}$ 的中點 D，如上已知：

$$\frac{1}{2} \mathrm{dist} \, (B; \ell) + \frac{1}{2} \mathrm{dist} \, (C; \ell) = \mathrm{dist} \, (D; \ell)$$

另一方面，G 在 $\overline{AD}$ 上，且 $DG : GA = 1 : 2$，因此：

$$\mathrm{dist} \, (G; \ell) = \frac{2}{3} \mathrm{dist} \, (D; \ell) + \frac{1}{3} \mathrm{dist} \, (A; \ell)$$

$$= \frac{1}{3}\text{dist}\,(B;\ell) + \frac{1}{3}\text{dist}\,(C;\ell) + \frac{1}{3}\text{dist}\,(A;\ell)$$

【定理：△ABC中一點的割比】

如果 P 是三角形域中的一點，我們一定可以得到正數 $\alpha_1, \alpha_2, \alpha_3, \alpha_1 + \alpha_2 + \alpha_3 = 1$，使得：只要直線 ℓ 不穿過△ABC，則：

$$\text{dis}\,(P;\ell) = \alpha_1 * \text{dist}\,(A;\ell) + \alpha_2 * \text{dist}\,(B;\ell) + \alpha_3 * \text{dist}\,(C;\ell)$$

這樣子的正數只有一組，所以就叫做 P 對於 A, B, C 的割比，於是，記號地寫成：

$$P = \alpha_1 * A + \alpha_2 * B + \alpha_3 * C \quad (\alpha_1 + \alpha_2 + \alpha_3 = 1)$$

我們不證明這個定理！事實上：

$$令 \; m_1 = |\triangle PBC| \; ; \; m_2 = |\triangle APC| \; ; \; m_3 = |\triangle ABP|$$

$$M = |\triangle ABC| = m_1 + m_2 + m_3$$

$$則 \quad \alpha_1 = \frac{m_1}{M}, \; \alpha_2 = \frac{m_2}{M}, \; \alpha_3 = \frac{m_3}{M}$$

（這裡｜｜代表面積！）這三個面積比，或 $m_1 : m_2 : m_3$，就稱為點 P 對於△ABC的割比。

註 物理學中，通常是：在 A, B, C 處，各放個質量 m_1, m_2, m_3，於是，其等之「質量中心」P，就是在上式中，令

$$\alpha_1 = \frac{m_1}{M}, \; \alpha_2 = \frac{m_2}{M}, \; \alpha_3 = \frac{m_3}{M}, \; M = m_1 + m_2 + m_3$$

我們要記住：這三個數，個別的沒有用，要緊的是「三個數的比」。

例題1 重心 G 對於△ABC的割比為 $1 : 1 : 1$。

例題2 內心 I 對於△ABC的割比為（三邊的比）$BC : CA : AB$，這是因為：

$$|\triangle IBC| : |\triangle AIC| : |\triangle ABI| : |\triangle ABC| = BC : CA : AB : (BC + CA + AB)$$

證 內心 I 為三個分角線 $\overline{IA}, \overline{IB}, \overline{IC}$ 的交點；所以，自 I 點所作三個三角形△IBC, △AIC, △ABI 的垂高都相等，於是面積的比就是底邊長的比！

【三角形周邊上的割點】

如果 P 點在△ABC 的周邊上，例如 $P \in \overline{AB}$，當然解釋為 $|\triangle ABP| = 0 = \alpha_3$，而：

$$\alpha_1 = \frac{|\triangle PBC|}{|\triangle ABC|} = \frac{PB}{AB}, \ \alpha_2 = \frac{|\triangle APC|}{|\triangle ABC|} = \frac{AP}{AB}$$

我們寫：

$$P = \alpha_1 * A + \alpha_2 * B + 0 * C \ (\alpha_1 + \alpha_2 + 0 = 1)$$

就等於寫：

$$P = \alpha_1 * A + \alpha_2 * B \ (\alpha_1 + \alpha_2 = 1)$$

因此，和前面所說：「線段上一點的割比」，意思完全一致，沒有矛盾。

【三角形外部的割點】

如果 P 點在△ABC 的外部開域，要如何定義其割比？面積應該解釋為可正可負：如果 P 點與 A 點對於邊 $\overline{BC}$ 而言，是「異側」，我們就解釋說：

$$\frac{|\triangle PBC|}{|\triangle ABC|} < 0$$

（其它，$|\triangle APC|, |\triangle ABP|$ 也仿此！）所以這是一種有號面積的觀念！採取這種有號面積的解釋，則

$$|\triangle IBC| + |\triangle AIC| + |\triangle ABI| = |\triangle ABC|$$

這就保證了：$\alpha_1 + \alpha_2 + \alpha_3 = 1$。

【割比計算的可換可締可分配原理】

如果平面上有兩個三角形△ABC, △PQR，另有一點 S；如果寫出 S 對於 △PQR 的割比式，另外也寫出三點 P, Q, R 對於△ABC 的三個割比式，那麼，將之代入前者，展開整理之後，就是 S 對於△ABC 的割比式。

【坐標三角形】

如果有了坐標方格紙，畫上 x 軸與 y 軸；我們取原點 $O = (0, 0)$ 與兩個單位點 $A = (1, 0), B = (0, 1)$，則△OAB 稱為坐標三角形。其內一點 $P = (x, y)$（對於此三角形）的割比將是 $1 - x - y : x : y$。對於整個平面上的點，也可以推廣解釋

這樣的割比！

例題3 兩線 $\overleftrightarrow{HIJK}$ 與 $\overleftrightarrow{IABC}$ 相交於 I，而：

$$HI = IJ = JK \ ; \ IA = AB = BC$$

則三線 $\overrightarrow{HA}$，$\overrightarrow{BK}$，$\overrightarrow{CJ}$ 共點！這是前面（§2.3.6 例題1）的題目。

我們打算用 $\triangle IBK$ 做為基準！於是：

$$J = \frac{1}{2} * I + \frac{1}{2} * K \ ; \ H = \frac{3}{2} * I - \frac{1}{2} * K \ ; \ A = \frac{1}{2} * I + \frac{1}{2} * B \ ; \ C = \frac{3}{2} * B - \frac{1}{2} * I$$

看圖猜測三線的交點是 $P = \frac{1}{4} * K + \frac{3}{4} * B$；如何驗證

$$P \in \overrightarrow{HA} \cap \overrightarrow{BK} \cap \overrightarrow{CJ}$$

首先：由此式

$$P = \frac{1}{4} * K + \frac{3}{4} * B \in \overline{BK}$$

其次，計算出

$$\frac{1}{2} * C + \frac{1}{2} * J = \left(\frac{-1}{4} * I + \frac{3}{4} * B \right) + \left(\frac{1}{4} * I + \frac{1}{4} * K \right) = \frac{3}{4} * B + \frac{1}{4} * K = P \in \overline{CJ}$$

最後，計算出：

$$\frac{3}{2} * A + \frac{-1}{2} * H = \left(\frac{3}{4} * I + \frac{3}{4} * B \right) - \left(\frac{3}{4} * I - \frac{1}{4} * K \right) = \frac{3}{4} * B + \frac{1}{4} * K = P \in \overleftrightarrow{AH}$$

註 多邊形的形心：任何 N 個點 $P_1, P_2, \cdots, P_N$ 的重心，或者說：任何一個 N

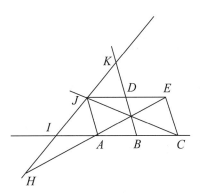
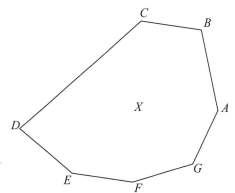

左：割比；右：多邊形的形心

邊形$[P_1, P_2, \cdots, P_N]$的形心，可以定義為：這樣子的一點X，使得：當ℓ是一條直線，而不通過此多邊形，則：

$$\text{dist}\,(X;\ell) = \frac{1}{N}(\text{dist}\,(P_1;\ell) + \text{dist}\,(P_2;\ell) + \cdots + \text{dist}\,(P_N;\ell))$$

我們可以寫成：

$$X = \frac{1}{N}\,(P_1 + P_2 + \cdots + P_N)$$

2.7.4 坐標法中的直線

【一般式】

真正的兩元一次方程式，（假定a, b不同時為零！）乃是：

$$a * x + b * y + c = 0$$

於是它就是（「代表」）一條直線。反過來說：一條直線一定可以用真正的兩元一次方程式來代表。（可惜的是：答案不確定！）

【斜截式】

如果（「通常」！）y的係數不是零，那麼就可以「解出」y，得到：

$$y = m * x + k$$

這個係數m是直線的斜率，而常數項k是直線的（主）截距。

【斜率】

如果在直線上任取兩點$P_1 = (x_1, y_1)$，$P_2 = (x_2, y_2)$，則其斜率為縱橫兩個「坐標差」的比值：

$$m = \frac{\Delta y}{\Delta x}$$

其中縱橫兩個「坐標差」就記做：

$$\Delta y = y_2 - y_1, \ \Delta x = x_2 - x_1$$

註 Δ是「差」difference 的首一希臘字母大寫！誰減誰都可以，但是要一致！如果你寫$\Delta x = x_1 - x_2$，那就寫$\Delta y = y_1 - y_2$。

【點斜式】

如果已知：直線的斜率是 m，而且又經過點 (a, b)，那麼這直線就是：

$$y - b = m * (x - a)\text{；或即：}\frac{y-b}{x-a} = m$$

【兩點式】

如果已知：直線經過兩點 $P_1 = (x_1, y_1)$，$P_2 = (x_2, y_2)$，那麼這直線就是：

$$\frac{y - y_1}{x - x_1} (= m) = \frac{\Delta y}{\Delta x}$$

註 如果你寫出中間的（$m =$），就是大笨蛋。

【無窮大】

如果 $\Delta x = 0$，$\Delta y \neq 0$，斜率是

$$m = \frac{\text{非零}}{0} = \infty$$

寫這種記號，就表示：直線是縱線（與 y 軸平行），「斜率無窮大」。

【截距式】

如果給了兩軸上的點 $(h, 0)$, $(0, k)$（但 $h * k \neq 0$），那麼它們的連線就是：

$$\frac{x}{h} + \frac{y}{k} = 1$$

【平行與垂直】

如果兩條直線的斜率各是 m_1, m_2，那麼，它們會平行的條件就是：

$$m_1 = m_2\text{（允許：兩者皆為無窮大）}$$

它們會垂直的條件就是：

$$m_1 * m_2 = -1\text{（允許：一為零，一為無窮大）}$$

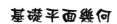
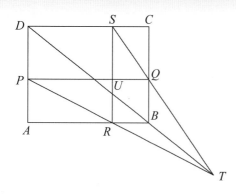
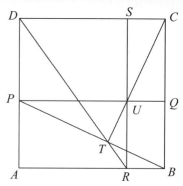

坐標法中的三線共點

 例題1 假設在正方形 $ABCD$ 中，任取一點 U，過點 U，作 $\overleftrightarrow{SUR} /\!/ \overleftrightarrow{BC}$，交上下底於 $S \in \overleftrightarrow{CD}, R \in \overleftrightarrow{AB}$；作 $\overleftrightarrow{PUQ} /\!/ \overleftrightarrow{AB}$，交左右邊於 $P \in \overleftrightarrow{AD}$，$Q \in \overleftrightarrow{BC}$，試證：$\overleftrightarrow{PS}, \overleftrightarrow{RQ}, \overleftrightarrow{AC}$ 三線共點！

解 設 x 軸為 $\overleftrightarrow{AB}$，y 軸為 $\overleftrightarrow{AD}$，而 $U = (a, b)$，於是得各點為：

$$A = (0, 0), B = (1, 0), C = (1, 1), D = (0, 1)$$
$$R = (a, 0), S = (a, 1); P = (0, b), Q = (1, b)$$

三條直線就是：

$$\overleftrightarrow{PS} : (y - b) = \frac{1 - b}{a} * x$$

$$\overleftrightarrow{RQ} : y = \frac{b}{1 - a}(x - a)$$

$$\overleftrightarrow{AC} : y = x$$

那麼求交點

$$T = (x, y) = \overleftrightarrow{RQ} \cap \overleftrightarrow{AC}$$

就是解聯立方程組：

$$y = \frac{b}{1 - a}(x - a) \, , \, y = x$$

得：$x = y = \dfrac{a * b}{a + b - 1}$

將它代入方程式：

$$(y - b) = \frac{1 - b}{a} * x$$

果然成立，即 $T \in \overleftrightarrow{PS}$。

註 用坐標法，即使是「正方形」也並不更容易！改為矩形，也幾乎完全一樣！（事實上可以改為「平行四邊形」，採用斜角坐標法！）

習題 假設在正方形 $ABCD$ 中，任取一點 U，過點 U，作 $\overleftrightarrow{SUR} /\!/ \overline{BC}$，交上下底於 $S \in \overleftrightarrow{CD}$，$R \in \overleftrightarrow{AB}$；作 $\overleftrightarrow{PUQ} /\!/ \overline{AB}$，交左右邊於 $P \in \overleftrightarrow{AD}, Q \in \overleftrightarrow{BC}$，試證：$\overleftrightarrow{PB}, \overleftrightarrow{RD}, \overleftrightarrow{UC}$ 三線共點！

CHAPTER 3

［圓］

3.1 序說

平面幾何當然是到了圓的出現，才變得有趣！

圓和直線圖形的結合，最根本的事實是「圓周角定理」，以及圓冪定理。

【圓周角定理】

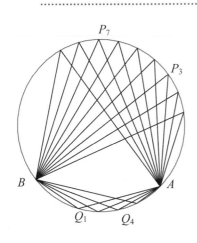

左圖中，諸點 P 都在同一圓周上，於是，這些角 $\angle AP_1B,\ \angle AP_2B,\ \cdots$，角度都相等；這些角 $\angle AQ_1B,\ \angle AQ_2B,\cdots$，角度也都相等，而兩者恰好是補角！

要點是：圓周角 $\angle APB$（的角度），就是圓心角 $\angle AOB$ 角度的一半，因此和頂點 P 的位置無關，只涉及到圓弧 $\overset{\frown}{AB}$。（而和 $\angle AQB$ 互補，也就顯然了！）此定理的另一個要義是：反過來說，（若 P_1, P_2 在 $\overleftrightarrow{AB}$ 的同側，）當 $\angle AP_1B$, $\angle AP_2B$ 角度相同時，A, P_1, P_2, B 四點共圓！（若 P_1, Q_2 在 $\overleftrightarrow{AB}$ 的異側，）而當 $\angle AP_1B$, $\angle AQ_2B$ 角度互補時，A, P_1, Q_2, B，也四點共圓！

【圓冪定理】

圓 $\odot(O)$ 上有四點 A, B, C, D，若 $\overleftrightarrow{AB}, \overleftrightarrow{CD}$ 相交於 Q，則：$QA*QB = QC*QD$。

故這個值，只與點 Q 和圓 $\odot(O)$ 的相對位置有關，與經過 Q 所畫的直線 $\overleftrightarrow{QAB}$

無關！稱為 Q 對 ⊙ (O) 的圓冪。

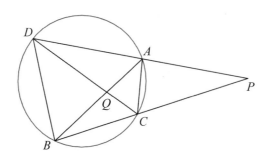

註 圖中，$\overleftrightarrow{AD}, \overleftrightarrow{BC}$ 相交於圓外的點 P，其圓冪為 $PA*PD=PC*PB$。圓內圓外情形一樣！（故應該以正負號區辨外與內！）

此定理的另一個要義是：反過來說，若 $\overline{AB}, \overline{CD}$ 相交於 Q，而：$QA*QB=QC*QD$，則 A, C, B, D 四點共圓！若 $\overrightarrow{DA}, \overrightarrow{BC}$ 相交於線段外的點 P，且 $PA*PD=PC*PB$，則 A, C, B, D 四點共圓！

【切線】

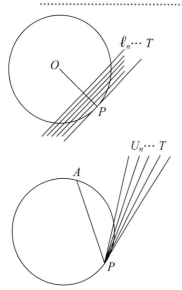

圓的幾何常常牽涉到切線，那是相對於一圓來說，有特殊關係的直線！它總是一種極限情形下的產物！

圖中一連串的直線，$\ell_1, \ell_2, \cdots, \ell_n, \cdots$ 都垂直於半徑 $\overrightarrow{OP}$，垂足漸漸靠近 P 點，極限就是切線 $\overleftrightarrow{PT}$。

切線就是與圓只有一個交點（切點）的直線，也就是「自圓心的垂足在圓上」那樣的直線。

圖中，一連串的圓周角 $\angle APB_1 = \angle APU_1$，$\angle APU_2, \cdots$，其極限就是弦切角 $\angle APT$。

問 圓周角定理與圓冪定理，極限會如何？

3.2.1 基本概念

【定義與作圖】

取 $O \in \mathcal{P}$ 為圓心，以及一長度 $r > 0$ 為半徑，就可以畫一圓（circle）；這是基本的作圖！做為點的集合來說，這是指：所有與點 O 的距離為 r 者的全體；我們記做：

$$\mathbb{S}(O; r) := \{P \in \mathcal{P} : OP = r\}$$

讀做「圓心 O，半徑 r 的圓」（circle around O, with radius r）。

如果 $r = OA$（$A \neq O$），我們就記做 $\mathbb{S}(O, r) = O_A$，這是「以 O 為心，通過點 A 的圓」；如果 $r = BC$，我們就記做 O_{BC}。

【記號，規約】

如果不計較半徑長 r，（而沒有別的同心圓！）我們可以用記號 $\odot O$ 代替 $\mathbb{S}(O, r)$。特別注意：$\odot$ 後面直接寫一點，即圓心。後面我們會遇到括弧內有三點以上的情形，那麼這是「外接圓」。

【圓盤】

圓可以看成是邊數無窮的（凸）正多邊形！（將來再說！）而它的內部開域叫做圓盤（disk），這是指：所有與點 O 的距離 $< r$ 者的全體；記做：

$$\mathbb{D}(O; r) := \{P : OP < r\}$$

這圓盤的邊緣就是圓 $\mathbb{S}(O; r)$，而兩者的併聯就是閉圓盤（closed disk）：

$$\overline{\mathbb{D}}(O; r) := \{P : OP \leq r\} = \mathbb{D}(O; r) \cup \mathbb{S}(O; r)$$

【定理：圓的凸性】

若兩點都在圓內，則其連接線段也在圓內！

 意思是：若 $OA < r$，$OB < r$，$P \in \overline{AB}$，則 $OP < r$，這是「距離的凸性補題」。

【定理：圓的限距】

對於閉圓盤 $\overline{D}(O; r)$ 內的任意兩點 A, B，其距離恆不大於 $2*r$，事實上，取最大距離時，$\overline{AB}$ 為直徑！

 由三角不等式：

$$AB \leq OA + OB \leq (r + r)$$

等號表示：$OA = r, OB = r$，而且 A, O, B 依此順序在一直線上！

【扇形域與圓弧】

若有一個以 O 為圓心的圓盤 $D(O; r)$ 或圓 $S(O; r)$，又有一個以 O 為角頂的角域 $\angle AOB$，交截所得就是

扇形域　$\sphericalangle(O; A, B, r) = D(O; r) \cap \angle AOB$

圓弧　$\angle(O; A, B, r) = S(O; r) \cap \angle AOB$

我們就稱：$\angle AOB$（的角度）為此扇形域與圓弧的圓心角（度）。

當圓 $c = S(O, r)$ 已經清楚時，我們經常用 $\overset{\frown}{AB}$ 表示這個（劣）弧 $\angle(O; A, B, r)$。

【半徑與直徑】

若有一個以 O 為圓心的圓盤 $D(O; r)$，又有一個以 O 為端點的半線或過 O 的直線，交截所得就是此圓的一條半徑或直徑；換句話說：「半徑」就是一線段，其端點之一在圓上，另一端為圓心者；「直徑」是一線段，經過圓心，而兩端均在圓上者。

半徑或直徑的長度，即半徑長或直徑長，我們倒是經常省略「長」這個字！

【基本作圖題】

如果已經畫好一圓 $c = S(O, r)$，如何求出圓心 O？

在圓上，任意取三點 A, B, C，就有辦法作出圓心了！

【解釋】

作 $\overline{AB}$ 的中垂線 n，$\overline{CA}$ 的中垂線 m，兩者的交點 $O \overset{\in}{=} m \cap n$ 即所求！

習題1 設 $\overline{AB}$ 與 $\overline{CD}$ 都是圓 c 的直徑，求證：$AC = BD$。（弧亦然！）

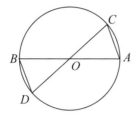

【弦與弓形域】

若有一直線與閉圓盤 $\overline{D}\,(O; r)$ 交截所得是一線段 $\overline{AB}$，則稱之為此圓的一弦；此直線的兩側與圓盤的交截，稱為此圓的一個弓形域：其邊緣是一段圓弧與一弦的併聯！

若此邊緣圓弧是優弧（即弓形域把圓心含在內部），則此為優弓形域。若此邊緣圓弧是半圓，（或即：邊緣弦是直徑，圓心在其上，）則此弓形域為半圓盤。若邊緣圓弧是劣弧，則弓形域為劣弓形域。

【內接多邊形與外接圓】

如果有一個多邊形 $P_1 P_2 P_3 \cdots P_N$，它的頂點 P_j 全都在一圓 c 上，那麼，這個多邊形叫做此圓的一個內接多邊形，而反過來說：此圓是此多邊形的外接圓。

外接圓的圓心 O，與諸頂點 P_j 等距，因此，O 在任意兩頂點的中垂線上！因此，由三個頂點就足以定出圓心！從而立即得到外接圓半徑，亦即得到外接圓！

事實上，平面上任意不共線的三點 A, B, C，都可以找到其（唯一的）外接圓，我們將記成：

$$\odot (A, B, C)$$

但是，第四點 D，通常就不在此圓上了！如果也在此圓上，我們將記成：

$$\odot (A, B, C, D)$$（更多個點也可以！）

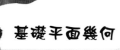

【內接直角三角形定理】

圓的內接三角形,若有一直角,則其對邊為直徑,反之:圓的內接三角形,若有一邊為直徑,則其對角為直角!

【圓心角與圓周角】

假設 A, B, C 是圓 $c = S(O, r)$ 上的三點,(劣)角 $\angle BAC$ 就稱為圓周角,而角 $\angle BOC$ 就稱為圓心角。

本來,$\angle BAC$ 的要點是頂點 A 與兩個端(半)線 $\overrightarrow{AB}$ 與 $\overrightarrow{AC}$,並非「端點」,但因為在討論一圓時,常常牽涉到點 B 與 C,因此,「圓周角」、「圓心角」的字彙,非常方便有用!

【弧度】

我們也提及一段圓弧 $\overset{\frown}{AB}$ 的圓心角。事實上這兩者的關係太密切了,因此我們也可以把形容詞「周缺」、「平補」、「直餘」,從「角」搬到「弧」來用!不止如此:對於圓 $c = S(O, r)$ 上的一段弧 $\overset{\frown}{AB}$,我們經常用圓心角的角度 $|\angle AOB|$ 當做此弧的量度!寫成:

$$|\overset{\frown}{AB}| := |\angle AOB|$$

例如,當我們寫 $|\overset{\frown}{AB}| = 180°$ 時,$\overline{AB}$ 一定是圓的直徑!寫 $|\overset{\frown}{AB}| = 60°$ 時,AB 一定是圓的半徑(長)!

註 那麼,我們也可以提及一段圓弧 $\overset{\frown}{AB}$ 的圓周角嗎?(當然此時其角頂點並未指明!)

【定理】

兩圓合同的條件是半徑長相等。合同時,圓心必對應到圓心。

【定理】

兩段圓弧合同的條件是:其圓半徑長相等,且圓心角度相等。

兩扇形域合同的條件也如此：其圓半徑長相等，且圓心角度也相等。

☞注意：在同一圓上，相等的弧長對應到相等的弦長！

我們先設此弧為劣弧。因為連結圓心 O 與弧的兩端點 A, B（即所謂半徑），$\overline{OA}, \overline{OB}$ 以及弦 $\overline{AB}$，組成一個三角形 $\triangle OAB$；由弧長就決定了圓心角度 $|\angle AOB|$，再由 sas，可知：也就決定了弦長 AB；換句話說：在一圓 $c = S(O, r)$ 上，

$$\overset{\frown}{AB} = \overset{\frown}{CD}，則 AB = CD$$

問　反過來說：在同一圓上，相等的弦長 $AB = CD$，是否對應到相等的弧長？$\overset{\frown}{AB} = \overset{\frown}{CD}$？

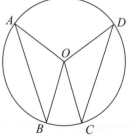

答　只差了一點點，可能搞錯優弧或劣弧：在同一圓上，相等的弦長對應到相等的劣弧長！

習題2　設直徑 $\overline{AB}$ 平分圓周角 $\angle CAD$，求證：

$$BC = BD（弧亦然！）$$

習題3　設弧 $\overset{\frown}{AB}$ 之中點為 C，而半徑 $\overline{OA}, \overline{OB}$ 之中點各為 M, N，求證：

$$MC = NC$$

習題4　設自正方形 $ABCD$ 的對角線 $\overline{AC}$ 上任取一點 P，作兩直線 $\overline{EG}, \overline{FH}$ 平行於其邊，試證此四點共圓！

習題⑤ 設圓 c 上有兩點 A, G 在直徑 $\overline{BC}$ 的同側，自 G 作直線 $\overleftrightarrow{GD} \perp \overline{BC}$，而 與 $\overline{BC}, \overline{AB}, \overline{CA}$ 各交於點 D, E, F，求證：

$$DG^2 = DE * DF$$

3.2.2 圓的度量

【正多邊形的心】

對於正三角形，內心、外心、重心、垂心都一致，應該簡稱為中心；對於 正四角形（＝正方形），內心可以定義為各個角頂的分角線的共同交點，外心 可以定義為各邊中垂線的共同交點，當然兩者一致，而且也是重心，應該簡稱 為中心。

對於 $n > 4$ 的正 n 邊形 $P_1 P_2 P_3 \cdots P_n$，我們知道：各個內角

$$= \frac{n-2}{n} * 180°$$

相鄰的兩頂點之分角線相交於圓心，形成一個小等腰三角形，底角皆為

$$= \frac{n-2}{n} * 90°$$

這裡一共有 n 個這種小等腰三角形，底角度皆相同，而底邊長也相同，因 此都是合同的，sas 也！但相鄰的小等腰三角形，有共同的且等長的腰，於是， 所有的小等腰三角形，有共同的頂點 O；原來的正 n 邊形，就被剖分成 n 個合 同的小等腰三角形！（$n = 6$ 與 $n = 8$ 時，分別如下圖。）

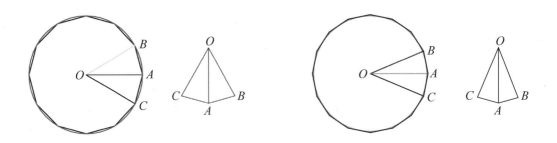

因為這 O 點是正多邊形的各分角線的共同交點，似乎應稱 O 為正多邊形的

內心;另一方面說:此點 O 在所有的小等腰三角形之底邊的中垂線上,故:正多邊形的所有的 n 個邊的中垂線都通過此點!故點 O 應稱為正多邊形的外心。當然它也是此正多邊形的重心,應該簡稱為正多邊形的中心。

從 O 點到各點 P_j 的距離就是正多邊形的外接圓半徑 R;邊 $\overline{P_jP_{j+1}}$ 的中點記為 Q_j,則 OQ_j 就是此正多邊形的內切圓半徑 r;這是因為:以 O 為圓心,分別以 R 與 r 為半徑,畫圓,就得到正多邊形的外接圓與內切圓;外接圓果然通過各點 P_j,正多邊形域整個在外接圓內;內切圓果然通過各點 Q_j,$\overline{OQ_j}$ 是邊 $\overline{P_jP_{j+1}}$ 的中垂線;所以邊 $\overline{P_jP_{j+1}}$ 與內切圓只有一個交點 Q_j,這就是「相切」一詞的涵意,正多邊形 $P_1P_2P_3\cdots P_n$ 則是其內切圓的外切正多邊形。

註 希臘規矩:給了一圓,當然容易作出其內接正 3 邊形,內接正 4 邊形,內接正 6 邊形;於是,

可以作出:內接正 12 邊形,24 邊形,48 邊形,96 邊形,192 邊形,…;

可以作出:內接正 8 邊形,16 邊形,32 邊形,64 邊形,128 邊形,…;

(上圖,畫出正 12 邊形的外接圓與正 16 邊形的內切圓。)

也可以作出內接正 5 邊形,10 邊形,20 邊形,40 邊形,80 邊形,…;

雖然,用「希臘規矩」作不出內接正 9 邊形來!

偉大的 Gauss,用「希臘規矩」作出內接正 17 邊形來!

【希臘人的積分學:邊數加倍法】

因此,正 n 邊形必外接於一圓!當然,任何一圓也都有其內接正 n 邊形,也都有其外切正 n 邊形!

若固定了一圓,當 n 越大,則其內接正 n 邊形的周長也越大!面積也越大!

最少,從正 n 邊形很容易畫出正 $2*n$ 邊形,而其周長也變大!面積也變大!Archimedes 已經知道:如何從圓內接正 6 邊形,一直把邊數加倍:

$$12, 24, 48, 96, \cdots$$

而計算其周長及面積。

本來的一個小等腰三角形是 $\triangle OAB$,(上圖,是 $n=6$, $n=8$ 時,)而 n 加倍後,小等腰三角形 $\triangle OAB$ 就變成兩個:$\triangle OAD, \triangle ODB$;一邊長 AB,變成兩邊長 $AD+DB>AB$,當然增加周長!

一個小等腰三角形△OAB，變成兩個小等腰三角形，也多出面積|△DAB|！

如果圓的半徑是：$R=1=OP_j=OA=OB$；內接正n邊形的一邊長為：$s=AB=P_jP_{j+1}$，那麼，邊數加倍後的一邊長為：$s'=AD$，計算如下：

$$AC=\frac{s}{2}<1, OC=\sqrt{OA^2-AC^2}=\sqrt{1-\frac{s^2}{4}}; CD=1-\sqrt{1-\frac{s^2}{4}}$$

因此：

$$s'=AD=\sqrt{AC^2+CD^2}=\sqrt{2-2\sqrt{1-\frac{s^2}{4}}}$$

注意到：此正n邊形的周長$p=n*s$，而面積$A=n*s*\dfrac{\sqrt{1-\frac{s^2}{4}}}{2}$。

剛開始，令$n=n_0=6, s=1$，以下，邊數一直加倍：

$n_1=6*2, n_2=6*2^2, n_3=6*2^3$，就可以用如上的公式計算其一邊長$s_1, s_2, \cdots$及對應的周長$p_1, p_2, \cdots$，對應的面積$a_1, a_2, \cdots$。

唯一的麻煩是開方！偉大的Archimedes，在原則上可以計算圓周率精密到想要的程度，不過當時的計算工具（尤其記數法）太落後！

邊數	一邊長	半周長	面積	外切半周
6	1.	3.000000000	2.598076212	3.464101616
12	0.5176380902	3.105828541	3.	3.215390309
24	0.2610523844	3.132628613	3.105828541	3.159659942
48	0.1308062585	3.139350203	3.132628613	3.146086216
96	0.06543816568	3.141031952	3.139350203	3.142714602
192	0.03272346326	3.141452473	3.141031953	3.141873051
384	0.01636227921	3.141557608	3.141452473	3.141662748
768	0.008181208052	3.141583892	3.141557609	3.141610176
1536	0.004090612584	3.141590464	3.141583892	3.141597036

上表中的最末行是這圓的外切正多邊形半周長！事實上，若是從P_j畫與$\overline{OP_j}$垂直的直線，就是圓的切線$\overline{T_{j-1}T_j}$，而圓的外切正多邊形是$T_1T_2T_3\cdots T_n$；一切正n邊形都相似，所以這兩個正n邊形$T_1T_2T_3\cdots T_n$與$P_1P_2P_3\cdots P_n$，其半周長的比例，就是$OP_j:OQ_j$。（相當於圖中$OA:OC$。）

最末行隨著n增加而下降，但第3行則是增加！真圓周率應在其間！

希臘人已經想到：真正的圓周率就是n「趨近無窮大」時的這第3、第4、

第 5 行的「極限」，（第 4 行也有同樣的極限，但差誤更多！）這種想法在積分學中有完整的解釋，可以說：希臘人的積分學已經定義了圓周率

$$\pi = 3.14159265358979323846\cdots$$

【公式】

圓可以想像成無窮個邊數的正多邊形！

因而：半徑為 R 的圓之周長為 $2*\pi*R$，而其所包的圓盤，面積為 $\pi*R^2$。

【推論】

一段圓弧，半徑 R 而圓心角度為 θ，則弧長與 R 及 θ 成正比！換言之，弧長為：

$$R*\frac{2\pi}{360°}*\theta$$

一個扇形域，半徑 R 而圓心角度為 θ，則其面積與 R^2 及 θ 成正比！換言之，面積為：

$$R^2*\frac{\pi}{360°}*\theta$$

因此，在同一圓上相等的弧長對應到相等的圓心角。

習題1 如下圖左，設 $\triangle ABC$ 為直角三角形：$|\angle C| = 90°$，各以兩股 $\overline{CA}, \overline{CB}$ 為直徑，向外側作半圓 $\angle CSA$，$\angle CQB$，又以弦 $\overline{AB}$ 為直徑，向內側作半圓 $\angle ACB$，形成兩股上的月形 $CRASC, CPBQC$，求：兩月形域面積之和！

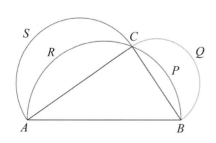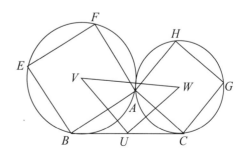

習題2 如上圖右，在 $\triangle ABC$ 的兩腰 $\overline{AB}, \overline{AC}$ 上，向外各作正方形 $ABEF$，$ACGH$，然後作其等之外接圓 $\odot(V) = \odot(ABEF)$，$\odot(W) = \odot(ACGH)$，另外，以底邊 $\overline{BC}$ 為直徑畫圓 $\odot(U)$，試證：三圓的圓心 V, W, U，形成一個等腰直角三角形！

3.3 圓與角

3.3.1 圓與直線

以下，我們固定一個圓 $c = S(O, r)$。

【圓與點的關係】

我們要思考：任意一點 K 與 c 的關係。那麼幾何上很清楚，K 有三種狀況：或者 K 在圓的內部（即開圓盤 $D(O, r)$ 內），或者 K 在圓的外部（即閉圓盤外），或者 K 在圓上；三種情況純粹由 K 到圓心 O 的距離 OK 來決定：

	若	則
(i)	$OK > r$	$K \notin \overline{D}(O, r)$
(ii)	$OK < r$	$K \in \overline{D}(O, r)$
(iii)	$OK = r$	$K \in c = \overline{S}(O, r)$

(i)如果 K 在圓外，我們可以經過 K 點，畫出（無限！）許多條直線，與圓盤 $\overline{D}(O, r)$（或圓 c）不相交！

(ii)如果 K 在圓內，任何經過 K 點的直線，都一定與圓盤 $D(O, r)$ 或圓 c 相交！

(iii)如果 K 在圓上，那麼：經過 K 點，只有一條直線，與開圓盤 $D(O, r)$ 不相交！（這條直線就是與 $\overline{OK}$ 垂直的那條直線！）

　　換句話說：經過 K 點，只有一條直線，「與圓 c 只交於一點」！

【點對於圓的冪】

由上述，一點 K 對於一圓 $c = S(O, r)$ 的關係，變成簡單的計算，就是要計

算 $OK - r$ 的正負號，也就是比較兩個正數 OK 與 r 的大小；但是，更方便的是，比較它們的平方的大小，也就是改用

$$\varpi(K, c) = OK^2 - r^2$$

（在後面，我們會解釋它的意義與重要性！）

【圓與直線的關係】

我們要思考：任意一直線 ℓ 與 c 的關係，可以利用上述「圓與點的關係」來討論。

事實上，從圓心 O 到任何直線 ℓ 作垂線，垂足為 K，則 K 是 ℓ 上最接近 O 的點。而「直線 ℓ 與圓 c 的關係」，簡直就反映在「圓 c 與點 K 的關係」。這是因為，由 $K \subseteqq \ell \cap c$，也可以反過來決定 ℓ，只須把 $K = O$ 的情形先排斥掉，這也就是排斥掉 $O \in \ell$ 的情形中。此時 ℓ 就是：過 $K \neq O$ 點，而與 $\overline{OK}$ 垂直的直線。

直線 $\ell \in \mathcal{L}$ 與 $c = S(O, r)$ 的關係，可分三種情形：

- 相離：如果 K 在圓 $c = S(O, r)$ 的外部，意思是閉圓盤 $\overline{D}(O, r)$ 與 ℓ 不相交。
- 相割：如果 K 在圓 $c = S(O, r)$ 的內部，意思是圓盤 $D(O, r)$ 與 ℓ 相交，事實上，圓 $c = S(O, r)$ 與 ℓ 相交於兩（相異）點 A, B，我們說：ℓ 與圓 c 相割，A, B 是割點。
- 以上兩種情形，應該說 ℓ 與 c 是「正常的關係」；特異的情形是「ℓ 與圓 c 相切」：只有一個交點 $K \subseteqq c \cap \ell$。

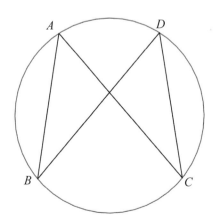 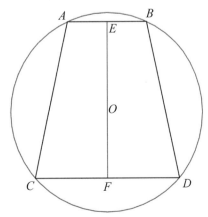

左：習題 1；右：習題 2

習題1 設相交兩弦 $\overline{AC}, \overline{BD}$ 等長，求證：$AB = CD$。

習題2 設 $ABCD$ 是圓的內接梯形 $\overline{AB} /\!/ \overline{CD}$，求證：$\overset{\frown}{AD} = \overset{\frown}{BC}$。

【作圖題】

已給了一條直線 t，其上一點 A，以及線外的一點 P，求作一圓⊙ (O)，經過點 P，又切直線 t 於點 A。

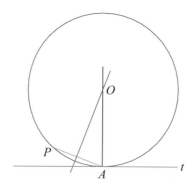

 如果⊙ (O) 切直線 t 於點 A，則圓心 O 與切點 A 的（連線）半徑 $\overline{OA}$ 與切線 t 相垂直；另一方面，圓心 O 在弦 $\overline{AP}$ 的中垂線上！因此，O 就是：$\overline{AP}$ 的中垂線 $\overleftrightarrow{QO}$ 與過 A 點 t 的垂線 $\overleftrightarrow{AO}$ 的交點！

求得 O 點後，以 $\overline{OP}$ 為半徑，畫圓即得。

【弦心距定理】

圓 $c = S(O, r)$ 上的弦 $\overline{AB}$ 之中點為 K，則：
$$\overline{OK} \perp \overline{AB} ; OK^2 + KA^2 = r^2$$

換句話說：若圓心 O 與直線 ℓ 的距離 $a = \text{dist}(O, \ell) < r$，則此線所截的弧長為
$$2\sqrt{r^2 - a^2}$$

因為等腰，中線即垂線，$\triangle OAK$ 為直角三角形，由 Pythagoras 定理，
$$AK = KB = \sqrt{r^2 - a^2} \quad (OA = r, OK = a)$$
故得所求之 $AB = 2 * AK$。

【弦心距比較定理】

（因此：）圓上的兩弦 $\overline{AB}, \overline{CD}$ 越長者越靠近圓心！

$$\text{dist}(O, \overline{AB}) > \text{dist}(O, \overline{CD})，則 \overline{CD} > \overline{AB}$$

距圓心等長，則為等弦。

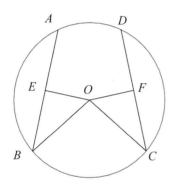
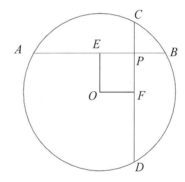

左：弧與弦心距；右：例題 1

 例題 1 設圓 $S(O, r)$ 內有兩弦 $\overline{AB}, \overline{CD}$ 垂直相交於 P，試證：四段平方和 $PA^2 +$

$PB^2 + PC^2 + PD^2$ 為定值！

解 若兩弦的中點為 E 與 F，則由直線的 Steiner 原理：

$$PA^2 + PB^2 = 2 * (PE^2 + EA^2) ; PC^2 + PD^2 = 2 * (PF^2 + FC^2)$$

故：$PA^2 + PB^2 + PC^2 + PD^2 = 2 * (PE^2 + PF^2 + EA^2 + FC^2)$

現在 OE, OF 是弦心距，因此：

$$OE^2 + EA^2 = r^2 ; OF^2 + FC^2 = r^2$$

$OEPF$ 是矩形，因此：$PE = OF, PF = OE$；代入之後，就得：

$$PA^2 + PB^2 + PC^2 + PD^2 = 2 * (r^2 + r^2) = (2r)^2 = \text{直徑平方}$$

3.3.2 切線

【極限情形】

圓 $c = S(O, r)$ 上有割弦 $\overline{AB}$，它有兩種極限：若此距離 $\text{dist}(O, \overline{AB})$ 趨近於零，

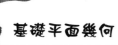
則弦 $\overline{AB}$ 變成直徑：

$$\text{dist}\,(O, \overline{AB}) = 0，則 A, O, B 成一直線$$

另一極端是：此距離 $\text{dist}(O, \overline{AB})$ 趨近於半徑長，則弦 $\overline{AB}$ 縮成切點 E，弦的延長線 $\overleftrightarrow{AB}$ 變成切線！

【定理】

「直線 ℓ 是圓 $c = S(O, r)$ 的切線」之條件為：從 O 向 ℓ 作垂線 $\overline{OE}$，則垂足 E 在圓 c 上。

【基本作圖題】

從圓 $c = S(O, r)$ 外一點 P，如何作出自 P 到 c 的切線？

 連 $\overline{OP}$，取其中點 Q，以 Q 為心，$QO = QP$ 為半徑，畫圓 $S(Q, QP)$ 交 c 於兩點 E_1, E_2，那麼，$\overleftrightarrow{PE_1}, \overleftrightarrow{PE_2}$ 就是自 P 到 c 的兩條切線！

【切線長相等定理】

自圓外一點 P 到圓的兩條切線 $\overline{PA}, \overline{PB}$ 長度相等！

$\quad \triangle PAO \cong \triangle PBO$，直角三角形，兩邊對應相等。

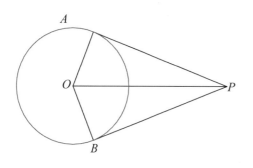
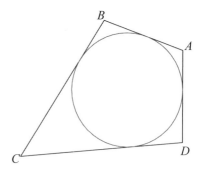

左：切線長相等；右：外切四邊形

【推論】

$\overline{PO}$ 平分了 $\angle APB$。

習題1 設 $ABCD$ 是圓的外切四邊形，求證：$AD + BC = AB + CD$。

習題2 設 $ABCDEF$ 是圓的外切六邊形，求證：

$$AB + CD + EF = BC + DE + FA$$

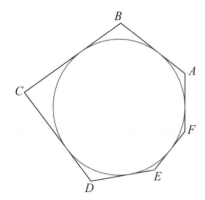
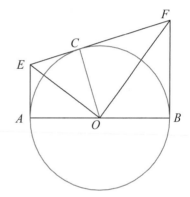

左：外切六邊形；右：直徑端兩切線與另一切線

例題1 設 $\overline{AB}$ 是 $\odot(O)$ 的直徑，過其兩端點，及圓上另外一點 C，作圓的三條切線 $\overline{AE}, \overline{BF}, \overline{EF}$，交點是 E, F，求證：

$$OC^2 = CE * CF$$

解 如上圖右，今

$$\overline{EF} \perp \overline{OC}, \overline{EA} \perp \overline{AB}, \overline{FB} \perp \overline{AB}\ ;\ OA = OC = OB$$

於是有直角三角形的合同：

$$\triangle EAO \cong \triangle ECO\ ;\ \triangle FBO \cong \triangle FCO$$

因此：

$$|\angle AOE| = |\angle COE|\ ;\ |\angle BOF| = |\angle COF|$$

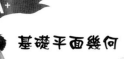
$$|\angle EOF| = |\angle EOC| + |\angle COF| = |\angle AOE| + |\angle BOF| = \frac{180°}{2} = 90°$$

由直角三角形的垂割自我形似,故:

$$\triangle ECO \sim \triangle OCF$$

因而:$EC : CO = OC : CF$

例題2　自⊙(O)外一點 P,作圓的一條切線 $\overline{PT}$,自切點 T 作垂線 $\overline{TS}$ 到 $\overline{PO}$,

垂足是 S,求證:

$$OT^2 = PO * SO$$

(解)因為 $\triangle PTO$ 是直角三角形!

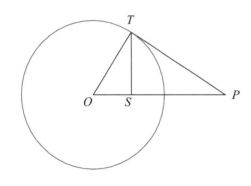
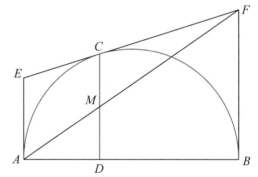

左:例題2;右:例題3

例題3　設⊙ABC 有直徑 $\overline{AB}$,以及三條切線 $\overline{AE}, \overline{BF}, \overline{EF}$,後者的切點是 C,

求證:自 C 到 $\overline{AB}$ 所作的垂線 $\overline{CD}$,被 $\overline{AF}$ 平分,也被 $\overline{BE}$ 平分!

(解)必須注意:$\overline{AE} // \overline{BF}$,而且「切線長相等」:

$$AE = EC, BF = CF$$

今設 $M \stackrel{\leq}{=} \overline{CD} \cap \overline{AF}$;那麼:

(i):　$CM : CF = EA : EF$　($\because \triangle FCM \sim \triangle FEA$)

(ii):　$EC : EF = AM : AF$

(iii):　$AM : AF = DM : BF$　($\because \triangle ADM \sim \triangle ABF$)

於是：

$$CM:CF=EA:EF=EC:EF=AM:AF=DM:BF=DM:CF$$

故得：$CM=DM$；即：$\overline{CD}$ 被 $\overline{AF}$ 平分！

同理（(A,E) 與 (B,F) 相對換！）：$\overline{CD}$ 被 $\overline{BE}$ 平分！

習題 **3** 設圓 c 有直徑 $\overline{AB}$，圓 c 上一點 C 處之切線，與過 A 與 B 之切線，分別交於 E,F；若 $\overline{AF}$ 與 $\overline{BE}$ 之交點為 K，則 $\overline{KC}\,/\!/\,\overline{AE}$。

3.4 圓周角定理

3.4.1 圓周角定理

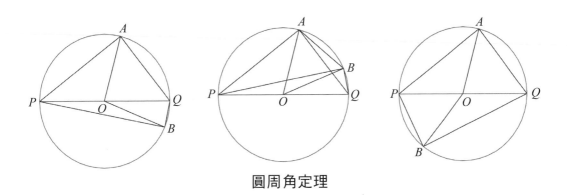

圓周角定理

【圓周角定理】

設：A, B, P 三點都在圓 $c=S\,(O,r)$ 上，則圓周角（度）$|\angle APB|$ 是圓心角（度）$|\angle AOB|$ 的一半：

$$|\angle APB|=\frac{1}{2}|\angle AOB|$$

【系理】

設：$\overline{AB}$ 是圓 $c=S\,(O,r)$ 的直徑，則圓周角 $\angle APB$ 是直角！

（證）當然這個系理就是前此的半弦定理！

事實上，作直徑 $\overline{PQ}$，連 $\overline{QA}, \overline{QB}$（後者暫時擱著！）

那麼這個系理是說：$\overline{QA} \perp \overline{PA}$

因為等腰 $OP = OA$，所以 $|\angle OPA| = |\angle OAP|$，於是：

$$|\angle QOA| = 2*|\angle QPA|$$

這是定理的特殊狀況：$B = P$，圓周角的一邊是直徑！

那麼，完全同樣，可知：

$$|\angle QOB| = 2*|\angle QPB|$$

如果半徑 $\overline{OQ}$ 在這個圓周角 $\angle APB$ 的角域內，那麼兩式相加，就知道：

$$|\angle AOB| = 2*|\angle APB|$$

若否，就改為相減！結論一樣！

☞注意：即使 $\angle APB$ 是鈍角，證明也差不多！

【四點共圓原理】

若四邊形 $ABPQ$ 內接於一圓，則

$$|\angle APB| = |\angle AQB|$$

反之，若四邊形 $ABPQ$ 滿足上式，則內接於一圓！

若四邊形 $APBQ$ 內接於一圓，則

$$|\angle APB| + |\angle AQB| = 180°$$

反之，若四邊形 $APBQ$ 滿足上式，則內接於一圓！

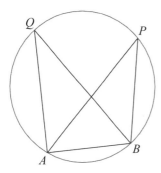 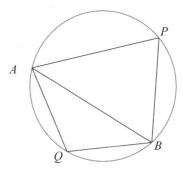

四點共圓原理

後面這個互補性是因為：兩弧 $\angle(APB), \angle(AQB)$，是互為周缺！打了對折之後就互補了！

現在要用驗明正身法證明（互補性）逆定理！當四邊形 $APBQ$ 滿足了互補性，我們過 A, B, Q 三點作一圓 c，（換言之，作 $\triangle ABQ$ 的外接圓，）再作 $\overrightarrow{AP}$ 與圓 c 的交點 P'。於是：

$$|\angle AP'B| + |\angle AQB| = 180°$$

如此，$|\angle AP'B| = |\angle APB|$，而且 $\overrightarrow{AP} = \overrightarrow{AP'}$，只好 $P' = P$。

例題 1 （三圓兩弦定理）

假設有：三圓 $\odot (A, B, E, F), \odot (B, C, F, G), \odot (C, D, G, H)$ 及兩線 $\overleftrightarrow{A, B, C, D}$，$\overleftrightarrow{E, F, G, H}$；則有四點共圓：$\odot (A, D, E, H)$。

 我們將不畫出圓來！你只要想像就好！

先看第一個圓 $\odot (A, B, E, F)$，於是：

$$|\angle EAB| + |\angle BFE| = 180°$$

再看第二個圓 $\odot (B, C, F, G)$，於是：

$$|\angle BCG| = |\angle BFE|$$

☞注意：請看：

$$\overline{AE} /\!/ \overline{CG}，\overline{BF} /\!/ \overline{DH}$$

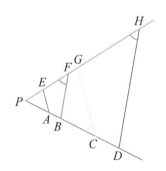
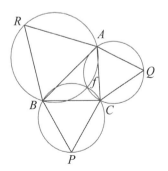

左：三圓兩弦定理；右：Fermat 三圓共點

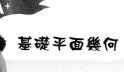
例題2 （Fermat 中心）這是前面討論過的問題！

對於「任意」一個三角形 ABC（最大角 $< 120°$），從三邊各自向三角形的外面畫出正三角形 BPC, CQA, ARB；然後各作其外接圓 c_A, c_B, c_C；先考慮兩圓 c_A, c_B 的（另一）交點 O，然則，

$$於圓 c_A 中，|\angle BOC| = 120°, |\angle BOP| = |\angle POC| = 60°$$
$$於圓 c_B 中，|\angle AOC| = 120°, |\angle AOQ| = |\angle QOC| = 60°$$

於是：

$$|\angle ARB| + |\angle AOB| = 60° + (360° - (|\angle BOC| + |\angle AOC|)) = 180°$$
$$|\angle AOC| + |\angle COP| = 180°$$

故知：O 在圓 c_C 上；而且 O 在 $\overline{AP}$ 上；如此證明了：三圓 c_A, c_B, c_C 共點於 O，三線 $\overline{AP}, \overline{BQ}, \overline{CR}$ 也共點於 O，這一點我們將稱之為 Fermat 中心。（上圖中寫為 f。）

例題3 （垂心垂足圓）

如下圖左：對於任意一個銳角三角形 ABC，從三頂點到對邊，作垂線 $\overline{AD}$, $\overline{BE}, \overline{CF}$，則三線共點於垂心 H，這是前面討論過！

而四點 H, D, B, F 共圓，因為 $|\angle BDH| = 90° = |\angle BFH|$，（而 $\overline{BH}$ 為直徑，）這是垂心垂足圓 c_b，另有類似的兩個！

$$c_a = \odot (H, E, A, F), c_b = \odot (H, F, B, D), c_c = \odot (H, D, C, E)$$

這三個垂心垂足圓，共點於垂心 H。

另外，有四點共圓的三組：

$$\odot (B, C, E, F), \odot (C, A, F, D), \odot (A, B, D, E)$$

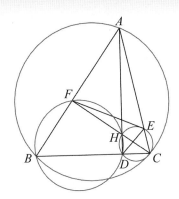 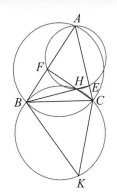

左：垂心垂足圓；右：垂心與外接圓

 例題4 （垂心外接圓）

如上圖右，我們可以作三個外接圓

$$\odot (H, B, C), \odot (H, C, A), \odot (H, A, B)$$

每一個都合同於 $\odot (A, B, C)$。

證 要證明：

$$\odot (H, B, C) \cong \odot (A, B, C)$$

我們只須要找到：在兩圓中，有相等的兩個劣圓周角（度），具有相同的弦長。

實際上，在 $\odot (H, E, A, F)$ 中，看出：

$$|\angle FHB| = |\angle BAC|$$

但在 $\odot (H, B, C)$ 中，看出：

$$|\angle FHB| = |\angle BKC|$$

其中 $K \in \odot (H, B, C)$ 是任意一點，只要與 H 在 $\overline{BC}$ 的異側！於是得證！

例題5 （正三角形的外接圓）

假設 $\triangle ABC$ 是個正三角形，而一點 P，有

$$PA = PB + PC$$

則 A, B, C, P 四點共圓！

P 必然在 $\triangle ABC$ 的外部；今（往外）作正三角形 $\triangle BPK$，如下圖左，注意到：

$$AB = CB, BP = BK, |\angle ABP| = |\angle CBK|，由 \text{ sas}：$$

$$\triangle ABP \cong \triangle CBK$$

因而：$CK = AP = CP + BP = CP + PK$，因此：$P$ 在 $\overline{CK}$ 上；其實，

$$|\angle CPB| = 180° - |\angle BPK| = 120°$$

於是：A, B, C, P 四點共圓！

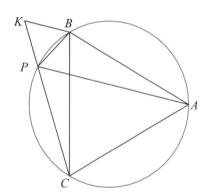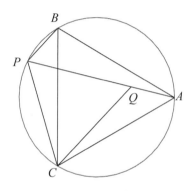

正三角形的外接圓

例題6 （逆定理）正三角形的外接圓

假設 $\triangle ABC$ 是個正三角形，而一點 P 在其外接圓的 BC 弧段上，則有：

$$PA = PB + PC$$

 如上圖右，在 $\overline{AP}$ 上取一點 Q，使：$PQ = PC$，而因 $|\angle APC| = 60°$，如此則 $\triangle PCQ$ 為正三角形，故：$|\angle QCP| = 60°$，於是：

$$|\angle PCB| = |\angle PCQ| - |\angle BCQ| = |\angle BCA| - |\angle BCQ| = |\angle QCA|$$

再因

$$PC = CQ, CB = CA$$

然則，由 sas，

$$\triangle PCB \cong \triangle QCA$$

因而 $AQ = BP$，那麼：$AP = PQ + QA = PC + PB$

【兩圓交點弦的圓周角定理】

若兩圓 $\odot U$, $\odot V$ 有交點弦 $\overline{PQ}$，經過 P 點任意畫一直線 $\overleftrightarrow{APB}$，各交 $\odot U$, $\odot V$ 於另一點 A, B，連 $\overline{AQ}, \overline{BQ}$，則 $\angle AQB$ 的角度與所畫的直線無關！

 因為對兩圓可以分別用圓周角定理：

$$|\angle BAQ| = \frac{1}{2}|\angle PUQ|$$

$$|\angle ABQ| = \frac{1}{2}|\angle PVQ|$$

而 $\quad |\angle BAQ| + |\angle ABQ| + |\angle AQB| = 180°$

$$|\angle AQB| = 180° - \frac{1}{2}(|\angle PUQ| + |\angle PVQ|) = |\angle UQV|$$

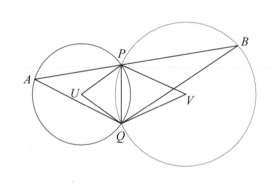 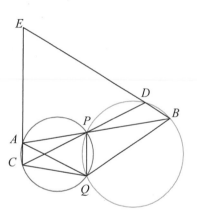

左：兩圓交點弦的圓周角；右：推論

【推論 1】

如上的意思是：若另外畫一條直線 $\overleftrightarrow{CPD}$（代替 $\overleftrightarrow{APB}$），交 $\odot U$ 於另一點 C，交 $\odot V$ 於另一點 D，則：

$$|\angle AQB| = |\angle CQD|（即 = |\angle UQV|）$$

那麼，連 $\overleftrightarrow{AC}, \overleftrightarrow{BD}$，交於一點 E，則 $\angle CED$ 的角度與所畫的兩直線無關！

 （上圖右中我們沒有連 $\overline{QD}$，其實 $\overline{QC}$ 也可以不連！）

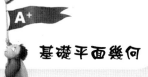
$$|\angle CED| = 180° - (|\angle ECD| + |\angle EDC|)$$

$$|\angle ECD| = |\angle AQP|$$

$$|\angle EDC| = |\angle DPB| + |\angle DBP| = \frac{1}{2}\overset{\frown}{PDB} = |\angle PQB|$$

$$|\angle CED| = 180° - (|\angle AQP| + |\angle PQB|) = 180° - |\angle AQB|$$

$$|\angle CED| = |\angle UQV|$$

【推論 2】

而且證得：E, A, Q, B 四點共圓！E, C, Q, D 四點也共圓！

【推論 3】

三角形 $\triangle AQB$ 的形狀，與所畫的直線 $\overleftrightarrow{APB}$ 無關！也就是說：

$$\triangle AQB \sim \triangle CQD$$

因此：其兩邊比 $QA:QB$ 與所畫的直線 $\overleftrightarrow{APB}$ 無關！也就是說：

$$QA:QB = QC:QD\ (\text{即} = UQ:VQ)$$

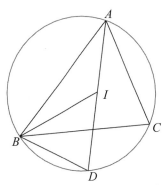
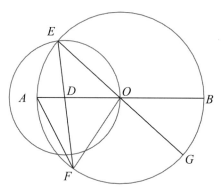

左：例題 7；右：例題 8

例題 7 設 $\triangle ABC$ 的分角線 $\overline{AD}$ 與三角形的外接圓 c 相交於點 D，而三角形的內心為 I，則

$$DI = DB = DC$$

內心 I 在分角線 $\overline{AD}$ 上，因而

$$(i) : |\angle BAD| = |\angle DAC| \text{；於是 } DB = DC$$

其次，外角

$$|\angle DIB| = |\angle BAD| + |\angle IBA| = |\angle DAC| + |\angle IBC|$$
$$= |\angle DBC| + |\angle CBI| = |\angle DBI|$$

故 $(ii) : DB = DI$

例題 8 圓 $c = S\,(O,\,r)$ 有直徑 $\overline{AB}$，半徑 $\overline{OA}$ 的中點為 C，取一點 $D \in \overline{AC}$ 為圓

心，DO 為半徑，畫一圓，截 c 於 E，而 $\overrightarrow{ED} \cap c \overset{\frown}{=} F$，則：$3 * |\overset{\frown}{AE}| = |\overset{\frown}{BF}|$。

 延長 $\overline{EO}$ 為直徑 $\overline{EG}$；則：

$$|\angle BOF| = |\angle BOG| + |\angle GOF|$$
$$|\angle BOG| = |\angle EOA|$$
$$|\angle GOF| = |\angle OEF| + |\angle OFE| = 2 * |\angle OEF|$$
$$= 2 * |\angle OED| = 2 * |\angle DOE| = 2 * |\angle AOE|$$
$$|\angle BOF| = |\angle EOA| + 2 * |\angle EOA| = 3 * |\angle EOA|$$

例題 9 設銳角 $\triangle ABC$ 的底邊 $\overline{BC}$ 的中垂線與 $\overrightarrow{BA}$ 交於 P，與 $\overrightarrow{CA}$ 交於 M，而

三角形的外心為 O，則

$$PM * PO = PA * PB$$

 先將中垂線延長到圓的另一端 Q 點！

將待證式寫成比例式：

$$PM : PA = PB : PO$$

因為 $\angle BPO$ 是公用的，所以這個比例式只表示相似性：

$$\triangle PMA \sim \triangle PBO$$

我們只欠一個角度相等！我們只須看：$\angle PAM, \angle POB$ 的外角，即是：

$$|\angle MAB| = \frac{1}{2} * |\angle BOC| = |\angle BOQ|$$

這是圓周角定理！於是證明完畢！

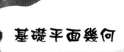

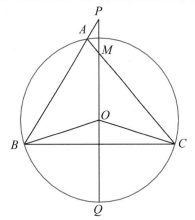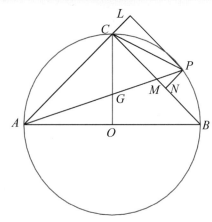

左：例題 9；右：例題 10

 例題10 ⊙(O)的半徑 $\overline{OC}$ 垂直於直徑 $\overline{AB}$，而弦 $\overline{AP}$ 平分了弦 $\overline{BC}$ 於點 M；

從 P 到 $\overleftrightarrow{AC}, \overrightarrow{BC}$，各作垂線 $\overline{PL}, \overline{PN}$，則其等之長度有：

$$PL = 3*PN$$

注意到 ABC 是等腰直角三角形！

其重心是 G，故：$GO = \dfrac{OA}{3}$

因為 $\overline{AC} \perp \overline{CB}$，故與之垂直的兩垂線，有：

$$\overline{PL}//\overline{BC}, \overline{PN}//\overline{AC}$$

於是：$PLCN$ 為矩形！

我們只須要證明：

$$（直角）\triangle PNC \sim \triangle GOA$$

就好了！只要一個相等的銳角：（圓周角定理！）

$$|\angle OAG| = |\angle NCP|$$

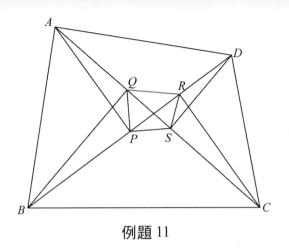

例題 11

從凸四邊形 $ABCD$ 的各頂點，到其相鄰的對角線作垂線，各得垂足 P, Q, R, S；則此四邊形 $PQRS$ 與原四邊形 $ABCD$ 相似！

$$PQRS \sim ABCD$$

 用圓周角定理的觀點最自然！

例如說：P, Q, A, B 四點共圓！（這圓就是以 $\overline{AB}$ 為直徑者）於是：

$$|\angle BAC| = |\angle QPR| \quad (i)$$

同樣：B, C, R, Q 四點共圓！（這圓就是以 $\overline{BC}$ 為直徑者）於是：

$$|\angle BCA| = |\angle QRP| \quad (ii)$$

兩者合成：

$$\triangle BCA \sim \triangle QRP$$

同理得到：

$$\triangle DCA \sim \triangle SRP$$

兩者就湊成：四邊形的相似！

3.4.2 割線夾角

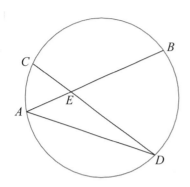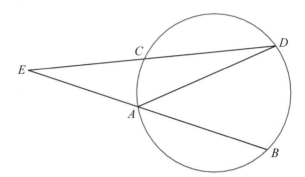

割線夾角定理

【割線夾角定理】

設 $\overline{AB}, \overline{CD}$ 是圓 $c = S\,(O, r)$ 的兩條割線，相交於圓內一點 $E \overset{\subseteq}{=} \overline{AB} \cap \overline{CD} \in D\,(O, r)$，則所成的角度就是所對的兩段弧度的平均：

$$|\angle AEC| = |\angle BED| = \frac{1}{2}(|\angle AOC| + |\angle BOD|)$$

 連 $\overline{AD}$，於是外角為兩鄰角之和

$$|\angle AEC| = |\angle EAD| + |\angle EDA| = \frac{1}{2}|\angle BOD| + \frac{1}{2}|\angle COA|$$

註 設兩條割線相交於圓外，則所成的角度就是所對的兩段弧度的差的一半！

3.4.3 弦切角

【弦切角定理】

圓上 P 點處的切線 $\overrightarrow{PT}$ 與割線 $\overline{PA}$ 所夾的角度 $|\angle APT|$ 是弧度 $\overset{\frown}{PA}$ 的一半！

$$|\angle APT| = \frac{1}{2}|\overset{\frown}{PA}|$$

【解釋與證明】

如上考慮圓周角 $\angle APB$，如果讓 B 點往 P 走，那麼圓周角 $\angle APB$ 的極限就是弦切角 $\angle APT$。弧 $\overparen{AB}$ 的極限就是弧 $\overparen{AP}$。

證明之一法是：作直徑 $\overline{PQ}$，則兩弧 $\overparen{QA}, \overparen{AP}$ 合為半圓！而

$$|\angle QPA| = \frac{1}{2}|\overparen{QA}|$$

取其餘角就好了！

（換句話說：再連 $\overline{QA}$，得直角三角形 $\triangle QAP$，就可以用圓周角定理了！）

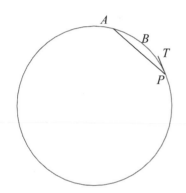 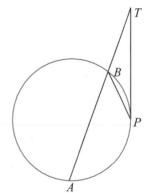

左：弦切角定理；右：割切夾角定理

【割切夾角定理】

圓上 P 點處的切線 $\overrightarrow{PT}$ 與割線 $\overrightarrow{AB}$ 交於點 T，於是，所夾的角度 $|\angle ATP|$ 是兩弧 $\overparen{PA}, \overparen{PB}$ 弧度差的一半！

$$|\angle ATP| = \frac{1}{2}(|\overparen{PA}| - |\overparen{PB}|)$$

【解釋】

設兩條割線 $\overrightarrow{AB}, \overleftrightarrow{CD}$ 相交於圓外，交點 T；現在固定一條割線 $\overleftrightarrow{AB}$，讓另一條割線 $\overleftrightarrow{CD}$ 趨近切線 $\overrightarrow{PT}$，（改記 C 為 P，D 在 $\overparen{PB}$ 之上，而讓 D 趨近極限 P；）

割線夾角定理的極限就是本定理。

🔍 連 $\overline{PB}$，則可用圓周角定理及弦切角定理，得到：

$$|\angle ATP| = |\angle ABP| - |\angle BPT|$$

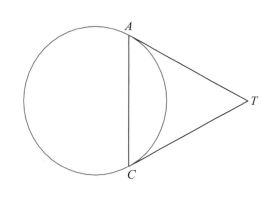
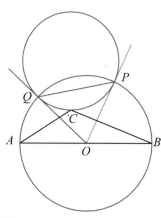

左：切線夾角定理；右：例題 1

習題1 設兩條割線 $\overrightarrow{AB}, \overrightarrow{CD}$ 相交於圓外，交點 P；如果讓 D 趨近極限 C，讓 B 趨近極限 A，則交點 P 趨近極限 T；兩條割線 $\overrightarrow{AB}, \overrightarrow{CD}$ 分別趨近（自點 P 處所作的）切線 $\overline{TA}, \overline{TB}$，割線夾角定理的極限為何？

例題1 圓 $c = S\,(O, r)$ 有直徑 $\overline{AB}$，任取圓內一點 C，延長 $\overline{AC}$ 為弦 $\overline{AP}$，延長 $\overline{BC}$ 為弦 $\overline{BQ}$，過此三點 C, P, Q 畫一圓 s，則 $\overrightarrow{OP}, \overrightarrow{OQ}$ 切於 s。

🔍 連 P, Q，則於圓 c 中，$|\angle PQB| = |\angle PAB|$，$|\angle PAO| = |\angle APO|$，即

$$|\angle PQC| = |\angle CPO|$$

由弦切角定理，知：$\overrightarrow{OP}$ 切於 s。同理證明：$\overrightarrow{OQ}$ 切於 s。

習題2 思考：若 C 在圓 c 外，則如何？

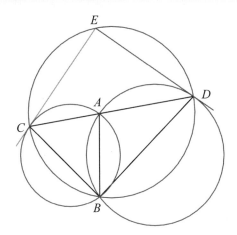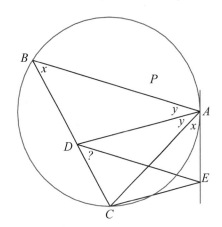

左：例題 2；右：例題 3

例題 2 假設兩圓 c_1, c_2 相交於兩點 A, B，過 A 點任作一直線，與 c_1, c_2 另外交於點 C, D，從此各作圓 c_1, c_2 的切線 $\overleftrightarrow{CE}$, $\overleftrightarrow{DE}$，相交於 E，則四點 B, C, D, E 共圓！

 只要證明下式就好了：

$$(i) : |\angle ECB| + |\angle EDB| = 180°$$

但是，因為弦切角定理，在 $\triangle ABC$ 的外接圓中，

$$(ii) : |\angle ECB| + |\angle CAB| = 180°$$

而 $\triangle ABD$ 的外角

$$(iii) : |\angle CAB| = |\angle ADB| + |\angle ABD|$$

而在 $\triangle ABC$ 的外接圓中（弦切角定理）

$$(iv) : |\angle ABD| = |\angle ADE|$$

將 (iv) 代入 (iii)，

$$(iii) : |\angle CAB| = |\angle ADB| + |\angle ADE| = |\angle EDB|$$

將此代入 (ii)，就得待證式 (i)。

註 前面兩圓交點弦的圓周角定理之推論 2，提到（該處）E, A, Q, B 四點共圓！該處的 C 趨近 A，D 趨近 B，則 $\overleftrightarrow{AC}$, $\overleftrightarrow{BD}$ 趨近切線，就變成本例題。

例題③ 假設△ABC的分角線$\overline{AD}$交$\overline{BC}$邊於點D，$\overleftrightarrow{AE}$是⊙(ABC)的切線，作$\overline{CE}/\!/\overline{AD}$，交$\overleftrightarrow{AE}$於$E$點；試證：$\overline{DE}/\!/\overline{AB}$。

證 由弦切角定理，$|\angle CAE| = |\angle CBA|$（這是個要點！）

我們想證明$|\angle CDE| = |\angle CBA|$，換句話說：我們須要得到$|\angle CAE| = |\angle CDE|$，

也就是證明：A, E, C, D四點共圓。

$$\because \overline{AD}/\!/\overline{EC} \quad \therefore |\angle AEC| + |\angle DAE| = 180°$$

但是外角

$$|\angle CDA| = |\angle CBA| + |\angle DAB| = |\angle CAE| + |\angle DAC| = |\angle DAE|$$

於是：$|\angle AEC| + |\angle CDA| = 180°$

證明了：A, E, C, D四點共圓。

習題③ 假設△ABC的分角線$\overline{AD}$交$\overline{BC}$邊於點D，點E在△ABC外，而有

$$\overline{CE}/\!/\overline{AD}, \overline{DE}/\!/\overline{AB}$$

試證：$\overleftrightarrow{AE}$是⊙(ABC)的切線！

3.5.1 圓冪

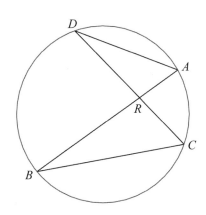 

圓冪定理

【圓的內接形之相似原理】

若圓的兩弦 $\overline{AB}, \overline{CD}$ 相交於點 R，則兩個三角形相似：

$$\triangle RAD \sim \triangle RCB$$

(證) 連 $\overline{BC}, \overline{AD}$，則由圓周角定理：

$$|\angle DRA| = |\angle BRC| \, , \, |\angle DAR| = |\angle BCR|$$

【圓內接完全四邊形】

以上我們討論了一個圓的內接四邊形 $ACBD$，說明了：若 $\overleftrightarrow{AB}, \overleftrightarrow{CD}$ 相交於點 R，則有：$\triangle RAD \sim \triangle RCB$。

我們並且發現：這其實與它們的相對位置簡直沒有關係！如果考慮：$\overleftrightarrow{AD}, \overleftrightarrow{BC}$ 相交於點 P，則有：$\triangle PAB \sim \triangle PCD$。

實際上又有：

$\overleftrightarrow{AC}, \overleftrightarrow{BD}$ 相交於點 Q，則有：$\triangle QDC \sim \triangle QAB$。

如果給你的只是「四點」，兩點連一直線，共可得六線：

$$\overleftrightarrow{BCP}, \overleftrightarrow{DAP}, \overleftrightarrow{BDQ}, \overleftrightarrow{CAQ}, \overleftrightarrow{CRD}, \overleftrightarrow{BRA}$$

這六線合起來，稱為一個「完全四邊形」。

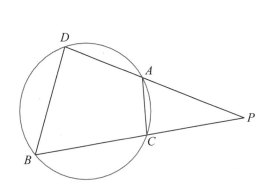 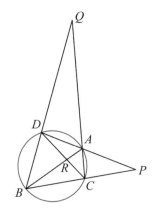

左：圓冪定理；右：圓內接完全四邊形

【圓冪定理】

若圓的兩弦 $\overline{AB}, \overline{CD}$ 相交於點 R，則：

$$RA * RB = RC * RD$$

 由於兩個三角形相似：

$$DR : RA = BR : RC$$

 以上我們考慮了三種交截的情形，因此才用到 P, Q, R；以下只拿一種狀況來敘述，因此只用 P。

【逆圓冪定理】

若兩線段 $\overline{AB}, \overline{CD}$ 相交於一點 P，而且

$$PA * PB = PC * PD$$

則：四點 A, B, C, D 共圓！

 我們可以用「驗明正身法」！就用 A, B, C 三點去畫外接圓，於是 $\overline{CD}$ 半

線與此圓交於另一點 D'，那麼由圓冪定理，$PA*PB = PC*PD'$；和所給的假設一比較，只好 $PD' = PD$，因而 $D' = D$。

☞注意：當然，這個等式可以寫成比例式！解釋為相似形之後，它就成了圓周角定理！

【圓冪】

於是規定：

$$\varpi(P; c) = \begin{cases} -AP*PB，若 P 在圓內部 \\ PA*PB \quad，若 P 在圓外部 \\ 0 \qquad，若 P 在圓上 \end{cases}$$

稱為點 P 對於圓 c 的冪（power）；因為這和直線 $\overleftrightarrow{AB}$ 不相干，只要它是通過 P 的直線！

你不妨把 ϖ 讀做 power。

【註解與規約】

實際上，在坐標幾何學的立場，圓冪應該有正負號：

P 在圓外為正號，在圓內為負號！在圓 c 上，當然為零。

我們寫成 $PA*PB$ 就是這個意思：因為當 P 在圓內時，$\overrightarrow{PA}, \overrightarrow{PB}$ 意向相反，此乘積應該為負！當 P 在圓外時，$\overrightarrow{PA}, \overrightarrow{PB}$ 意向相同，此乘積應該為正！平常的幾何書，是不太計較這個正負號的，那就是「絕對圓冪」。

我們先假設 P 在圓外，取過圓心 O 的直線為 $\overleftrightarrow{AB}$，故 $\overline{AB}$ 為直徑，令靠近 P 的為 A，則：$PA = PO - AO$，$PB = PO + AO$；圓冪為

$$\varpi(P; \mathbb{S}(O, r)) := PO^2 - r^2$$

這式子對於圓內的點，照樣成立！

【幾何解釋甲】

若 $P \in \mathbb{D}(O, r)$ 在圓內，令直線 $\overleftrightarrow{PO}$ 穿圓 $c = \mathbb{S}(O, r)$ 的直徑是 $\overline{AB}$，則可作與 $\overline{AB}$ 垂直的（正交的）弦 $\overline{CD}$，那麼 $PC = PD$；於是：

$$PA*PB = PC*PD = PC^2$$

即：P 點的絕對圓冪是 PC 的平方。

註 （幾何中項）：代數學中，對於三個正數 x, y, z，若：

$$x : y = y : z, \; y = \sqrt{x * z}$$

就說：y 是 x 與 z 的幾何中項或幾何平均，此地，提供了一個「作幾何平均」（因而亦即是「作開方」）的幾何方法：對於 x, z，我們先在直線 $\overleftrightarrow{APB}$ 上取三點 A, P, B，使得：$x = AP, z = PB$，以 $AB = x + z$ 為直徑，畫圓 c，圓心 O 是 A, B 的中點，半徑是

$$OA = \frac{x + z}{2}，即 \; x, z \; 的算術平均$$

再過 P 作此線的垂線得正交弦 $\overline{CD}$，那麼 $y = PC = PD$ 就是所求的幾何平均 $\sqrt{x * z}$。

【推論：算幾平均不等式】

若正數 $x \neq z$，則：其算術平均大於幾何平均：

$$\sqrt{x * z} < \frac{x + z}{2}$$

（因為 $y = \sqrt{x * z} = OC < OA = \frac{x + z}{2}$。）

【圓冪為零】

在圓 $c = S(O, r)$ 的直徑 $\overline{AB}$ 上，當 P 趨近於 A 時，顯然有：OC 趨近於零！當然圓冪 $\varpi(P, c)$ 也趨近於零！

注意到：但是 OC 和 PA 比起來，比值卻是趨近於 ∞。

【圓冪的 Steiner 定理】

固定一圓 $c = S(O, r)$，如果點 P 在一條直線 ℓ 上變動，何時其對 c 的圓冪 $\varpi(P, c)$ 會變為最小？

答案是：取圓心 O 到此直線 ℓ 的垂足 K。事實上，對於直線 ℓ 上的任一點 P，都有

$$\varpi(P, c) = \varpi(K, c) + KP^2$$

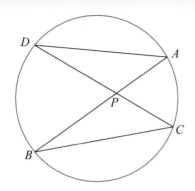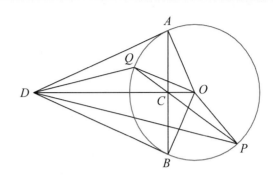

左：幾何平均；右：圓冪轉換法

 例題1 從⊙(O)外一點 D，作兩條切線 $\overline{DA}, \overline{DB}$，過切點弦 $\overline{AB}$ 的中點 C，任作

一線，截圓得弦 $\overline{PQ}$，試證 $\overline{OD}$ 平分 $\angle PDQ$，即：$|\angle PDO| = |\angle ODQ|$。

解 對於直徑 $\overline{OD}$ 的圓⊙ (OADB)，點 C 的冪是：

$$CO * CD = CA * CB \quad (i)$$

轉移成「對於圓⊙ (O) = ⊙ (AQBP)，點 C 的冪」：

$$CA * CB = CP * CQ \quad (ii)$$

由(i),(ii)，故知：

$$CO * CD = CP * CQ \quad (iii)$$

因此：D, P, O, Q 四點共圓！但：「等弦（長）對應到等角」，而
$OP = OQ$，因此，於此圓⊙ (DPOQ)中，$|\angle PDO| = |\angle ODQ|$。

【解釋：圓冪轉換法】

以上這例子可說是一個很簡單的「圓冪轉換法」！

這裡牽涉到三個圓。最先是給我們的：⊙ (O) = ⊙ (AQBP)；然後我們點 P
以及其兩切點得到外接圓⊙ (OADB)，這兩圓共有一弦，即切點弦 $\overline{AB}$（後面會
說清楚這是此兩圓的根軸！），點 C 在其上，因此，其圓冪對於此兩圓是一樣
的！這就得到(iii)式，從而又得到一個「共圓」！

你必須重新想一下，前面許多利用圓周角定理的例子，其實應該簡單地說

成：「用圓冪轉換法！」。

如其處的例 3，顯然只是要計算（證明！）P 點的圓冪，相對於「四點所共的圓」！

例題2 設 $\triangle ABC$ 的三邊長為：$BC = 53, CA = 51, AB = 52$，以 $\overline{BC}$ 為直徑畫圓 $\odot(O)$，交 $\overline{AB}$ 於 D，交 $\overline{AC}$ 於 E，求 BD, CD, DE。

解 由中線長公式，

$$4*OA^2 = 2*(AB^2 + AC^2) - BC^2 = 7801$$

因此，A 點之圓冪為

$$\varpi(A, \odot(O)) = \frac{7801}{4} - \frac{53^2}{4} = \frac{4992}{4} = 1248$$

於是：

$$AD = \frac{1248}{52} = 24 \; ; \; BD = 52 - 24 = 28 \; ; \; CD = \sqrt{BC^2 - BD^2} = 45$$

$$AE = \frac{1248}{51} = \frac{416}{17} = 24.47058824 \; ; \; EC = AC - AE = \frac{451}{17} = 26.52941176$$

$$BE := \sqrt{BC^2 - EC^2} = \frac{780}{17} = 45.88235294$$

由 Ptolemy 公式，

$$CD*BE = \frac{35100}{17}$$

$$BC*DE = CD*BE - BD*EC = \frac{22472}{17}$$

$$DE = \frac{424}{17} = 24.94117647$$

3.5.2 切線長

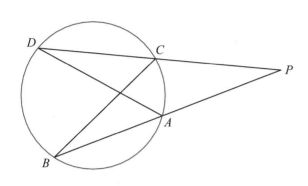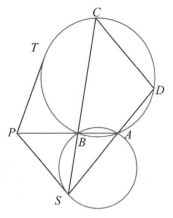

左：切線長；右：例題 1

【幾何解釋】

令 P 在圓 $c = S(O, r)$ 外！直線 $\overleftrightarrow{PO}$ 穿圓 $c = S(O, r)$ 的直徑是 $\overline{AB}$，A 是圓上最靠近 P 的點，而 B 是圓上離 P 最遠的點！

想像一條變動的半線 $\overrightarrow{PCD}$，起端點 P 固定，其位置本來是 $\overrightarrow{PAB}$，但慢慢（繞著 P，往一側）旋轉，交截出弦 $\overline{CD}$，而點 P 之圓冪則是：

$$PC * PD = \varpi(P, c) = PA * PB$$

這卻是和這條變動的半線 $\overrightarrow{PCD}$ 無關的！注意到：PD 漸漸縮短，而 PC 漸漸增長！但保持：

$$PV > PD > PC > PA$$

到達最後的（！）極限位置時，C, D 兩點重合為一，我們記之為 T 點，當然這是切點，而此時，半線 $\overrightarrow{PCD}$ 是切線 $\overrightarrow{PT}$。

那麼代入 $PT = PC = PD$，於是：

$$\varpi(P; c) = PT^2$$

對於圓外的點 P，其圓冪為自此點所引的切線長 PT 之平方！

注意到：這條變動的半線 $\overrightarrow{PCD}$，如果是（繞著 P，但）往另一側旋轉，則

其極限位置是自 P 點所作的另一條切線 $\overrightarrow{PS}$。因此：

【切線長定理】

自圓外一點 P 對圓所作的兩條切線 $\overline{PT},\overline{PS}$，其長相等！而切心三角形是合同的：

$$\triangle POS \cong \triangle POT$$

分居 $\overleftrightarrow{OP}$ 的兩側！而且，自 P 任作一條割線 $\overleftrightarrow{PAB}$，割點 A,B，則：

$$PT^2 = PA*PB$$

【弦切三角形相似定理】

上述最後的式子是圓冪定理的特例，而我們也強調：「它可以解釋為比例式」！那麼它表示了三角形的相似性：

$$\triangle PTA \sim \triangle PBT$$

實質上它相當於弦切角定理！

例題1 （如上圖右，）由圓 c 外一點 P，引一切線 $\overline{PT}$ 與一割線 $\overline{PAB}$，另外又隨意於圓外作一線段 $\overline{PS}$，使 $PS=PT$；延長 $\overline{SA},\overline{SB}$，各交圓於另一點 D,C，則 $\overline{CD}//\overline{PS}$。

 圓冪

$$PA*PB = \varpi\,(P,c) = PT^2 = PS^2$$

那麼：$\overline{PS}$ 是 $\odot(SAB)$ 的切線！

弦切角定理說：$|\angle PSA| = |\angle ABS|$

但在圓 $c = \odot(ABCD)$ 中，割線夾角定理說：$|\angle ABS| = |\angle ADC|$

那麼，由內錯角相等：$|\angle PSD| = |\angle SDC|$，可知：$\overline{CD}//\overline{PS}$

例題2 回去看前面的三圓兩弦定理，我們先作兩線的交點：

$$P = \overleftrightarrow{A,B,C,D} \cap \overleftrightarrow{E,F,G,H}$$

就可以「連用三次」圓冪定理：

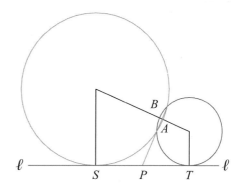
$$(i) \quad PA*PB = PE*PF$$

$$(ii) \quad PB*PC = PF*PG$$

$$(iii) \quad PC*PD = PG*PH$$

頭尾兩式相乘而除以中間的式子，就得到：

$$PA*PD = PE*PH$$

反用圓冪定理，立得待證的命題！

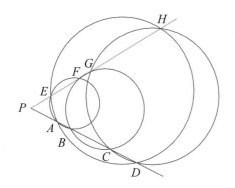

左：例題 2（兩串割點）；右：例題 3（作圖題）

 例題 3 求作一圓 c，通過已給的兩定點 A, B，而且與已給的直線 ℓ 相切！

（**解**） （如上圖右，）若是 A, B 在直線 ℓ 的異側，當然無解！

若連 $\overrightarrow{BA}$ 到 ℓ，交點為 P，則由圓冪定理，切點 T 必須滿足：

$$PT = \sqrt{PA*PB}$$

PT 是 ℓ 上的線段，故恰有兩解：可以在 P 點任一側！

極端的情形是：A, B 之一在 ℓ 上，或者：$\overline{AB}$ 平行於 ℓ；此時都恰有一解！

例題 4 若 $\triangle ABC$ 中，$|\angle B| = 2*|\angle A|$，則：

$$AC^2 = BC^2 + AB*BC$$

（**解**） 待證式右側 $= BC*(BC+AB)$

如下圖左，我們將 $\overline{CB}$ 延長到點 D，使得：$BD = BA$，則待證式成為：

$$AC^2 = BC * (BC + BD) = BC * CD$$

這是圓冪定理的一形！所以可以這樣子證明：

今已有 $|\angle BAD| = |\angle ADB|$，則：

$$2 * |\angle BAC| = |\angle ABC| = |\angle BAD| + |\angle ADB| = 2 * |\angle BAD|$$

$$故：|\angle BAC| = |\angle BAD| = |\angle ADB|$$

由弦切角定理，若作外接圓 $c = \odot(ABD)$，則 $\overline{AC}$ 為其切線！因而：

$$CA^2 = CB * CD$$

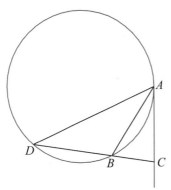 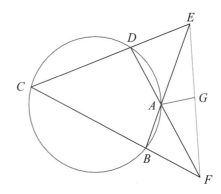

左：例題 4；右：例題 5

 例題5 若圓內接四邊形 $ABCD$ 的兩雙對邊交點為：

$$E \overset{\in}{=} \overrightarrow{BA} \cap \overrightarrow{CD} , F \overset{\in}{=} \overrightarrow{DA} \cap \overrightarrow{CB}$$

今由此兩點各作切線 $\overline{ES}, \overline{FT}$，則：

$$ES^2 + FT^2 = EF^2$$

(解) 如上圖右，我們不畫出兩切線 $\overline{ES}, \overline{FT}$，因為它們沒有用！它們的功用只是「切線長為圓冪」而已！

今自 A 作一線 $\overrightarrow{AG}$，使得：

$$|\angle FAG| = |\angle FEC|$$

而它和 $\overline{EF}$ 交於 G 點；我們這樣作，意思就是：A, D, E, G 四點共圓 d

如此，F 點對它的冪就是

$$FG * FE = \varpi\,(F;\,d) = FA * FB = \varpi\,(F;\,c) = FT^2 \quad (i)$$

另一方面，由共圓 d, c，故：

$$|\angle AGE| = |\angle FDC| = |\angle FBA|$$

因此：A, B, F, G 四點共圓 e，因而，E 點對它的冪就是

$$EG * FE = \varpi\,(E;\,e) = EA * EB = \varpi\,(E;\,c) = FS^2 \quad (ii)$$

$(i) + (ii)$，則得：

$$FT^2 + ES^2 = FG * FE + EG * FE = EF^2$$

3.5.3 三角形的分角線長

【已給三邊長的三角形】

設 $\triangle ABC$ 的三邊長為：

$$BC = a,\ CA = b,\ AB = c$$

我們已經知道中線長為：

$$AL = \frac{1}{2}\sqrt{2b^2 + 2c^2 - a^2}$$

高線長為：

$$AU = \frac{2\sqrt{s(s-a)(s-b)(s-c)}}{a}$$

現在要計算分角線長 AD。

下圖左中，$|\angle BAD| = |\angle DAC|$，我們先畫外接圓 $\odot(O) = \odot(ABC)$，又設：分角線長 $\overrightarrow{AD}$ 交 $\odot(O)$ 於 T 點；因為 $|\angle BCT| = |\angle BAT|$，我們有：

$$\triangle ABD \sim \triangle ATC$$

於是：

$$AB : AT = AD : AC$$

因而：

$$AB * AC = AD * AD + AD * DT = AD * AD + BD * DC$$

但是我們已經知道，割比

$$BD : DC = AB : AC = c : b\ ;\ BD = \frac{c}{b+c} * a\ ;\ DC = \frac{b}{b+c} * a$$

因此得到：

$$AD^2 = b*c - \frac{b*c}{(b+c)^2}*a^2$$

亦即：

$$AD = \frac{2\sqrt{a*b*s*(s-a)}}{(b+c)}$$

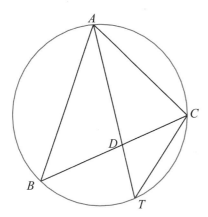
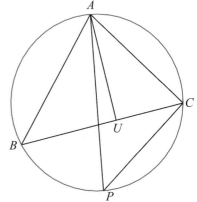

左：三角形的分角線長；右：外接圓半徑

【內切圓半徑】

內心 I 到三邊的距離相同，記做 r，那麼以此為半徑，以 I 為心，所畫的圓就內切於三邊，因此，這圓是內切圓，而 r 是內切圓半徑；若計算面積

$$|\triangle ABC| = |\triangle IBC| + |\triangle ICA| + |\triangle IAB| = \frac{a*r+b*r+c*r}{2} = s*r$$

就算出：

$$r = \frac{|\triangle ABC|}{s} = \sqrt{\frac{(s-a)(s-b)(s-c)}{s}}$$

同理算出旁切圓半徑

$$r_a = \sqrt{\frac{s(s-b)(s-c)}{s-a}}$$

【外接圓半徑】

如上圖右，若作外接圓 $\odot(O) = \odot(ABC)$ 的直徑 $\overline{AP}$（其長度為 $2*R$），以及高線 $\overline{AU}$（其長度為 h_A），則有：

$$\triangle ABU \sim \triangle APC \;;\; AB:AP = AU:AC$$

即：$2R = \dfrac{b*c}{h_A}$，因此：

$$R = \frac{a*b*c}{4\sqrt{s(s-a)(s-b)(s-c)}}$$

 已知三角形的邊長 $a = 10$，$b = 17$，$c = 21$，求：A 的中線長、高線長，及

分角線長。也一併算算：內切圓半徑、外接圓半徑！

3.6 圓與圓

3.6.1 兩圓的割離切

【兩圓關係】

兩個圓 $c_1 = S(A, r_1)$, $c_2 = S(B, r_2)$ 之間的關係，純粹由兩個半徑 r_1, r_2 以及圓心距 $r = AB$ 決定！

半徑長可以相等，也可以不等，所以我們先討論 $r_1 = r_2$ 的兩等圓。

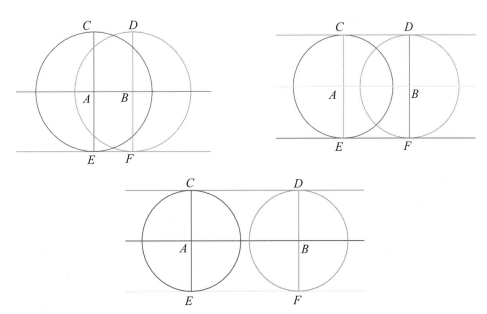

兩個等圓的外公切線

【定理：等圓的外公切線】

若兩個圓 c_1, c_2 的半徑長相等：$r_1 = r_2$，那麼一定有兩條外公切線，與連心線平行！

證 作兩圓的直徑 $\overline{CE}, \overline{DF}$ 與連心線 $\overleftrightarrow{AB}$ 垂直，假設：C, D 兩點在連心線的同側，而 E, F 兩點在連心線的另側；依假設，$AC = BD$，於是 $ABDC$ 是矩形，（$ABFE$ 也是矩形，）故：

$$\overline{CD}//AB, \overline{CD} \perp \overline{AC}, \overline{CD} \perp \overline{BD}$$

那麼：$\overline{CD}$ 是 c_1, c_2 的切線！

現在：（$0<$）$r_2 \leq r_1$。我們將從 $r=0$ 開始，讓 r 慢慢增大，看看有幾種情況。

【同心圓】

若 $r=AB=0$，圓心相同：$A=B$，這兩圓是同心兩圓，此時，c_2 完全在 c_1 的內部！或者說：

$$\overline{D}(B, r_2) \subset D(A, r_1)$$

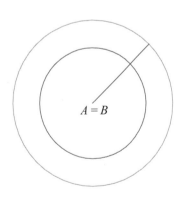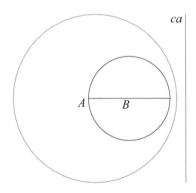

一圓含於一圓內部，左：同心，右：不同心

【一圓含於一圓內部】

若是：$0 < r < r_1 - r_2$，對於 c_2 上的任何一點 P，都有：

$$PB = r_2, PA \leq AB + PB = r + r_2 < r_1, P \in \mathbb{D}(A, r_1)$$

因此，c_2 完全在 c_1 的內部！（仍然有上式。只是不「同心」！）

註 上圖右中的直線 ca，就是所謂的「兩圓的根軸」。見後述。

【兩圓內切】

如果 r 慢慢增加，到了 $r = r_1 - r_2$ 時，「圓心距等於半徑差」，連心射線 $\overrightarrow{AB}$ 與大圓的交點設為 G，那麼：

$$AG = r_1, BG = AG - AB = r_1 - r = r_2$$

因此：G 是兩圓的交點；這是唯一的交點！因為，對於小圓 c_2 上的其他點 P，P 都在圓 c_1 的內部：

$$AP < AB + BP = r + r_2 = r_1$$

自 G 作 $\overleftrightarrow{ABG}$ 的垂線，則它是過圓上一點而與該半徑垂直者，因此是圓 c_1，c_2 的公切線！（當然也是只此一條！）

註 如果固定 $r_2 < r_1$，讓 r 從 0 慢慢增加，那麼，當它越過 $r_1 - r_2$ 時，兩圓關係有了**劇變**！

從「零交點」，經過「一交點」，變成「兩交點」。

從「零公切線」，經過「一公切線」，變成「兩公切線」。

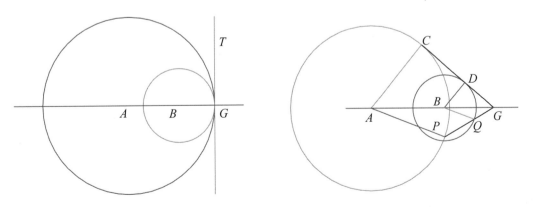

左：兩圓內切的公切線，右：相割兩圓的外公切線

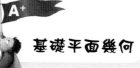

【兩圓相割】

如果：$r_1 + r_2 > r > r_1 - r_2 > 0$。我們可以用 $r_1 = AU$, $r_2 = BU$, $r = AB$ 為三邊長，作出三角形，實際上，對於固定的邊 $\overline{AB}$，應該有兩個，不同側而合同：

$$\triangle ABU \cong \triangle ABV$$

交點弦 $\overline{UV}$ 就是後述的兩圓之根軸（暫時擱置）；我們現在思考它們的公切線；如下圖左看得出來：公切線段有兩條 $\overline{CD}$ 與 $\overline{EF}$，各在連心線 $\overleftrightarrow{AB}$ 的一側；我們設：$C, E \in c_1$；$D, F \in c_2$；這兩條公切線 $\overleftrightarrow{CD}$ 與 $\overleftrightarrow{EF}$ 與連心線 $\overleftrightarrow{AB}$ 三線共點（於 G）。問題是：怎麼作圖？怎麼證明？

分析起來：兩半徑 $\overline{AC}, \overline{BD}$ 各與切線 $\overline{CD}$ 垂直，因此兩者平行；但半徑不等長：$AC = r_1 > BD = r_2$，因此可以求出 $\overleftrightarrow{CD}$ 與連心線 $\overleftrightarrow{AB}$ 唯一的交點 G，而且，由於 $|\angle CAG| = |\angle DBG|$，有相似直角三角形：

$$\triangle ACG \cong \triangle BDG$$

那麼：

$$AG : BG = r_1 : r_2$$

$\overleftrightarrow{AB}$ 上的 G 點，可以就此決定！

真正的作圖步驟如下：

- 從兩圓圓心 A, B，任意作平行的半徑（例如說，與連心線垂直的）。

$$\overline{AP}/\!/\overline{BQ}$$

把兩點 P, Q 連起來，與連心線 $\overleftrightarrow{AB}$ 相交於 $G \overset{\in}{=} Eq \overleftrightarrow{AB} \cap \overleftrightarrow{PQ}$。（我們要證明它在兩圓的外部！）

- 於是，從 G 點作圓 c_1 的兩條切線 $\overleftrightarrow{GC}, \overleftrightarrow{GE}$。（我們要證明：它們也是圓 c_2 的切線！）這就大功告成了！

- 為何 $\overleftrightarrow{PQ}$ 與連心線 $\overleftrightarrow{AB}$ 會相交？這是因為：兩者絕不平行！（否則 $ABQP$ 成為平行四邊形，違背了 $r_1 = AP > BQ = r_2$。）

那麼：$\triangle PAG \sim \triangle QBG$，從而：

$$AG : BG = PA : BQ = r_1 : r_2$$

【兩圓的外切交點】

G 是「（連心）線段 $\overline{AB}$ 的，割比 $r_1 : r_2$ 的，外分點」，稱為兩圓的「外切交點」。（我們也看出：$\overline{AP}/\!/\overline{BQ}$ 其實相當任意！G 純由 $r_1 : r_2$ 決定！）

（當然 G 一定是在 $\overrightarrow{AB}$ 這邊，不是 $\overrightarrow{BA}$ 那邊！）

作出 c_1 的切線 $\overrightarrow{GC}$ 之後，由 B 作出：

$$\overline{BD}/\!/\overline{AC}$$

交到 $\overline{GA}$ 上的點 D，繼續有：

$$\triangle GAC \sim \triangle GBD$$

那麼：$|\angle GDB| = |\angle GCA| = 90°$，而且：

$$BD : AC = GB : GA = r_2 : r_1$$

$$AC = r_1，故 BD = r_2$$

故 $D \in c_2$，而由於 $\overline{BD} \perp \overrightarrow{GDC}$，因此：$\overrightarrow{GDC}$ 果然是切線！

同理，$\overrightarrow{GFE}$ 也是公切線！（但是圖中不畫了！）

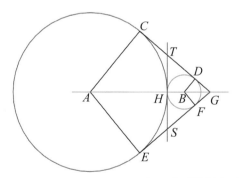 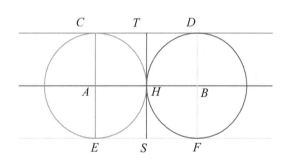

左：兩圓外切的公切線，右：等圓外切

【兩圓外切】

如果 r 繼續慢慢增加，到了 $r = r_1 + r_2$ 時，「圓心距等於半徑和」，兩圓如果有一個交點 H，則因

$$AH = r_1, BH = r_2, AB = r = r_1 + r_2 = AH + HB$$

H 是唯一的！且在連心線段 $\overline{AB}$ 上。我們過此點作連心線的垂線

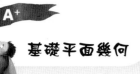

$\overrightarrow{SHT}$，它將是兩圓的唯一條「內」公切線！

另外一方面說，我們照樣可以作出「線段 $\overrightarrow{AB}$ 的，割比 $r_1 : r_2$ 的，外分點」G。然後作出兩條「外」公切線 $\overrightarrow{GDC}, \overrightarrow{GFE}$，它們與連心射線 $\overrightarrow{AB}$ 共交點 G。「內」公切線 $\overrightarrow{SHT}$ 與兩條「外」公切線 $\overrightarrow{GDC}, \overrightarrow{GFE}$，分別交於 T, S；結果，「切線長相等」：

$$CT = TD = SF = TH = HS = SE$$

註 如果保持兩圓外切 $r = r_1 + r_2$，但是慢慢增加小圓的半徑，則兩條「外」公切線 $\overrightarrow{GDC}, \overrightarrow{GFE}$ 的交點 G，將於連心射線 $\overrightarrow{AB}$ 上往外移動！在 $r_2 = r_1$ 時，點 G 跑到無窮遠，兩條「外」公切線平行，也平行於連心線，這是前此已經講過的：

$$\overrightarrow{CTD} /\!/ \overrightarrow{ESF}$$

多了一條與之垂直的內公切線 $\overrightarrow{THS}$。

【兩圓盤相離】

如果圓心距超過兩半徑之和 $r > r_1 + r_2$，就變成：「兩圓（盤）相離」，因為：當 $PA \le r_1, PB \le r_2$ 時，就不可能有：

$$r = AB \le PA + PB \le r_1 + r_2$$

我們同樣可以作出兩條外公切線：$\overrightarrow{GDC}, \overrightarrow{GFE}$，與連心線 $\overrightarrow{AB}$，三線共點！

但是這兩圓 $c_1 = S(A, r_1)$，$c_2 = S(B, r_2)$，另外還有兩條「內」公切線，這裡的內外之分，指的是：兩圓會在內公切線的不同側，但會在外公切線的同一側。

分析這兩條「內」公切線的道理，與「外」公切線的情形差不多：假設有「內」公切線 $\overline{IJ}$，切點是 $I \in c_1$, $J \in c_2$，它與連心線段 $\overline{AB}$ 相交於 H，則因 $\overline{AI} \perp \overline{IJ}$，$\overline{BJ} \perp \overline{IJ}$，因此，直角三角形相似：

$$\triangle AIH \sim \triangle BJH$$

那麼，可以作圖定出割點 $H \in \overline{AB}$，使得：

$$AH : HB = r_1 : r_2$$

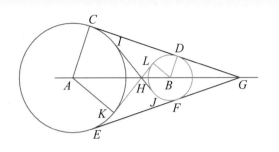 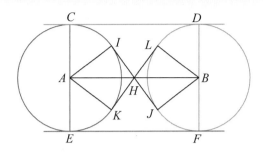

左：相離兩圓的內外公切線，右：等圓

【兩圓的內切交點】

H 是「（連心）線段 $\overline{AB}$ 的，割比 $r_1 : r_2$ 的，內分點」，稱為兩圓的「內切交點」。

由 H 對圓 c_1 作切線 $\overleftrightarrow{HIJ}, \overleftrightarrow{HKL}$，再從 B 處作平行線

$$\overleftrightarrow{BJ} /\!/ \overline{AI}, \overleftrightarrow{BL} /\!/ \overline{AK}$$

就可以得到直角三角形相似：

$$\triangle AIH \sim \triangle BJH, \triangle AKH \sim \triangle BLH$$

因此：

$$BJ : AI = BH : AH = r_1 : r_2$$

$$故\ BJ = r_2，同理\ BL = r_2$$

那就證明了：$\overline{HJ}, \overline{HL}$ 也都是圓 c_2 的切線。

【相離兩等圓】

若 $r_1 = r_2 < \dfrac{r}{2}$，這是相等兩圓不相交的情形：內切交點 H 是連心線段 $\overline{AB}$ 的中點，而外切交點 G 是「無限遠點」。

📋 任意給了半徑不同的兩個圓，不管是否有「內公切線」、「外公切線」，但是，「外切交點」G、「內切交點」H，都存在！非常奇怪：事實上，這兩個圓，一定有兩條「內公切線」，只不過可能是虛的！即使是虛的兩條直線，其交點 H 卻是實的！同樣地，這兩個圓，也一定有兩條「外公切線」，只不過可能是虛的！即使是虛的兩條直線，其交點 G 卻是實

的。

若用平直（向量）幾何的記號，則：

$$G = \frac{r_2 * A - r_1 * B}{r_2 - r_1}$$

$$H = \frac{r_2 * A + r_1 * B}{r_2 + r_1}$$

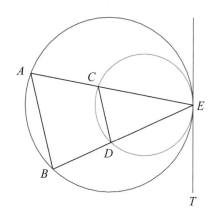
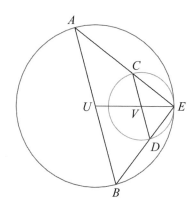

兩圓內切，左：例題1，右：習題1

 例題1 　梯形 $ABDC$ 兩腰延長交於 E 點；求證：$\triangle ECD, \triangle EAB$ 的外接圓 c_1, c_2 相內切於 E。

🔍 （驗明正身法！）在 E 點作出對於 c_2 的切線 $\overrightarrow{ET}$，由弦切角定理，

$$|\angle BAE| = |\angle BET|$$

但由同位角定理，

$$|\angle DCE| = |\angle BAE| = |\angle BET| = |\angle DET|$$

故 $\overrightarrow{ET}$ 亦為圓 c_1 的切線！故兩圓 c_1, c_2 相切於 E！

習題1 　假設兩圓 c_1, c_2 相內切於 E，且各有直徑 $\overline{CD}, \overline{AB}$，兩者相平行，求證：$A, C, E$ 三點共線！

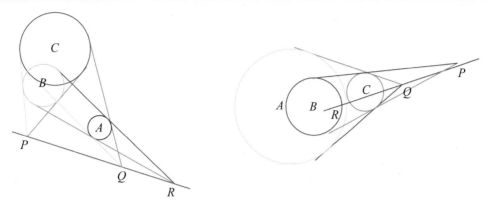

三圓問題，左：正常，右：虛的外公切線

【著名的三圓問題之一】

假設有三個不等的圓：$c_1 = S(A, r_1)$，$c_2 = S(B, r_2)$，$c_3 = S(C, r_3)$，而兩兩有外切交點

$$P = G(c_2, c_3)，Q = G(c_3, c_1)，R = G(c_1, c_2)$$

則 P, Q, R 三點共線！

註 若用平直（向量）幾何的記號，則：

$$P = \frac{r_2 * C - r_3 * B}{r_2 - r_3}$$

$$Q = \frac{r_3 * A - r_1 * C}{r_3 - r_1}$$

$$R = \frac{r_1 * B - r_2 * A}{r_1 - r_2}$$

$$Q = \frac{r_1(r_2 - r_3)}{r_2(r_3 - r_1)} * P + \frac{r_3(r_1 - r_2)}{r_2(r_3 - r_1)} * R$$

實際上證明是很容易的：c_2, c_3 兩圓的外公切線交於 P 點，因而 B, C, P 三點共線；在此半線 $\overrightarrow{PB}$ 上，可取一點 D，使得：

$$PD : PC : PB = r_1 : r_3 : r_2$$

以 D 為心而作圓使與 c_2, c_3 有共同外公切線；則其半徑就是 r_1，（圖中沒有畫出！）然則，比較 $\triangle CPQ, \triangle CDA$，

$$PD : PC = r_1 : r_3 = QA : QC$$

這就保證：

$$\overleftrightarrow{DA} /\!/ \overleftrightarrow{PQ}$$

同理，比較△BPR, △BDA，就得：

$$\overleftrightarrow{DA} /\!/ \overleftrightarrow{PR}$$

因此，P, Q, R 三點共線！

上圖右中，圓 c_2 包在圓 c_1 的內部！外切交點是 R，但這兩圓的外公切線是虛的！

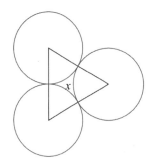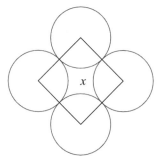

相切圓之間隙，左：三圓，右：四圓

習題2 若有三個圓 c_1, c_2, c_3，半徑相同而兩兩互切，求其間的間隙之面積！

習題3 若有四個圓 c_1, c_2, c_3, c_4，半徑相同而輪序互切，求其間的間隙之面積！

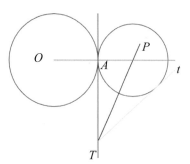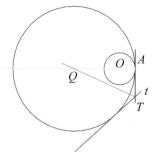

例題2（作圖題），左：外切，右：內切

例題2 （作圖題）

已給一圓⊙ (O)，及其上一點 A，另外，又給了圓外的一條直線 t；求作一圓，切於 t，也切⊙ (O)於點 A。

所求的圓⊙ (P)，圓心 P 在直線 $\overleftrightarrow{OA}$ 上，公切線 $\overleftrightarrow{AT} \perp \overleftrightarrow{OA}$，設兩直線的交點為

$$T \overset{\in}{=} \overleftrightarrow{OA} \cap \overleftrightarrow{AT}$$

今⊙ (P) 與這兩線相切，這樣，其圓心 P 點在分角線 $\overleftrightarrow{PT}$ 上；於是，P 是分角線 $\overleftrightarrow{PT}$ 與直線 $\overleftrightarrow{OA}$ 的交點！

定出圓心 P 之後，半徑 PA 就決定了！

只是要注意，分角線有兩種可能：所求圓⊙ (P) 與已給的圓⊙ (O)，可能外切（如上圖左的⊙ (P)），也可能（如上圖右的⊙ (Q)）內切！

3.6.2 兩圓的根軸

【問題 1】

給了三個圓 c_1, c_2, c_3，試求一點 P，使得：它到三個圓的切線長都相等！

這個問題讓我們想到（幾個）有關的而且更簡單的問題！

我們已經知道：當點在圓的內部時，幾何上沒有切線，（我們可以解釋為虛切線，）當點在圓的外部時，幾何上有切線，而且「切線長的平方」是此點對於圓的冪，因此，一個簡單的辦法是：改變原來的問題！改為：

【問題 2】

給了（不同圓心的）兩個圓 c_1, c_2，什麼樣的點 P，會使：它對這兩者的圓冪相等：

$$\varpi (P, c_1) = \varpi (P, c_2)$$

（幾何：給了兩個圓 c_1, c_2，什麼樣的點 P，到這兩個圓的切線長相等？）

【兩相交圓的交點弦】

假設：這兩個圓 $c_1 = S(A, r_1), c_2 = S(B, r_2)$ 相交，交點是 U, V；於是，它們都是答案！因為：「圓上的點，切線長為零」！所以，U, V 對於這兩個圓的切線長都是零，當然相等！

假設：弦 $\overline{UV}$ 與連心線段 $\overline{AB}$ 相交於 W，則由 Steiner 定理，對於此弦的延長線 $\overleftrightarrow{UV}$ 上的任何一點 P，都有：

$$\varpi(P, c_1) = \varpi(W, c_1) + WP^2$$

$$\varpi(P, c_2) = \varpi(W, c_2) + WP^2$$

$$因此：\varpi(P, c_1) = \varpi(P, c_2)$$

所以問題 2 好像有了解答：在弦的延長線 $\overleftrightarrow{UV}$ 上的任何一點 P，都滿足所求！

【問題 3】

我們還是有一點點困擾：如果點 P 滿足了：$\varpi(P, c_1) = \varpi(P, c_2)$，它一定在此線上嗎？

實際上，若有這個式子，我們就作 P 到連心線 $\overleftrightarrow{AB}$ 的垂足 R，由 Steiner 定理，

$$\varpi(P, c_1) = \varpi(R, c_1) + RP^2$$

$$= \varpi(P, c_2) = \varpi(R, c_2) + RP^2$$

$$故 \varpi(R, c_1) = \varpi(R, c_2)$$

然後考慮：在這垂線 $\overleftrightarrow{PR}$ 上的任何一點 Q，再用一遍 Steiner 定理，

$$\varpi(Q, c_1) = \varpi(R, c_1) + QR^2$$

$$\varpi(Q, c_2) = \varpi(R, c_2) + QR^2$$

$$故 \quad \varpi(Q, c_1) = \varpi(Q, c_2)$$

我們得到了結論：

【補題】

如果有一點 P 滿足了：$\varpi(P, c_1) = \varpi(P, c_2)$，那麼其他的點 Q 也會滿足，只要 $\overrightarrow{PQ} \perp \overrightarrow{AB}$。

現在假定：W, R 都滿足這樣的等冪條件，而且都在連心線 $\overleftrightarrow{AB}$ 上，那麼我

們可以證明：$R = W$。

事實上這只是簡單的計算！

(i)　$\varpi(R, S(A, r_1)) = AR^2 - r_1^2 = \varpi(R, S(B, r_2)) = BR^2 - r_2^2$

(ii)　$\varpi(W, S(A, r_1)) = AW^2 - r_1^2 = \varpi(W, S(B, r_2)) = BW^2 - r_2^2$

故　$AR^2 - AW^2 = BR^2 - BW^2$

如果取坐標系，以 A 為原點，$B = c > 0$，而 $W = w, R = v$，則有：

$$v^2 - w^2 = (c - v)^2 - (c - w)^2 = (w - v) * (2c - v - w)$$

如果 $v - w \neq 0$，則約掉這個因式，就成了：$v + w = v + w - 2c$；$c = 0$，意思是圓心 $A = B$，這不合假定！

因此我們已經解決了問題 2：如果兩圓相交，則對這兩圓等冪的點 P，恰恰就是交點弦的延長線 $\overleftrightarrow{UV}$ 上的點！

【兩圓的根軸】

所以我們定義兩（不同圓心 $A \neq B$）圓 $c_1 = S(A, r_1)$，$c_2 = S(B, r_2)$ 的「根軸」為：「對之有相同圓冪的那些點 P 的集合」，這一定是一條垂直於 $\overleftrightarrow{AB}$ 的直線，而根軸與連心線的交點 W，可以稱為兩圓的「等冪心」。不論兩圓是否相交，只要找到根軸上的任一點，就決定了這條根軸！

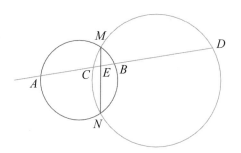 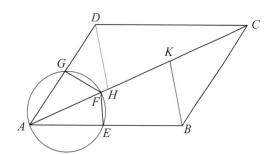

兩圓的根軸：例題 1 與例題 2

例題 1 兩圓 $c_1 = \odot(AMBN)$, $c_2 = \odot(CMDN)$ 相交於兩點 M, N，過公弦 $\overline{MN}$ 上一點 E，畫一直線，交 c_1 於 A, B，交 c_2 於 C, D，則有：

$$AC : CE = DB : BE$$

 點 E 在兩圓根軸 $\overline{MN}$ 上，故：

$$AE*BE = CE*DE \quad (i)$$

待證式只是：

$$AC*BE = CE*DB；即 (AE-CE)*BE = CE*(DE-BE) \quad (ii)$$

從 (i) 式兩側都減去 $CE*BE$，就得 (ii) 式。

註 這裡很有趣：如果標誌 A, B 顛倒了，又如何？

如圖，待證式改為：

$$AC*BE = CE*DB；即 (AE+CE)*BE = CE*(DE+BE) \quad (ii)$$

那就只是從 (i) 式兩側都加上 $CE*BE$。

例題2 一圓 c，經過平行四邊形 $ABCD$ 的頂點 A，而與 $\overline{AB}, \overline{AC}, \overline{AD}$ 各交於

點 E, F, G；試證：

$$AD*AG + AB*AE = AC*AF$$

 設 $\odot(DGF)$ 與 $\overrightarrow{AC}$ 交於 H 點；換句話說：

$$|\angle ADH| = |\angle AFG| \quad (i)$$

於是：

$$AG*AD = AF*AH \quad (ii)$$

同樣地，設 $\odot(FEB)$ 與 $\overrightarrow{AC}$ 交於 K 點，換句話說：

$$|\angle AFE| = |\angle ABK| \quad (iii)$$

於是：

$$AB*AE = AF*AK \quad (iv)$$

$(i) + (iii)$ 則：

$$|\angle AFG| + |\angle AFE| = |\angle ADH| + |\angle ABK|$$

左側 $= 180° - |\angle DAB| = |\angle ABC|$；因此 $|\angle ADH| = |\angle CBK|$；這就保證了：

$$\triangle ADH \cong \triangle CBK \quad (iv)$$

$(ii) + (iv)$ 則：

$$AG*AD + AB*AE = AF*AH + AF*AK = AF*(AH+(AC-CK)) = AF*AC$$

3.6.3 根心

【三圓的根心】

所以原則上我們已經解決了前節的問題 1：

先求出兩圓 c_1, c_2 的根軸 ℓ，再求出兩圓 c_1, c_3 的根軸 m，它們的交點 $P \underset{=}{\in} \ell \cap m$，就是所求的解答！我們稱之為此三圓的根心。

📑 當然這個解答不一定是我們想要的！如果根心在圓的內部，幾何上就作不出切線了！

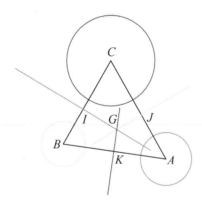 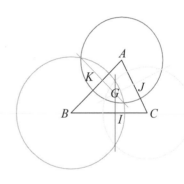

三圓的根心，左：切線等長，右：交弦共點

【問題 1：退化的狀況】

如果上述的 ℓ, m 兩線平行，當然沒有根心！問題無解。這情形，必然是：三個圓心在一條線上！

此時，要嘛無解，要嘛有無限多的解：$\ell = m$，兩個根軸重合，而三圓是共軸三圓。

【問題 2】

給了三個圓 c_1, c_2, c_3，而且兩兩相交，求證：兩兩的交點弦，三線共點！

 當然這一點是根心。我們知道：這些只是圓冪定理的結論！

用圓冪定理，我們可以由的 c_2, c_3 的公弦 $\overline{PQ}$，及 c_3, c_1 的公弦 $\overline{RS}$，求出交

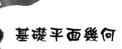
點 G（用驗明正身法！），於是驗證它在 c_1, c_2 的公弦 $\overline{UV}$ 上！如何驗明正身？

今在 c_1, c_2 的兩交點 U, V 中，任擇一個，如 U，連 $\overrightarrow{UG}$，它會與 c_1 再交於 X，它會與 c_2 再交於 Y，但由圓冪定理，

$$OU * OX = OP * OQ = OR * OS = OU * OY$$

於是：$X = Y$，因而就是交點 V。

【問題 3：（根軸作圖）】

不相交兩圓 c_1, c_2 的根軸，如何作圖？

 （相交兩圓的根軸就是交點弦，不用計算就畫出來了！）今若有三個圓，（圓心不共線，）則兩兩的根軸，三線共點於根心，所以我們只要畫一圓 c_3，與這兩圓都相交割，則馬上由交點弦畫出 (c_1, c_3) 的根軸 ℓ_2，以及 (c_2, c_3) 的根軸 ℓ_1，它們的交點就是三個圓的根心 P。

若換 c_3 為另一個圓 c'_3，又得另一個根心 P'，這兩個根心的連線，$\overleftrightarrow{PP'}$，就是 c_1, c_2 的根軸。

當然你也可以由 P 點直接作：它到兩圓連心線的垂線！這就是所求！

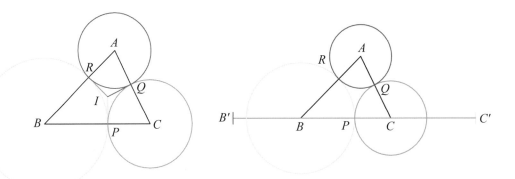

左：三圓相切的根心；右：三圓相切的作圖

【問題 4】

若三圓 $\mathbb{S}(A, r_1)$，$\mathbb{S}(B, r_2)$，$\mathbb{S}(C, r_3)$ 相外切，其根心 I 為何？

這當然是非常特別的狀況！此時設：兩兩的切點為

$$P \in \overline{BC}, Q \in \overline{CA}, R \in \overline{AB}$$

則切線長相等：

$$IP = IQ = IR$$

而

$$\overline{IP} \perp \overline{BC}, \cdots\cdots$$

故：

$$\triangle ICP \cong \triangle ICQ$$

$\overline{IC}$ 是 $\angle BCA$ 的分角線，（等等，）因此：I 是 $\triangle ABC$ 的內心！

【問題 5（三圓相切的作圖題）】

若已給三點，試以之為圓心，各畫一圓，而都相切！

 這當然就是上一題！觀點不同而已！

事實上，若三邊長為：

$$BC = a, CA = b, AB = c$$

而三圓的半徑為 r_a, r_b, r_c，則：

$$a = r_b + r_c，b = r_c + r_a，c = r_a + r_b$$

因此：

$$a + b + c = 2(r_a + r_b + r_c)$$

記半周長為：$s = \dfrac{a+b+c}{2} = r_a + r_b + r_c$

則：$r_a = s - a，r_b = s - b，r_c = s - c$

實際的作圖，利用圓規直尺，遠比上述簡單！

● 延長 BC 邊，在此直線上，$\overline{BC}$ 的外側，各取點 B', C'，使得：

$B'B = AC, CC' = AB$；故 $2*s = a + b + c = A'C'$。

● 取 $B'C'$ 的中點 P，則：

$$B'P = PC' = s；BP = s - B'B = s - b = r_b；PC = r_c$$

所以用圓規，馬上在 $\overrightarrow{BA}$ 上截出：$R，BR = r_b = BP$

在 $\overrightarrow{CA}$ 上截出：$Q，CQ = r_c = PC$

○用圓規，馬上畫出：

$$\odot B = S(B, r_b) = S(B, BR), \quad \odot C = S(C, r_c) = S(C, CQ)$$

當然：$r_a = AQ = AR$，馬上畫出：$\odot A = S(A, r_a) = S(A, AQ)$

3.7 著名的圖形

3.7.1

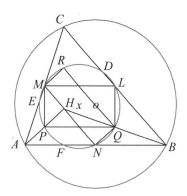 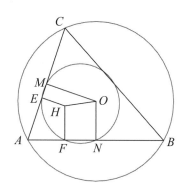

九點圓，九點圓心

註 左圖中，垂線 $\overline{APHD}, \overline{BQHE}$ 都只畫到 $\overline{APH}, \overline{BQH}$，而 $\overline{CRHF}$ 根本沒畫！外心與九點圓心標記在 o, x 處。

【定理】

對於 $\triangle ABC$，

三邊上的中點為 L, M, N

三邊上的垂足為 D, E, F

三高上的垂頂中點為 P, Q, R

這九點共圓！九點圓心在外心 O，重心 G，垂心 H 的 Euler 線段上，恰在中點處！九點圓的半徑是外接圓半徑的一半！

 其實我們已經證過 Euler 線段定理：外心 O，重心 G，垂心 H，三點共線，且割比是 $\dfrac{2}{3} : \dfrac{1}{3}$。

這就有了許多平行四邊形：

$$HPNQ, HQLR, HRMP$$

$$MNQR, NLRP, LMPQ$$

後一列是矩形！而且：矩形 $MNQR, LMPQ$ 有相同的對角線 $\overline{MQ}$；那麼以之為直徑而畫圓，就通過兩矩形的所有頂點！別的內接矩形的對角線也可以作為直徑！因此它通過這九點！

因為這九點圓是 $\triangle LMN$（$\sim \frac{1}{2}\triangle ABC$）的外接圓，它的半徑是外接圓半徑的一半！

最後看右圖的兩個一直腰梯形 $MEHO, FNOH$，九點圓的圓心是兩弦 $\overline{ME}$, $\overline{FN}$ 的中垂線的交點！因此是 $\overline{HO}$ 的中點！

3.7.2 圓內接四邊形

【四邊形與邊長】

假設給了三邊形 ABC 的三邊長：

$$AB = c, BC = a, CA = b$$

我們可以就此確定它：根據 sss 定理，若有另外一個三邊形 PQR，有同樣的三邊長：

$$PQ = c, QR = a, RP = b$$

那麼，兩者「合同」：

$$\triangle ABC \cong \triangle PQR$$

那麼，四邊形又如何？假設給了四邊形 $ABCD$ 的四邊長：

$$AB = a, BC = b, CD = c, DA = d$$

我們並不能就此確定它！（還有一個自由度！）

因此沒有「四邊形的面積用邊長來表達的 Heron 公式」？！

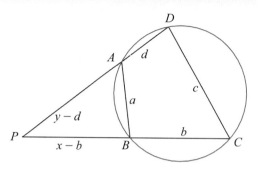

Brahmagupta 的面積公式

【Brahmagupta 的面積公式】

若四邊形 $ABCD$ 內接於一圓，則有類似於 Heron 的公式：

令半周長為 $s = \dfrac{1}{2}(a+b+c+d)$，於是

$$|ABCD| = \sqrt{(s-a)(s-b)(s-c)(s-d)}$$

請注意到：若令 $d=0$，則得到 Heron 公式。

 如上圖，延長 $\overrightarrow{DA}, \overrightarrow{CB}$，得交點 $P \overset{\in}{=} \overrightarrow{DA} \cap \overrightarrow{CB}$；又令：

$$x = PC;\ y = PD$$

要點之一是：我們可以用 Heron 的公式到△PCD。（以及△PAB，但這變得不太需要！）

要點之二是：我們有相似形：

$$\triangle PCD \sim \triangle PBA$$

就可以用 a, b, c, d 表達出 x, y。

要點之三是：我們不一定要完整寫出來(x, y)，因為它們只是「過渡性的變數」！我們的目的只是四邊形的面積。

● 由 Heron 的公式：

$$4*|\triangle PCD| = \sqrt{(x+y+c)(y-x+c)(x+y-c)(x-y+c)}$$

● 由△$PCD \sim \triangle PBA$，故：

$$\frac{x}{c} = \frac{y-d}{a}\ ;\ \frac{y}{c} = \frac{x-b}{a}$$

你可以看成聯立一次方程而解出：

$$x = \frac{c(cb+ad)}{c^2-a^2} \;\; ; \;\; y = \frac{c(ab+cd)}{c^2-a^2}$$

你可以算出：

$$x+y = \frac{c(b+d)}{c-a} \;\; ; \;\; x-y = \frac{c(b-d)}{c+a}$$

因而：

$$x+y+c = \frac{c(b+d+c-a)}{c-a} = \frac{c*2*(s-a)}{c-a}$$

$$x+y-c = \frac{c(b+d-c+a)}{c-a} = \frac{c*2*(s-c)}{c-a}$$

$$x-y+c = \frac{c(b-d+c+a)}{c+a} = \frac{c*2*(s-d)}{c+a}$$

$$y+c-x = \frac{c(d+c+a-b)}{c+a} = \frac{c*2*(s-b)}{c+a}$$

代入之後：

$$4*|\triangle PCD| = \frac{c^2}{c^2-a^2}\sqrt{(2s)*(2(s-a))*(2(s-b))*(2(s-c))*(2(s-d))}$$

● 但是，面積比為：

$$|\triangle PAB| : |\triangle PCD| = a^2 : c^2$$

再利用：

$$ABCD = \triangle PCD \diagdown \triangle PAB$$

$$|ABCD| = \frac{c^2-a^2}{c^2}*|\triangle PCD|$$

這就證明了公式！

【Brahmagupta 定理】

圓內接四邊形 $ABCD$ 的對角線若正交，則由交點 O 到一邊 $\overline{CD}$ 的垂線 $\overline{OR}$，反向延伸將平分對邊 $\overline{AB}$！

事實上，如此得到四邊的垂足 P, Q, R, S，與中點 E, F, G, H，共八點，都在同一圓上！

 今 $\overrightarrow{OR} \perp \overline{CD}$，而與 $\overline{AB}$ 交於 E，於是：

$$|\angle COR| = |\angle AOE| \text{（對頂角）}$$

$$= 90° - |\angle ROD| = |\angle ODR|$$

$$= |\angle BAC| \text{（同位角）}$$

因此　　$EO = EA$

同理：$EO = EB$，於是同理證明其它的 $\overleftrightarrow{POG}, \overleftrightarrow{QOH}, \overleftrightarrow{SOF}$。

要證明八點共圓，其實很容易：今由中點三角形定理，

$$\overline{EF} \overset{//}{=} \frac{1}{2}\overline{AC} \overset{//}{=} \overline{HG}$$

而 $EFGH$ 不但是平行四邊形，更是矩形！取對角線交點為心，就可畫出此矩形的外接圓⊙ $(EFGH)$ 了！於是 $\overline{EG}$ 就是此圓的直徑，而：$|\angle ERG|$ $= 90°$，可見得 R 在此圓上！

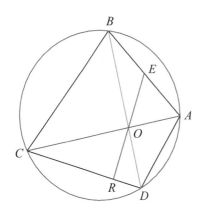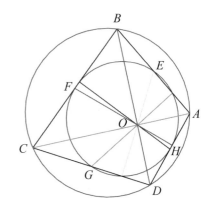

Brahmagupta 定理

3.7.3 Simson線

【Simson 定理】

考慮一個△ABC 的外接圓⊙O，在其上任取一點 P，由此作出它到三邊 $\overline{BC}$, $\overline{CA}, \overline{AB}$ 的垂線，垂足各為 U, V, W，則此三點共線！

 由於

$$90° = |\angle PWB| = |\angle PUB|$$

有四點共圓：W, B, P, U，於是：

$$(i): |\angle WUB| = |\angle WPB|$$

同理，有四點共圓：V, C, P, U，於是：

$$(ii): |\angle CUB| = |\angle CPB|$$

又因為 P, A, B, C 四點共圓，

$$(iii): |\angle PCV| = |\angle PBA|$$

其等之餘角：

$$(iv): |\angle VPC| = |\angle WPB|$$

代入 $(i), (ii)$，則得：

$$(v): |\angle WUB| = |\angle CUV|$$

故得：W, U, V 三點共線！

【Simson 逆定理】

若一點 P，到三邊 $\overline{BC}, \overline{CA}, \overline{AB}$ 的垂線之垂足 U, V, W 三點共線，則點 P 在 $\triangle ABC$ 的外接圓 $\odot O$ 上！

 由於對頂角相等，故：得 (v)

但由四點共圓，得 $(i), (ii)$，因而得 (iv)；取餘角則得 (iii)；那麼就證明了：

P, A, B, C 四點共圓！

【特例】

如 P, U, A 三點共線，則：

$$|\angle PUV| = |\angle PBA| = 弦切角 |\angle PAT|$$

那麼由同位角定理，知：此 Simson 線 $\overline{WUV} /\!/ \overline{AT}$。

Miquel 與 Napoleon

以下是一些極有趣的補充！

【三角共補圓中心定理】

考慮一個 $\triangle ABC$，由其三邊 $\overline{BC}, \overline{CA}, \overline{AB}$ 向外作出三角形

$$\triangle CBP, \triangle ACQ, \triangle BAR$$

假定：

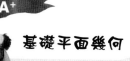

$$|\angle BPC| + |\angle CQA| + |\angle ARB| = 180°$$

則此三圓共點：

$$O \overset{\in}{=} \odot (CBP) \cap \odot (ACQ) \cap \odot (BAR)$$

 假設取了兩圓的兩交點：

$$\{O, C\} = \odot (CBP) \cap \odot (ACQ)$$

於是：

$$|\angle BPC| + |\angle BOC| = 180°$$

$$|\angle CQA| + |\angle COA| = 180°$$

另外，

$$|\angle BOC| + |\angle COA| + |\angle AOB| = 360°$$

四個式子合起來，就有：

$$|\angle AOB| + |\angle ARB| = 180°$$

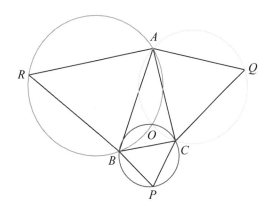 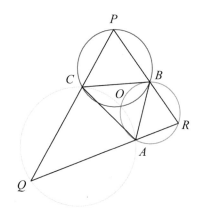

左：三角共補圓中心；右：Miquel 定理

【Miquel 樞紐定理】

若三點 A, B, C 取之於 $\triangle PQR$ 的三邊上：

$$A \in \overleftrightarrow{QR}, B \in \overleftrightarrow{RP}, C \in \overleftrightarrow{PQ}$$

則有三圓共點！

這是三角共補圓中心定理的特例，但是卻允許：諸點 A, B, C 在三邊的延長線上！

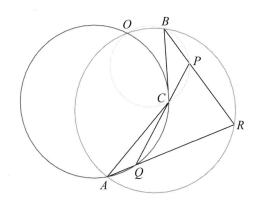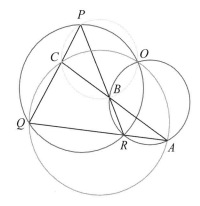

Miquel 定理（外方時）；完全四邊形的四圓共點

【例：垂足三角形】

取 $\triangle ABC$ 為 X 對於 $\triangle PQR$ 的垂足三角形！

【Miquel 完全四邊形的四圓共點】

如上圖右，若 A, B, C 三點共線，即：四線有六交點，每三線所成三角形的外接圓，

$$\odot(CBP), \odot(ACQ), \odot(BAR), \text{連同} \odot(PQR)$$

四圓共點！

 此時可以交換 P, A 兩點的身分！

【三角形外湊相似三角形外接圓共點定理】

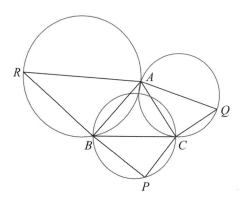

外湊相似三角形外接圓共點

考慮一個 $\triangle ABC$，由其三邊 $\overline{BC}, \overline{CA}, \overline{AB}$，向外作出相似三角形

$$\triangle PCB \sim \triangle CQA \sim \triangle BAR$$

則此三圓共點：

$$\odot(U) = \odot(CBP),\ \odot(V) = \odot(ACQ),\ \odot(W) = \odot(BAR)$$

事實上，此三圓的圓心三角形相似於原三角形：

在 $\odot(U)$ 上的圓心角 $\angle VUW$，可以分成兩部分，$\angle VUO, \angle OUW$，其角度是 $\angle CUF, \angle FUB$ 的一半，因此

$$|\angle VUW| = |\angle BPC|$$

再加上類似的

$$|\angle UVW| = |\angle AQC|\ ;\ |\angle VWU| = |\angle BRA|$$

因此，

$$\triangle UVW \sim \triangle PQR$$

註 三個相似三角形

$$\triangle PCB \sim \triangle CQA \sim \triangle BAR$$

的模特兒可以任意！（通常不對稱！）要緊的是相似形的順序！要保證：遠頂角的角度和為 $180°$。當然通常：$\overline{AP}, \overline{BQ}, \overline{CR}$ 不會三線共點！事實上有定理：若

$$\triangle PBC \sim \triangle QCA \sim \triangle RAB \sim 等腰三角形$$

則：$\overline{AP}, \overline{BQ}, \overline{CR}$ 會三線共點！

【Napoleon 正三角形定理】

特別地，若：

$$\triangle PCB \sim \triangle CQA \sim \triangle BAR = 正三角形$$

這是 Fermat 的正三角形三人組！

它們的外接圓共點於 Fermat 中心，且即上述的三線共點：

$$f \overset{\in}{=} \odot(PBC) \cap \odot(QCA) \cap \odot(RAB)$$

$$\overset{\in}{=} \overline{AP} \cap \overline{BQ} \cap \overline{CR}$$

而且由外湊相似定理，三個外接圓心的三角形 $\triangle UVW$ 本身為正三角形！

這就是 Napoleon 正三角形。當然：

$$\overline{AU}, \overline{BV}, \overline{CW} \text{ 三線共點！}$$

註 著名的 Napoleon 顛倒句：

Able was I ere I saw Elba.

Bonaparte 的英文程度，應該不足以寫下這句！因此，他的數學大概也不能達到這個程度吧！

註 如下圖左，三個正三角形 $\triangle PCB, \triangle CQA, \triangle BAR$ 的「遠頂」之半徑（的延長線）$\overleftrightarrow{PU}, \overleftrightarrow{QV}, \overleftrightarrow{RW}$，三線共點！就是 $\triangle ABC$ 的外心 O。

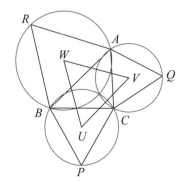 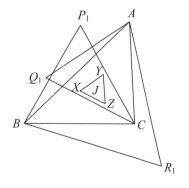

Napoleon 大小正三角形

【Napoleon 小的正三角形定理】

上圖右，若由一個 $\triangle ABC$ 的三邊 $\overline{BC}, \overline{CA}, \overline{AB}$ 向內作出正三角形

$$\triangle P_1CB \sim \triangle CQ_1A \sim \triangle BAR_1$$

則其等之中心，X, Y, Z，將構成一個正三角形！事實上（可以證明）：

$$|\triangle UVW| = |\triangle XYZ| + |\triangle ABC|$$

【Josephine 心定理】

Napoleon 的大小兩個正三角形 $\triangle UVW, \triangle XYZ$，有相同的中心點 J，當然這一點應該叫做 Josephine 心。

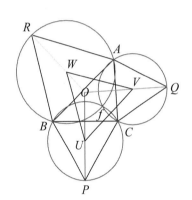
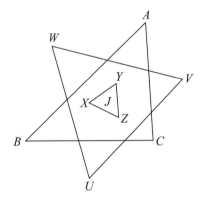

左：外心與 Napoleon 三角形；右：Josephine 心

3.7.4 Apollonius 三

【三角形分角線割比定理】

若 $\overline{AD}$ 是 $\triangle ABC$ 中 $\angle A$ 的分角線，則分角點 D 在邊 $\overline{BC}$ 上的內部割比，就是

$$DC : BD = AC : AB$$

若 $\overline{AU}$ 是 $\triangle ABC$ 中 $\angle A$ 的外角分角線，交 $\overleftrightarrow{BC}$ 於「外分角點」U，則 U 在邊 $\overleftrightarrow{BC}$ 上的外部割比，就是

$$CU : BU = AC : AB$$

因為「夾角相同，或互補」，故面積比為「夾角兩邊乘積比」：

$$|\triangle BAD| : |\triangle DAC| = AB * AD : AD * AC = AB : AC$$

$$|\triangle BAU| : |\triangle CAU| = BA * AU : CA * AU = BA : CA$$

因為「高相同」，故面積比為「底邊比」：

$$|\triangle BAD| : |\triangle DAC| = BD : DC$$

$$|\triangle BAU| : |\triangle CAU| = BU : CU$$

利用「驗明正身法」，就知道「其逆亦真」。

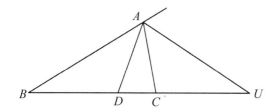 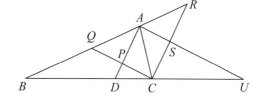

三角形分角線割比定理

【三角形分角線逆定理】

若 $\triangle ABC$ 中，底邊 $\overline{BC}$ 上一點 D 的內部割比，是

$$DC : BD = AC : AB$$

則 D 在 $\angle A$ 的分角線上，即它是分角點。

又若 U 在底邊 $\overline{BC}$ 的延長線上，而其外部割比，是

$$CU : BU = AC : AB$$

則 U 在 $\angle A$ 的外角分角線上，即 U 就是「外分角點」。

【原定理的另一證明】

如上圖右，作 $\overline{CR} /\!/ \overline{DA} \perp \overline{AU}$，交 $\overrightarrow{BA}$ 於 R，交 $\overrightarrow{AU}$ 於 S，則有直角三角形之合同：

$$\triangle ARS \cong \triangle ACS$$

故：$AR = AC$，再由相似形：

$$\triangle BAD \sim \triangle BRC$$

故：
$$BD:DC=BA:AR=BA:AC$$

（外分角點的情形也相似！）

【調和分割】

在一直線上，依序有四點 A, C, B, D，而有：
$$AC:CB=AD:BD$$

我們就說：(A, B, C, D) 是個調和點列，(C, D) 調和分割了 (A, B)。

注意到：內割比不可能是 $1:1$。（否則：C 是中點，而 D 是無窮遠點！）

【註釋】

對於三個正數 x, y, z，

若：$y-x=z-y$；$y=\dfrac{x+z}{2}$ 是 (x, z) 的算術中項；(x, y, z) 是算術數列。

若：$y:x=z:y$；$y=\sqrt{x*z}$ 是 (x, z) 的幾何中項；(x, y, z) 是幾何數列。

若：$\dfrac{1}{y}-\dfrac{1}{x}=\dfrac{1}{z}-\dfrac{1}{y}$；$y=\dfrac{2*x*z}{x+z}$ 是 (x, z) 的調和中項；(x, y, z) 是調和數列。

對於一個調和點列 (A, B, C, D)，三段長 $x=AC, y=AB, z=AD$，將是調和數列。
$$AC:CB=AD:BD；就是 x:y-x=z:z-y$$

因此：$y=\dfrac{2*x*z}{x+z}$。

【Apollonius 圓】

若給定兩點 A, B，與一個比例 $k:1$（$k \neq 1$，故我們取 $k>1$），在平面上有哪些點 P，會滿足：
$$AP:BP=k:1$$

在 $\overleftrightarrow{AB}$ 線上，我們可以找到「內割點」C 與「外割點」D，
$$AC:CB=AD:BD=k:1$$

若 P 是另外一點而滿足此條件，連結了線段後，就看出：$\overline{PC}, \overline{PD}$ 就是 $\angle APB$ 的內外角分角線！

因此：$|\angle CPD|=90°$，於是：P 在以 $\overline{CD}$ 為直徑的圓周上！反過來說：此圓

上的點 P，當然也合乎此割比條件。

此圓稱為：兩點(A, B)依此比例的 Apollonius 圓。

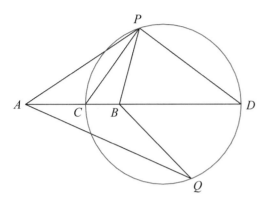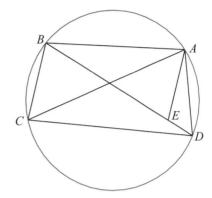

左：Apollonius 圓；右：Ptolemy 恆等式

3.7.5 Ptolemy 定理

【Ptolemy 定理】

....

若 $ABCD$ 為圓內接四邊形，則其兩組對邊的相乘積之和等於對角線之積。

（這是 Ptolemy 恆等式。）

$$AB * CD + AD * BC = AC * BD$$

 如上圖右，作線段 $\overline{AE}$ 自 A 到 $\overline{BD}$：使得：

$$|\angle BAE| = |\angle CAD|$$

今由圓周角定理，

$$|\angle ABE| = |\angle ABD| = |\angle ACD|$$

因此：$\triangle ABE \sim \triangle ACD$；於是：

$$AB : BE = AC : CD \;;\; AB * CD = BE * AC \quad \text{(i)}$$

其次：

$$|\angle ADE| = |\angle ADB| = |\angle ACB|$$

另外，

$$|\angle ABE| = |\angle ACD|$$

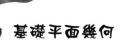
若上式兩邊 $+|\angle EAC|$，則

$$|\angle BAC| = |\angle ABE| + |\angle EAC| = |\angle ACD| + |\angle EAC| = |\angle EAD|$$

因此：$\triangle BAC \sim \triangle EAD$；於是：

$$BC : AC = ED : AD \;;\; AD * BC = ED * AC \quad \text{(ii)}$$

(i)＋(ii)，則：

$$AB * CD + AD * BC = BE * AC + ED * AC = BD * AC$$

【Ptolemy（逆）定理】

若四邊形 $ABCD$ 滿足 Ptolemy 恆等式：

$$AB * CD + AD * BC = AC * BD$$

則為圓內接四邊形！

 作線段 $\overline{AE}, \overline{BE}$ 使得：

$$|\angle BAE| = |\angle CAD| \;;\; |\angle ABE| = |\angle ACD|$$

因此：$\triangle ABE \sim \triangle ACD$；於是：

$$AB : BE = AC : CD \;;\; AB * CD = BE * AC \quad \text{(i)}$$

並且：$AB : AC = AE : AD$；

$$|\angle BAC| = |\angle ABE| + |\angle EAC| = |\angle ACD| + |\angle EAC| = |\angle EAD|$$

於是：$\triangle BAC \sim \triangle EAD$；從而：

$$BC : AC = ED : AD \;;\; AD * BC = ED * AC \quad \text{(ii)}$$

(i)＋(ii)，則：

$$AB * CD + AD * BC = BE * AC + ED * AC = (BE + ED) * AC$$

但由已知之 Ptolemy 恆等式，故 $= BD * AC$；因此，括掉 AC，得到：

$$BE + ED = BD$$

然則：B, E, D 三點共線；$|\angle ABE| = |\angle ACD|$；於是四點 A, B, C, D 共圓！

註 對於不共圓的四邊形，則（由上述的三角不等式！）有：

$$AB * CD + AD * BC > AC * BD$$

例題 1 正 $\triangle ABC$ 的外接圓上，有一點 $P \in \angle BC$，則：$PB + PC = PA$。（做過的題目！）

解 $ABPC$ 為圓內接四邊形！故：$AB * CP + AC * PB = AP * BC$

但 $AB = BC = CA$，故：$PB + PC = PA$。

習題 1 如下圖左，若 $\overline{PA} \cap \overline{BC} = D$：則：

$$\frac{1}{PD} = \frac{1}{PB} + \frac{1}{PC}$$

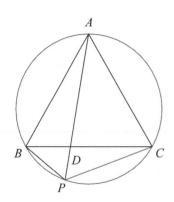 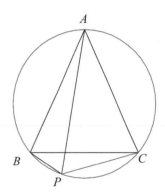

（Ptolemy）左：習題 1；右：習題 2

習題 2 改「三等邊」（＝「正」）為等腰 $AB = AC$，則成為：

如上圖右，$\triangle ABC$ 的外接圓上，有一點 $P \in \angle BC$，則 $PA : PB + PC$ 與 P 的位置無關，事實上：

$$PA : PB + PC = AC : BC$$

習題 3 正方形 $ABCD$ 的外接圓上，有一點 $P \in \angle BC$，則：

$$\frac{PA + PC}{PB + PD} = \frac{PD}{PA}$$

【提示】分別考慮等腰三角形 $\triangle ABD$ 與 $\triangle ACD$。

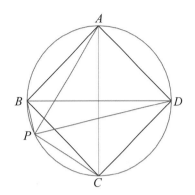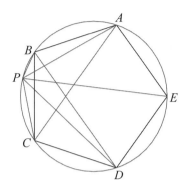

（Ptolemy）左：習題 3；右：習題 4

習題4　正五邊形 $ABCDE$ 的外接圓上，有一點 $P \in \angle BC$，則：

$$PA + PD = PB + PC + PE$$

【提示】分別考慮四邊形 $ABPC$ 與 $BPCD, BPCE$，注意到 $\triangle BEC$ 等腰！

習題5　正六邊形 $ABCDEF$ 的外接圓上，有一點 $P \in \angle CD$，則：

$$PA + PF = PB + PC + PD + PE$$

【提示】分別考慮正三角形 $\triangle ACE$ 與 $\triangle BDF$。

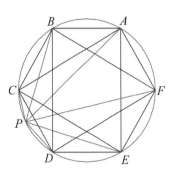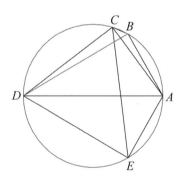

（Ptolemy）左：習題 5；右：例題 2

例題2 △ABC 的外接圓半徑是 5，而邊長 $AB=5$，$AC=6$，求另一邊長 BC。

(解) 作直徑 $\overline{AD}$，則

$$AD=2*5=10 \text{，} DC=\sqrt{10^2-6^2}=8 \text{，} DB=\sqrt{10^2-5^2}=5\sqrt{3}$$

但是：B, C 兩點可能在 $\overline{AD}$ 的同側或異側！

若 B, C 兩點在 $\overline{AD}$ 的同側，則：

$$AC*BD=AB*CD+AD*BC$$

$$6*5\sqrt{3}=5*8+10*BC \text{；} BC=3\sqrt{3}-4$$

若 B, C 兩點在 $\overline{AD}$ 的異側，則：

$$AC*BD+AB*CD=AD*BC$$

$$6*5\sqrt{3}+5*8=10*BC \text{；} BC=3\sqrt{3}+4$$

ANSWERS
習題略解

p.23【問】類推：若 $B \in \overset{\leftrightarrow}{nA}$ 且 $C \in \overset{\leftrightarrow}{nB}$，則 $C \in \overset{\leftrightarrow}{nA}$。

p.24【習題】3 線最多把平面分成 7 塊，4 線最多把平面分成 11 塊。

      3 線   4 線   5 線

n 線最多把平面分成 $\dfrac{n(n+1)}{2}+n+1$ 塊。這並不簡單！好好想吧！

p.54【問】凹頂點處的內角超過 $180°$，兩個之和就超過 $360°$ 了！

p.61【習題 1】由 sas，$\triangle ABH \cong \triangle ACK$。

p.62【習題 2】由 sas，$\triangle MCB \cong \triangle NBC$。

    （鼎立正三角形定理）依照提示，證明：$\triangle ACP \cong \triangle QCB$ 就好了！因為由

此就有 $AP = BQ$，於是同理得到 $= CR$。

此地的合同是由 sas：$AC = QC$，$CP = CB$（正 $\triangle ACQ, PCB$ 也）

$$|\angle ACP| = |\angle ACB| + 60° = |\angle QCB|$$

【習題 3】

(i)連 CD。則 $AC=AB+BC=AE+ED=AD$，故得底角相等：

$$|\angle BCD|=|\angle EDC|$$

又因 $CD=DC$ 公用，$BC=ED$，故有 sas。

$\triangle BCD\cong\triangle EDC$，於是 $BD=EC$。

當然不必如此：

$AB=AE$，$AD=AC$，$|\angle BAD|=|\angle EAC|$，則 $\triangle ABD\cong\triangle AEC$。

(ii)只要看出 sas：$\triangle ACE\cong\triangle ADB$。

p.63 【習題 4】今：$AD=BE$，$AE=BF$，$|\angle DAE|=60°=|\angle EBF|$，故：$DE=EF$。

p.67 【習題】

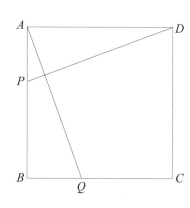

【證】

設 $T \stackrel{\leq}{=} \overline{AQ}\cap\overline{DP}$

則在 □$TPBQ$ 中，$|\angle PTQ|=90°=|\angle PBQ|$。

因此：$|\angle BPT|+|\angle BQT|=180°$

於是：$|\angle AQB|=|\angle DPA|$

但：$|\angle ABQ|=90°=|\angle DAP|$，$AB=DA$

故得：$\triangle ABQ\cong\triangle DAP$。

p.75 【例題 2 的解，補註】

雖未畫圖，其實要畫的圖就是弦中線定理的圖，只是頂點的標記改了：C 改為此地的 P，N 改為 Q。

p.76 【習題 1】$|\angle CBV|+|\angle BCA|=90°$；而：$|\angle BAC|+|\angle ABC|+|\angle ACB|=180°$；$|\angle ABC|=|\angle ACB|$

p.77 【習題 2】只要證明$|\angle CEJ|=|\angle CJE|$；

但$|\angle CEJ|+|\angle EBC|=90°$；$|\angle CJE|=|\angle BJW|$；$|\angle BJW|+|\angle JBW|=90°$

【習題 3】作出 $\overline{BE}$ 分角線，則$|\angle CBE|=|\angle EBA|=|\angle CAB|$

故 $EA=EB$，$\triangle ABE$ 等腰，故垂線 $\overline{EN}$ 即中線；$BN=NA=BC$，$|\angle NBE|=$

$|\angle CBE|$，由 sas 故得：$\triangle NBE \cong \triangle CBE$。則 $\angle C$ 為直角。

p.79【習題 4】$\triangle ABC$ 中，$P \in \overline{AB}$，$|\angle ACB| = 3 * |\angle ABC|$，$AP = AC$

則：$PB = CP$。

【習題 5】其實還是習題 4!

$AB = AC$，故 $|\angle ABC| = |\angle ACB|$，$|\angle ABE| = |\angle EBC| = \dfrac{1}{2}|\angle ACB|$。

故：$|\angle AEB| = |\angle EBC| + |\angle ECB| = \dfrac{3}{2}|\angle ABC|$。

既然 $|\angle ABP| = |\angle AEB| = \dfrac{3}{2}|\angle ABC|$，故 $|\angle CBP| = \dfrac{1}{2}|\angle ACB|$，

因此 $= |\angle CPB|$，則：$CB = CP$。

【習題 6】$\angle DBC$ 為直角，而 $\overrightarrow{AP} \parallel \overline{BC}$，則 $\overrightarrow{AP} \perp \overline{BD}$，而等腰 $\triangle BDA$ 之垂高即中線！

p.80【習題 7】可以硬算角度！

$\overline{QD} \parallel \overline{QC}$，$\overline{AD} \parallel \overline{CB}$，故 $|\angle QDA| = |\angle PCB| = 45°$。

於是，於菱形 $ADQP$ 中，$|\angle APD| = |\angle ADP| = 22.5°$，$= |\angle DPQ| = |\angle PDQ|$；

$QD = DC$，且 $|\angle QDC| = 135°$，故：$|\angle DCQ| = |\angle CQD| = 22.5°$。

然則：$|\angle CQD| = 22.5° = |\angle CPD|$；則 $RP = RC$。

p.85【註】實際上，由例題 1，$\overline{PQ} \overset{\parallel}{=} \dfrac{1}{2}\overline{DE}$，故其延長線將對分 $\overline{AC}, \overline{AB}$，因此與矩 $\square AQCS$，$\square APBR$ 的對角線 $\overline{QS}, \overline{PR}$ 一致！

p.86【習題 1】（下圖左，）驗明正身法！

若 $V \overset{\subseteq}{=} \overline{AC} \cap \overline{BR}$，則我們取 $\overline{AV}$ 的中點 $U_\#$，並且連結 $\overline{U_\# D}$，而證明 $U_\#$ 就是 $U \overset{\subseteq}{=} \overline{AC} \cap \overline{DP}$，那麼 $AU = UV$，同理，$CV = VU$，就好了！

今再取 $\overline{BV}$ 的中點 W，故得：

$$\overline{PU_\#} \overset{\parallel}{=} \dfrac{1}{2}\overline{BV} \parallel \overline{BR}$$

$$\overline{U_\# W} \overset{\parallel}{=} \dfrac{1}{2}\overline{AB} \overset{\parallel}{=} \overline{RC} \overset{\parallel}{=} \overline{DR}$$

故：$\square U_\# WRD$ 是平行四邊形！

$$\overline{U_\# D} \parallel \overline{WR} \parallel \overline{BR}$$

於是知道：$P, U_\#, D$ 三點共線：

$$U_\# = U \overset{\in}{=} \overline{AC} \cap \overline{DP}$$

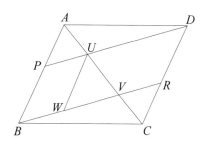 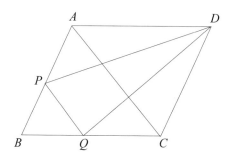

【習題2】（上圖右）？想不到更好的辦法！

【習題3：中點四邊形與重心】

考慮 $\triangle ABD, \triangle CBD$，故有 $\overline{EH} \overset{\parallel}{=} \frac{1}{2}\overline{BD} \overset{\parallel}{=} \overline{FG}$ ， $\overline{EH} \overset{\parallel}{=} \frac{1}{2}\overline{AC} \overset{\parallel}{=} \overline{HG}$

故 $\square EFGH$ 是平行的□。

其次，考慮 $\triangle DBC, \triangle ABC$，故有 $\overline{EL} \overset{\parallel}{=} \frac{1}{2}\overline{BC} \overset{\parallel}{=} \overline{KG}$ ，

$\overline{EF} \overset{\parallel}{=} \frac{1}{2}\overline{AC} \overset{\parallel}{=} \overline{EL}$ ，故 $\square ELGK$ 是平行的□。

同理，$\square EKGL$ 是平行的□。

但是平行四邊形的對角線互相平分！故共點於中點 O 處！

p.88 【習題4】這是例題2的推論！

【習題5】

因為：$\overline{MN} \overset{\parallel}{=} \frac{1}{2}\overline{CB}$ ，$\overline{MN} \overset{\parallel}{=} \frac{1}{2}\overline{RQ}$ 。

p.89 【習題6】

因為 $\overline{LM} \overset{\parallel}{=} \frac{1}{2}\overline{RS}$ ，$\overline{LN} \overset{\parallel}{=} \frac{1}{2}\overline{PQ}$ 。

故 $LM = LN$。當然就有 $|\angle LNM| = |\angle LMN| = 90° - \frac{1}{2}|\angle NLM|$ 。

由角的兩邊的平行性，$|\angle NLM| = |\angle BAC|$。於是$|\angle LNM| = |\angle ABC|$。

但$\overline{LN} \parallel \overline{AB}$，故$\overline{NM} \parallel \overline{BC}$。

【習題 7】（有點難？）

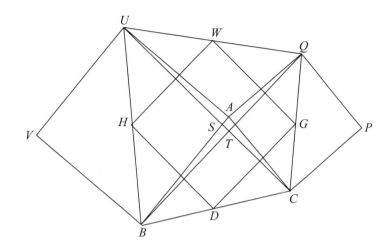

這裡的要點是：先畫正□$ACPQ$，正□$ABVU$，得到

$$\triangle CUA \cong \triangle QBA$$

那麼：$BQ = UC$，且$|\angle CUA| = |\angle QBA|$；對頂角$|\angle USA| = |\angle TSA|$

可知：$|\angle STB| = 90°$，即：$\overline{BQ} \perp \overline{UC}$。

再考慮□$BCQU$的中點□$DGWH$，立知此為正□。

【習題 8】由提示，注意到：$\overline{ML} \parallel \overline{AB}$，因而，$|\angle MLC| = |\angle ABC| = 2*|\angle MCD|$
$= 2*|\angle MDL|$，於是$|\angle LMD| = |\angle MDL|$。

p.96【極限情形】

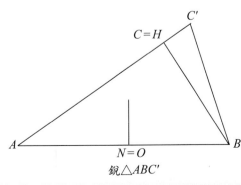

銳△ABC'

左圖中，請自C'畫垂線到$\overline{AB}$，其與$\overline{BC}$的交點即為垂心H'；又畫$\overline{BC'}$的中垂線，其與$\overline{AB}$中垂線的交點即為外心O'；在極限的情形$C' = C$時：

外心$O = \overline{AB}$中點N，垂心$H = $直角頂$C$。

p.99【問1】若 D 是凹進來的頂點，情形還是一樣！

p.100【問2】若 P 在 $\triangle ABC$ 的外部，（C 的另側！）則（如圖，）

$$PU + PV - PW = 常數。$$

p.101【習題】如圖，大正方形邊長 $= AB = AF = u$，小正方形邊長 $DC = DE = v$，而 $ABCDEFA$ 的面積為 $u^2 - v^2$。但把矩形 $PBCD$ 剪去補到 $\overline{EF}$ 的上方 $EFRQ$ 處，得矩形 $ARQP$，面積為 $(u+v) * (u-v)$。

p.108【習題1】今 $EH = 3 * FG$；$BD = 5 * FG$，而：

$$(\text{i}) AC^2 + FG^2 = 169$$

$$(\text{ii}) AC^2 + 9 * FG^2 = 369$$

$$故 \ 8 * FG^2 = 200 ; FG^2 = 25 ; AC^2 = 144$$

於是

$$\text{Apol} (ABCD) = AC^2 + BD^2 = AC^2 + 25FG^2 = 144 + 625 = 769$$

p.109【習題2】

Heron: $s = \dfrac{33}{2}$，$\triangle = \dfrac{33}{4}\sqrt{39}$。高：$\dfrac{\triangle}{5}, \dfrac{3}{2}\sqrt{39}, \dfrac{\triangle}{6}$。

中線：$\dfrac{\sqrt{530}}{2}, \dfrac{\sqrt{367}}{2}, \dfrac{\sqrt{298}}{2}$。

p.114【習題】可以輪換下去！

由基本形 $\triangle ABC$，得：$\triangle BCD, \cdots$

由基本形 $\triangle ABD$，得：$\triangle BCE, \cdots$

由基本形五邊形 $ABCDE$，得：$PQRST$。瑕伸縮！

由菱形 $ABCQ$，得：$BCDR, \cdots$

p.128【習題1】如上所述，

$$AW : WB = b : a ; AW : AB = b : (a+b) ; AV : AC = c : (a+c)$$

因而：

$$|\triangle AVW| : |\triangle ABC| = b * c : (a+b)(a+c)$$

但：

$$|\triangle AVW| + |\triangle BWU| + |\triangle CUV| + |\triangle UVW| = |\triangle ABC|$$

因此：

$$|\triangle UVW| : |\triangle ABC| = 1 - \left(\frac{b*c}{(a+b)(a+c)} + \frac{c*a}{(a+b)(b+c)} + \frac{a*b}{(c+b)(a+c)} \right)$$

通分計算，可得：$= \dfrac{2*a*b*c}{(b+c)(c+a)(a+b)}$。

p.131【習題1】

如提示，考慮：$\overleftrightarrow{RD}$ 對 $\triangle CUS$，若 $T \overset{\in}{=} \overline{RD} \cap \overline{CU}$，則有：

$$\frac{RU}{RS} * \frac{DS}{DC} * \frac{TC}{TU} = 1 ;$$

再考慮 $\overleftrightarrow{PB}$ 對 $\triangle CUQ$，若 $T_\# \overset{\in}{=} \overline{PB} \cap \overline{CU}$，則有：

$$\frac{T_\# C}{T_\# U} * \frac{PU}{PQ} * \frac{BQ}{BC} = 1$$

於是證明了：

$$\frac{TC}{TU} = \frac{T_\# C}{T_\# U} ; \ T_\# = T$$

【習題2】$BP : CP = 4 : 1$。

p.133【習題3】由分角線割比定理，

$$\text{(i)} \ \frac{PB}{PC} = \frac{AB}{AC}$$

$$\text{(ii)} \ \frac{QC}{QA} = \frac{BC}{BA}$$

$$\text{(iii)} \ \frac{RA}{RB} = \frac{CA}{CB}$$

那麼三式相乘，就驗明 Geva 共點條件。

p.138【習題1】因為：$\triangle ACB$ 與 $\triangle ACD$ 中，分別有：

$$|\angle ABC| < |\angle CAB| , \ |\angle ADC| < |\angle CAD|$$

故：$|\angle ABD| < |\angle ABC| < |\angle CAB| < |\angle DAB|$，$AB < BC$。

p.139【習題2】因為：$\triangle ABD$ 與 $\triangle BCD$ 中，分別有：

$$|\angle ABD| > |\angle ADB| , \ |\angle DBC| > |\angle CDB|$$

故：$|\angle ABC| > |\angle ADC|$。

p.140【習題 3】此時，$|\angle QPB| > |\angle QCB| = |\angle ABC| > |\angle QBP|$。

03 CHAPTER

p.162【問】這種極限，就是弦切角定理與圓冪切線長平方定理。

p.165【習題 1】這是後面會提到的！

p.167【習題 2】當然這是後面會講到的「圓周角」定理；

連 $\overline{OC}, \overline{OD}$，則

$$|\angle COB| = 2 * |\angle CAB|,\ |\angle DOB| = 2 * |\angle CAD|$$

於是：$|\angle COB| = |\angle DOB|$，故：$BC = BD$。

【習題 3】今 $OM = \dfrac{1}{2}OA = \dfrac{1}{2}OB = ON$，$OC = OC$，$|\angle COM| = |\angle CON|$

依 sas，故 $\triangle COM \cong \triangle CON$。

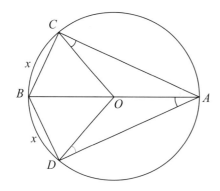
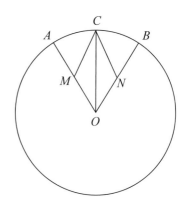

左：習題 2；右：習題 3

【習題 4】（稍畫圖，立知此圓之圓心，其實就是正方形之中心 O。）

畫另一對角線 $\overline{BD}$，

$$|\angle OCB| = 45° = |\angle OBA| = |\angle ODA| = |\angle OCD|$$

首先，以角度而論，（同位角相等！）$AHPE, CGPF, PGDH, FPEB$ 都是矩

形，而且：$FC = PG = HD$；$GC = PF = EB$；又：

$$|\angle OCB| = 45° = |\angle OPE| = |\angle OCD| = |\angle OPH|$$

因此，矩形 $CGPF$ 是正方形，

$$FC = PG = HD = GC = PF = EB$$

那麼，由 sas：

$$\triangle OCF \cong \triangle OCG \cong \triangle OBE \cong \triangle ODF$$

所以：

$$OF = OG = OE = OH$$

故 F, G, E, H 共圓 $\mathbb{S}(O, OF)$。

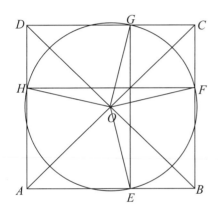 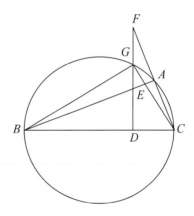

左：習題 4；右：習題 5

p. 168 【習題 5】由直角三角形的垂割自我形似，故

$$GD^2 = BD * CD$$

現在只要注意到：有相同銳角的兩個直角三角形必定相似，故：

$$\triangle CFD \sim \triangle BAC$$

故：

$$BD : ED = FD : CD$$

p. 171 【習題 1】Hippocrates（約 430 B. C.，非「醫學之父」）的定理！

半圓盤面積是：

$$|ACS| = \frac{\pi * b^2}{2} \; ; \; |BCQ| = \frac{\pi * a^2}{2} \; ; \; |ABPCRA| = \frac{\pi * c^2}{2}$$

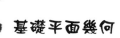

而 $|\triangle ABC| = \dfrac{a*b}{2}$，於是，直角兩股上的月形域面積之和為：

$$|ACS| + |BCQ| + |\triangle ABC| - |ABPCRA|$$

$$= \frac{\pi * b^2}{2} + \frac{\pi * a^2}{2} + \frac{a*b}{2} - \frac{\pi * c^2}{2} = \frac{a*b}{2}$$

（當然用到 Pythagoras, $c^2 = a^2 + b^2$。）

p.172【習題2】這就是§2.3.5。習題7。

p.174【習題1】此時兩弧$\angle ABC$, $\angle BCD$ 等角度，扣去共同的弧段$\angle BC$，

故：$\angle AB$, $\angle CD$ 等角度，$AB = CD$。

【習題2】從圓心O作弦$\overline{AB}$ 的垂足E，就是中點！

同理，$\overline{CD}$ 的中垂線也過O，於是：E, O, F 三點共線！

而$\square ACDB$ 對於此直線是自成鏡影！A 對到B，C 對到D。

因此$AD = BC$。

p.177【習題1】設$\overline{AB}$, $\cdots$的切點是$P, \cdots$, 則：

$$AP = AS，BP = BQ，CQ = CR，DR = DS$$

故$AD + BC = (AS + SD) + (BQ + QC) = AP + DR + BP + CR = AB + CD$。

【習題2】與上題相同！偶數邊的外切多邊形均有相似的結論！

p.179【習題3】這幾乎就是例題3，但是要練習如何推理！

（驗明正身法！）由例題3，$\overline{AF}, \overline{BE}, \overline{CD}$ 三線共點於M，且：$CM = MD$。

於是此處之K 即為M點。

p.192【習題1】圓外T處的兩條切線$\overline{TA}$, $\overline{TC}$，夾出$\angle ATC$，與圓心角$\angle AOC$互

補！

【習題2】結論相同！

連P, Q，則於圓c中，$|\angle PQB| + |\angle PAB| = 180°$，$|\angle PAO| = |\angle APO|$，即

$$|\angle PQB| = |\angle CPO|$$

由弦切角定理，知：$\overline{OP}$切於s。

p.194【習題3】已知：$|\angle BAD| = |\angle DAC|$；由內錯角定理，

$$|\angle ACE| = |\angle DAC| \; ; \; |\angle BAD| = |\angle ADE| = |\angle DEC|$$

由此可知：$\square AECD$ 是等腰梯形，

$$|\angle EAC| = |\angle EDC| = |\angle ABC|$$

由弦切角定理，$\overleftrightarrow{AE}$ 是 $\odot (ABC)$ 的切線！

p.207【習題】中線長、高線長，及分角線長分別如下：

A 的：$\sqrt{340}, \dfrac{168}{10}, \dfrac{\sqrt{170*24*14}}{17}$。

B 的：$\dfrac{\sqrt{793}}{2}, \dfrac{168}{17}, \dfrac{84\sqrt{34}}{31}$。

C 的：$\sqrt{337}, 8, \dfrac{8\sqrt{85}}{27}$。

內切圓半徑：$\dfrac{7}{2}$，外接圓半徑 $\dfrac{85}{8}$。

p.214【習題 1】設 c_1, c_2 的圓心各為 U, V，則 $|\angle EUC| = |\angle EVA|$，因此依弦切角定理，$|\angle UEC| = |\angle VEA|$，於是 E, A, C 三點共線。

p.216【習題 2】若半徑 $= r$，則間隙之面積

$$= r^2 * \sqrt{3} - 3 * \dfrac{\pi r^2}{6} \approx 0.1612 * r^2$$

相對於 $r^2 * \sqrt{3}$ 而言，比例是：0.09310。

【習題 3】間隙之面積

$$= 4 * r^2 - \pi * r^2 \approx 0.8584 * r^2$$

相對於 $4 * r^2$ 而言，比例是：0.2146。換句話說：在整個平面上來延伸的話，習題 2 的那些圓盤，更為扎實！

p.239【習題 1】考慮面積

$$|\triangle PBC| = |\triangle PBD| + |\triangle PCD|$$

左側的三角形，兩邊 $\overline{PB}, \overline{PC}$，夾角 120°，右側的三角形，兩邊 $\overline{PB}, \overline{PD}$，與兩邊 $\overline{PC}, \overline{PD}$，都是夾角 60°，（與 120° 互補！）因此：

$$PB * PC = PD * PB + PC * PD$$

除以 $PD * PB * PC$ 就好了！

【習題 2】乘開來！則待證式成了：

$$PA * BC = PB * AC + PC * AC$$

但等腰 $AB = AC$，則成為 Ptolemy 恆等式：

$$PA * BC = PB * AC + PC * AB$$

【習題 3】依提示，分別考慮等腰三角形 $\triangle ABD$ 與 $\triangle ACD$，

按照習題 2，立得：

$$\frac{PA}{PB + PD} = \frac{AD}{BD} \; ; \; \frac{PD}{PA + PC} = \frac{AD}{BD}$$

p.240【習題 4】依提示，分別四邊形 $ABPC$ 與 $BPCD, BPCE$ 得到三個等式：

(i)：$AC * PB + AB * PC = AP * BC$

(ii)：$PB * CD + PC * BD = PD * BC$

(iii)：$PB * CE + PC * BE = PE * BC$

(i)＋(ii)：$(PA + PD) * BC = AC * (PB + PC) + AB * (PB + PC)$

以(iii)代入右側第一項，得：

$$(PA + PD) * BC = BC * (PE) + AB * (PB + PC)$$

【習題 5】依提示，分別考慮正三角形 $\triangle ACE$ 與 $\triangle BDF$，再利用習題 1，立得所求！

INDEX

索引

【漢詞索引】

【ㄅ】

柏拉圖 Plato 語	p.40
搬動線段	p.35
半徑（長）	p.164
半線之合同	p.36
半弦定理	p.73, 180
半周長	p.106
半圓盤	p.165
逼近的小數	p.38
閉半線	p.11
閉域	p.19
半面	p.22
（黃金）比	p.113
比例滑移法	p.117
比例的公式	p.148
「比例中項」	p.111
比例中項的作圖題	p.124
（第四）比例項的作圖題	p.123
（一角度相同的兩個三角形域面積）比	p.126
（相似三角形面積）比	p.111
畢氏定理	p.100
畢氏定理的證明法	p.102, 126
畢氏（無理數）	p.40
（大小）比較，角度的	p.41
比較高線長, 分角線長, 中線長	p.141-143
閉優角域	p.26

閉圓盤（closed disk）	p.163
（一）邊	p.17
邊角大小定理	p.137-138
邊數加倍法	p.169
（三角形的三）邊	p.51
（鄰）邊	p.51
（對）邊	p.51
（角域的）邊緣	p.25
（周角域的）邊緣	p.29
（平）補角度	p.44
（外，平）補角域	p.24
（布拉瑪古普它）Brahmagupta的面積公式	p.226
Brahmagupta 定理	p.227
（線段長度）不等	p.37
（三角）不等式	p.34, 135
不可共度	p.33, 40
「不一定」	p.90

【ㄆ】

旁切圓半徑	p.206
旁心三角形	p.134
平補角域	p.24
平面	p.6
平方差公式	p.101
平角	p.27
平角皆相等	p.43
（形心之）平均原理	p.147
平行線	p.67

（兩線重合也稱）平行　　　　p.23

平行　　　　　　　　　　　　p.157

無窮遠點（平行之解釋）　　　p.119

平行線的畫法　　　　　　　　p.71

（歐氏）平行公理　　　　　　p.70

平行四邊形　　　　　　　　　p.54

（等間）平行網格　　　　　　p.110

平直（向量）幾何的記號　　　p.215

平移　　　　　　　　　　　　p.35

【ㄇ】

孟呢老斯（Menelaus）定理　　p.128

（點對於圓的）冪　　　　　　p.172

米克爾（Miquel）樞紐定理　　p.230

面積　　　　　　　　　　　　p.31

面積公式　　　　　　　　　　p.31

面積單位　　　　　　　　　　p.32

（三角形域）面積　　　　　　p.32

（扇形域）面積　　　　　　　p.48

（一角度相同的兩個三角形域）面積
　　比定理　　　　　　　　　p.126

【ㄈ】

費瑪（Fermat）中心　p.62, 182, 233

翻轉　　　　　　　　　　p.19, 35

分割的想法　　　　　　　　　p.101

分割為 N 等份　　　　　　　　p.39

（1：2 的）分割比性質　　　　p.93

（三角形的）分角線長　　　　p.205

分角線割比定理　　　　　p.128, 234

「反旁心」角度的計算　　　　p.135

分角線原理　　　　　　　p.78, 92

（等腰三角形）分角線　　　　p.64

（比較）分角線長　　　　　　p.64

（調和）分割　　　　　　　　p.236

（多原子）分子　　　　　　　p.15

方向　　　　　　　　　　　　p.145

【ㄅ】

（度量的）大小比較　　　　　p.35

（兩角度的）大小　　　　　　p.41

大小　　　　　　　　　　　　p.146

（sas）大角對大邊定理　　　　p.140

代數的幾何化　　　　　　　　p.120

單體　　　　　　　　　　　　p.126

單側曲線　　　　　　　　　　p.20

（面積）單位　　　　　　　　p.32

單位長度　　　　　　　　　　p.145

（相）等度量　　　　　　　　p.35

等積原理　　　　　　　　　　p.120

等積的作圖題　　　　　　　　p.99

等間隔　　　　　　　　　　　p.109

等腰定理　　　　　　　　　　p.137

等腰梯形　　　　　　　　　　p.55

等腰三角形　　　　　　p.52, 60, 63

等圓的外公切線　　　　　　　p.208

底角相等　　　　　　　　　　p.60

地板函數　　　　　　　　　　p.35

顛倒句　　　　　　　　　　　p.233

點之合同　　　　　　　　　　p.36

點斜式　　　　　　　　　　　p.157

（銜接）點　　　　　　　　　p.14

（角的）頂點　　　　　　　　p.27

頂點　　　　　　　　　　　　p.17

（三角形域之）頂點　　　　　p.20

鼎立正三角形定理　　　　　　p.62

度量通性　　　　　　　　　　p.31

（維數與）度量　　　　　　　p.30

（角的）度量　　　　　p.41, 47

度淨　　　　　　　　　　　　p.38

度餘　　　　　　　　　　　　p.38

多邊形　　　　　　　　　　p.18-19

多邊形的對角線數　　　　　　p.21

多邊形域　　　　　　　　　　p.19

多原子分子　　　　　　　　　p.15

對半分割　　　　　　　　　　p.39

（四邊形的）對邊　　　　　　p.21

對頂角域　　　　　　　　　　p.24

對角　　　　　　　　　　　　p.51

（四邊形的）對角頂點, 對角線　p.21

（三角形域之）對邊　　　　　p.20
對角線數　　　　　　　　　　p.21
對折原理　　　　　　　　　　p.32
（輪換的）對稱性　　　　　　p.136
端點　　　　　　　　　　　p.10, 17
（半面的）端線　　　　　　　p.22
端緣集　　　　　　　　　　p.10, 11
端緣集公式　　　　　　　　　p.16
（一）段　　　　　　　　　　p.17
鈍角三角形　　　　　　　p.52, 135

【ㄊ】

塔勒斯（Thales）定理　　　　p.60
托勒密（Ptolemy）恆等式　　p.237
Ptolemy 不等式　　　　　　p.238
Ptolemy 定理　　　　　　　p.237
梯形　　　　　　　　　　　p.55
調和中項，數列，點列，分割　p.236
（距離的）凸性　　　　　　　p.141
凸多邊形　　　　　　　　p.20, 55
圖形　　　　　　　　　　　p.7
推移　　　　　　　　　　　p.19
退化的狀況（三圓的根心）　　p.221
退化的線段　　　　　　　p.30, 34
退化的角域　　　　　　　　p.30
通常的情形　　　　　　　　p.23
同側內角定理　　　　　　　p.69
同側　　　　　　　　　　p.19, 22
同心圓　　　　　　　　　　p.208
同位角　　　　　　　　　　p.69
同餘計數法　　　　　　　　p.18

【ㄋ】

拿破崙（Napoleon）大小正三角形
　　　　　　　　　　　　　p.233
Napoleon 顛倒句　　　　　　p.233
內部點的割比　　　　　　　p.153
（周折線的）內部域　　　　　p.19
（一圓）內含一圓　　　　　　p.209
內接直角三角形定理　　　　p.166

（圓）內接完全四邊形　　　　p.195
內接多邊形與外接圓　　　　p.165
內角　　　　　　　　　　　p.68
內角（四邊形域的）　　　　　p.54
內角和定理　　　　　p.51, 56, 70
（兩圓）內切　　　　　　　　p.209
內切圓半徑　　　　　　　　p.206
（正多邊形的）內切圓半徑　　p.169
（三角形）內心　　　p.79, 90, 134
內心的割比　　　　　　　　p.153
（正多邊形的）內心　　　　　p.169
內錯角　　　　　　　　　　p.69
（逆）圓冪定理　　　　　　　p.196

【ㄌ】

劣弓形域　　　　　　　　　p.165
劣角　　　　　　　　　　　p.25
（外切）六邊形　　　　　　　p.177
連心線　　　　　　　　　　p.208
鄰邊　　　　　　　　　　　p.51
（三角形之）鄰邊　　　　　　p.20
鄰角　　　　　　　　　　　p.51
兩邊一夾角（sas）合同原理　　p.58
兩邊一夾角（相似三角形）sas 定理
　　　　　　　　　　　　　p.111
兩分法　　　　　　　　　　p.37
（狹義）兩分法　　　　　p.12, 22
兩點式　　　　　　　　　　p.157
兩點間的線段　　　　　　　p.10
兩點定一直線　　　　　　　p.8
兩段折接（曲）線　　　　　　p.14
兩角一邊（aas）定理　　　　p.78
兩角夾邊（asa）合同原理　　p.63
（直線上對一點的）兩側　　　p.12
兩線的交截關係　　　　　　p.9
兩側曲線　　　　　　　　　p.20
兩圓的根軸　　　　　　　　p.219
兩圓的內切交點　　　　　　p.213
兩圓的交點弦　　　　　　　p.218
兩圓交點弦的圓周角定理　　p.185

兩圓關係　　　　　　　　p.207
量　　　　　　　　　　　p.146
量角器　　　　　　　　　p.41
（圓冪為）零　　　　　　p.198
零角域　　　　　　　　　p.29
零維的集　　　　　　　　p.31
零維度量　　　　　　　　p.31
菱形　　　　　　　　　p.54, 84
輪換的對稱性　　　　　　p.136
輪換原理：系統的記號　　p.82

【ㄍ】

相割　　　　　　　　　　p.173
割比　　　　　　　　　　p.128
割比計算的可換可締可分配原理
　　　　　　　　　　　p.152, 154
分角線割比原理　　　　　p.128
（三角形周邊上的）割點　p.154
割點的作圖題　　　　　　p.124
割切夾角定理　　　　　　p.191
割線夾角定理　　　　　　p.190
高斯（Gauss）正17邊形　p.169
三角形的高線長　　　　　p.205
比較高線長　　　　　　　p.141
高足三角形　　　　　　　p.134
（三圓的）根心　　　　　p.221
（兩圓的）根軸　　　　　p.219
根軸作圖　　　　　　　　p.222
（希臘）規矩　　　　　p.46, 72
歸謬法　　　　　　　　　p.69
（兩圓）關係　　　　　　p.207
（圓與直線的，點對圓的）關係
　　　　　　　　　　　　p.172
公切線　　　　　　　p.209, 212
弓形域　　　　　　　　　p.165
（可）共度　　　　　　　p.32
（不可）共度　　　　　　p.33
共度線段長，共度單位　　p.40
（三線）共點　　　　p.130, 131
共價結合　　　　　　　　p.15

（三點）共線　　　　　　p.129
共線　　　　　　　　　　p.13

【ㄎ】

科幻　　　　　　　　　　p.44
可度淨　　　　　　　　　p.38
可共度　　　　　　　　　p.32
開半面　　　　　　　　　p.22
開半線　　　　　　　　　p.11
開平方的作圖題　　　　　p.122
開角域　　　　　　　　　p.24
開線段　　　　　　　　　p.11
開域　　　　　　　　　　p.19
空集，空角域　　　　　　p.29
（植樹問題的）困擾　　　p.17

【ㄏ】

和的平方公式　　　　　　p.101
核的反應　　　　　　　　p.15
黑龍（Heron）公式　p.106, 225
合同的公理　　　　　　　p.36
合同操作，（半線之，點之）合同
　　　　　　　　　　　　p.36
（角域的）合同　　　　　p.42
（線段之）合同　　　　　p.36
（直角三角形之）合同　　p.67
（直線之）合同　　　　　p.36
（圓的）合同　　　　　　p.166
（圓弧）合同　　　　　　p.166
弧度　　　　　　　　　　p.166
弧長　　　　　　　　　　p.48
互斥　　　　　　　　　　p.13
（輾轉）互度　　　　　　p.47
畫素　　　　　　　　　　p.8
黃河文明的證法（畢氏定理）p.102
黃金比　　　　　　　　　p.113

【ㄐ】

（量角器）基線，基準頂點　p.42
基數　　　　　　　　　　p.30

基數的加法原理　　　　　　　　p.5
（一，二維的）集　　　　　　　p.31
（度量的相）加　　　　　　　　p.35
（角度的）加　　　　　　　　　p.41
幾何角　　　　　　　　　　　　p.27
幾何中項，數列　　　　　　　　p.236
幾何中項　　　　　　　　　　　p.198
極限：直角三角形的外心與垂心 p.96
加法原則　　　　　　　　　　　p.31
（角度的）加法　　　　　　　　p.43
（長度相）加　　　　　　　　　p.37
價電子　　　　　　　　　　　　p.15
（共價）結合　　　　　　　　　p.15
截距　　　　　　　　　　　　　p.156
交點弦　　　　　　　　　　　　p.218
角度　　　　　　　　　　p.41, 46
角度的單位　　　　　　　　　　p.48
角域的合同　　　　　　　　　　p.42
角度的相加　　　　　　　　　　p.43
退化的角域　　　　　　　　　　p.30
角的作圖題　　　　　　　　　　p.65
角域　　　　　　　　　　　　　p.25
（三角形的）角（域）　　　　　p.51
（邊）角大小定理　　　　　　　p.137
九點圓　　　　　　　　　　　　p.224
（正）9 邊形　　　　　　　　　p.169
（相切圓之）間隙：（三圓，四圓）
　　　　　　　　　　　　　　　p.216
減法原理　　　　　　　　　　　p.33
（長度相）減　　　　　　　　　p.37
鏡影　　　　　　　　　　　　　p.67
矩形　　　　　　　　　　　　　p.54
矩形原理　　　　　　　　　　　p.32
距離　　　　　　　　　　　　　p.34
具端折線　　　　　　　　　　　p.117
（兩圓關係）劇變　　　　　　　p.209
絕對值的記號　　　　　　　　　p.31
絕對圓冪　　　　　　　　　　　p.197

【ㄑ】

切線長　　　　　　　　　　　　p.201
切線長相等定理　　　　　　　　p.176
相切　　　　　　　　　　　　　p.173
曲線　　　　　　　　　　　p.20, 31
（周）缺角度　　　　　　　　　p.44

【ㄒ】

希坡庫拉特斯（Hippocrates）　　p.171
希姆孫（Simson）線　　　　　　p.228
希臘文明的方式　　　　　　　　p.40
希臘規矩　　　　　　　　　p.46, 72
希臘規矩（正 n 邊形）　　　　　p.169
希臘人的積分學　　　　　　　　p.169
西瓦（Ceva）定理　　　　　　　p.132
Ceva反定理（「驗明正身法」）p.132
系統的記號　　　　　　　　　　p.82
狹義三角不等式　　　　　　　　p.34
狹義的平行　　　　　　　　　　p.23
狹義兩分法　　　　　　　　p.12, 22
瑕端點　　　　　　　　　　　　p.13
瑕伸縮　　　　　　　　　　　　p.112
斜截式　　　　　　　　　　　　p.157
斜率　　　　　　　　　　　　　p.156
弦與弓形域　　　　　　　　　　p.165
弦切角定理　　　　　　　p.190, 202
弦切三角形相似定理　　　　　　p.202
弦心距定理　　　　　　　　　　p.174
弦中線定理　　　　　　　　p.73, 89
銜接　　　　　　　　　　　　　p.14
（退化的）線段　　　　　　　　p.30
線段上一點的割比　　　　　　　p.151
線段的端緣集　　　　　　　p.10, 11
（圓的）限距　　　　　　　　　p.164
（三角形的）限距　　　　　　　p.140
（正多邊形的）心　　　　　　　p.168
相等角度　　　　　　　　　　　p.41
相對論　　　　　　　　　　　　p.48
（圓的內接形之）相似原理　　　p.195

（垂足四邊形）相似定理　　p.189
（直角三角形的）相似拆解原理p.111
相似三角形　　　　　　　　p.109
相似三角形面積比定理　　　p.111
相離兩等圓　　　　　　　　p.213
相離　　　　　　　　　　　p.173
向量　　　　　　　　　　　p.145
（多邊形的）形心　　　　　p.155
形心　　　　　　　　　　　p.146
形心之平均原理　　　　　　p.147
旋轉　　　　　　　　　　　p.35

【ㄓ】

質心　　　　　　　　　　　p.146
直段　　　　　　　　　　　p.12
直角　　　　　　　　　　　p.44
直角三角形域　　　　　　p.33, 52
直角三角形的垂割自我形似
　　　　　　　　　　　p.111, 178
（內接）直角三角形定理　　p.166
直角三角形之合同　　　　　p.67
直徑（長）　　　　　　　　p.164
直線　　　　　　　　　　　p.8
直線之合同　　　　　　　　p.36
（坐標法中的）直線一般式　p.156
直線上一點的割比　　　　　p.151
植樹問題的困擾　　　　　　p.17
折接　　　　　　　　　　　p.14
折接（曲）線　　　　　　p.14-17
（面積之）搾盡法　　　　　p.33
（三角形）周邊上的割點　　p.154
周角（度）　　　　　　　　p.44
周角域　　　　　　　　　　p.29
周缺　　　　　　　　　　　p.27
周折線　　　　　　　　　　p.18
軸向　　　　　　　　　　　p.145
輾轉互度　　　　　　　　　p.47
（歐幾里德）輾轉互度　　　p.40
真正的兩元一次方程式　　　p.156
（長度的）整倍數　　　　　p.37

整度　　　　　　　　　　　p.35
（角度的）整度　　　　　　p.41
整商　　　　　　　　　　　p.38
正方形　　　　　　　　　　p.54
正多角形＝正多邊形　　　　p.56
正六邊形　　　　　　　　　p.48
正三角形　　　　　　　　　p.52
正三角形的外接圓　　　　　p.183
正五邊形　　　　　　　　　p.113
（圓冪）正負號　　　　　　p.197
（圓冪）轉換法　　　　　　p.199
中點四邊形　　　　　　　　p.86
中點三角形定理　　　　　　p.82
中點的連線平行折半　　　　p.84
中心　　　　　　　　　　　p.146
（調和，幾何，算術）中項　p.236
（比例）中項　　　　　　　p.111
幾何中項　　　　　　　　　p.198
中線長公式　　　　　　　　p.108
中線長的和不等式　　　　　p.135
（比較）中線長　　　　　　p.144
（涉及）中線的作圖　　　　p.97
中線等長　　　　　　　　　p.62
中垂線原理　　　　　　　p.61, 91
重心　　　p.90, 129, 132, 146, 152
重心的割比　　　　　　　　p.153
（正多邊形的）重心　　　　p.169
（中點四邊形與）重心　　　p.86

【ㄔ】

尺規數　　　　　　　　　　p.122
尺規作圖　　　　　　　　　p.121
斥容原理　　　　　　　　　p.5
（坐標）差　　　　　　　　p.156
叉支　　　　　　　　　　　p.14
長度　　　　　　　　　　p.31, 34
長度單位　　　　　　　　　p.32
長度相減　　　　　　　　　p.37
成分　　　　　　　　　　　p.146
乘除運算的幾何意涵　　　　p.121

垂心定理	p.90, 132
垂心外接圓	p.183
垂心垂足圓	p.182
（極限：直角三角形的）垂心	p.96
垂直	p.157
垂直線的垂直線	p.72
垂直平分線	p.39
垂足三角形	p.231
垂足四邊形相似定理	p.189
穿插	p.13
（兩線）重合	p.23

【ㄕ】

（無條件）捨去	p.35
扇形域與圓弧	p.164
扇形域面積	p.48, 171
伸縮（Dilatation）	p.111
（整）商	p.38
（調和）數列	p.236
（幾何）數列	p.236
（算術）數列	p.236

【ㄖ】

任意的三角形（銳角, 鈍角）	p.53
任意的四邊形（凸, 凹）	p.55
銳角三角形	p.52
融渾	p.13
融接	p.14

【ㄗ】

字典排序法	p.21
（尺規）作圖	p.121
坐標系	p.145, 150
坐標差	p.156
坐標三角形	p.154
最大共度線段長	p.40

【ㄘ】

（合同）操作	p.35

【ㄙ】

四角形域	p.21
（垂足）四邊形相似定理	p.189
（圓的外切）四邊形	p.177
四點共圓原理	p.180
斯泰因納（Steiner）定理	p.143
（圓冪的）Steiner 定理	p.198
三邊形=三角形	p.16
三邊形（或三角形）的週邊	p.16
三邊（sss）合同原理	p.64
三邊（sss）（相似三角形）定理	
	p.111
三邊（sss）作圖題	p.64
三分法	p.9, 12, 22
三等分一角	p.46
三對平行邊定理	p.118
三段折接（曲線）	p.15
（直角）三角板	p.72
三角不等式原理	p.135
三角形	p.51
三角形的合同（全等）	p.58
（鈍角）三角形	p.135
三角形域	p.20
三角形的分角線長	p.205
三角形的中線長	p.205
三角形的高線長	p.205
三角形的限距定理	p.140
（相似）三角形 aaa 定理	p.111
（相似）三角形	p.110
三角共補圓中心定理	p.229
三圓問題	p.215
三圓共點	p.230
三圓相外切時的根心	p.222
三圓兩弦定理	p.181, 202
算術中項, 數列	p.236
算幾平均不等式	p.198

【ㄚ】

阿坡羅紐斯（Apollonius）平行四邊形	

定律　　　　　　　　　　　　p.106
Apollonius 圓　　　　　　　　　p.236

【ㄠ】

凹四邊形等積的作圖題　　　　　p.99

【ㄡ】

歐氏（Euclid）平行公理　　　　p.70
歐幾里德（Euclid）輾轉互度法　p.40
歐依勒，（尤拉）（Euler）線
　　　　　　　　　　　　p.94, 224

【ㄦ】

二分法　　　　　　　　　　　　p.37
（狹義）兩分法　　　　　　　　p.22
二維度量　　　　　　　　　　　p.31
二維的集，「域」　　　　　　　p.31

【一】

一角對邊鄰邊（ass）三角形的作圖
　　　　　　　　　　　　　　　p.65
「一定不」，和「不一定」　　　p.90
（真正的兩元）一次方程式　　　p.156
一維度量　　　　　　　　　　　p.31
（角度與長度之）異同　　　　　p.44
異側同側　　　　　　　　　　　p.22
（優角的三）要素　　　　　　　p.25
優弓形域　　　　　　　　　　　p.165
優弧或劣弧？　　　　　　　　　p.167
優角域　　　　　　　　　　　　p.26
有號距離　　　　　　　　　　　p.148
有號割比　　　　　　　　　　　p.129
尤拉 Euler，見：歐依勒
圍性　　　　　　　　　　　　　p.31
衍倍三角形　　　　　　　　　　p.94
驗明正身法　　　　　　　　　　p.214
螢幕的畫素　　　　　　　　　　p.8

【ㄨ】

（正）五邊形　　　　　　　　　p.113
五則運算　　　　　　　　　　　p.122

無條件捨去　　　　　　　　　　p.35
無理數　　　　　　　　　　　　p.114
（畢氏）無理數　　　　　　p.40, 104
（矩）無刻度　　　　　　　　　p.39
無窮大　　　　　　　　　　　　p.157
無窮集　　　　　　　　　　　　p.6
無窮遠點（平行之解釋）　　　　p.119
無窮遠瑕端點　　　　　　　　　p.13
（三角形外部的）割點　　　　　p.154
外補角域　　　　　　　　　　　p.24
（周折線的）外部域　　　　　　p.19
外湊相似三角形外接圓共點定理
　　　　　　　　　　　　　　　p.232
（等圓的）外公切線　　　　　　p.208
外接圓半徑　　　　　　　　　　p.206
（正多邊形的）外接圓半徑　　　p.169
（三角形的）外接圓與內心　　　p.186
（垂心）外接圓　　　　　　　　p.183
外角　　　　　　　　　　　　　p.68
外心定理　　　　　　　　　　　p.90
（正多邊形的）外心　　　　　　p.169
（極限：直角三角形的）外心　　p.96
外錯角　　　　　　　　　　　　p.69
維數原則　　　　　　　　　　　p.31
位移　　　　　　　　　　　　　p.145
完全四邊形　　　　　　　　　　p.86
完全四邊形的四圓共點　　　　　p.231
（圓內接）完全四邊形　　　　　p.195

【ㄩ】

迂迴法　　　　　　　　　　　　p.82
（直）餘角度　　　　　　　　　p.44
域　　　　　　　　　　　　　　p.19
約瑟芬（Josephine）心定理　　p.234
（直角兩股上的）月形域面積　　p.171
原點　　　　　　　　　　　　　p.145
（量角器）原點　　　　　　　　p.42
圓　　　　　　　　　　　　　　p.163
（兩）圓合同　　　　　　　　　p.166
（兩段）圓弧合同　　　　　　　p.166

圓的限距	p.164	圓心角	p.166
圓的凸性	p.163	圓周率	p.171
圓內接四邊形	p.225, 237	圓周角定理	p.161, 179, 197
圓冪	p.161, 195	圓周角	p.166
圓盤（disk）	p.163	圓周長（圓弧長）	p.171
圓冪轉換法	p.199	「原子」	p.15
圓弧	p.164	運算	p.120
（作圖求出）圓心	p.164		

【對英文詞的小譯註】

absolute value　絕對值的記號

addition　加法

adjacent (angle)　鄰（角）

alternate (interior/exterior) angle　（內／外）錯角

altitude　高

ambiguous triangles　不確定的三角形

angle　角

asa (=angle-side-angle)　兩角夾一邊

angular　角的

angular bisector　分角線

angular region　角域

arc length　弧長

area　面積

arithmetic series　算術數列

axioms of geometry　幾何的公理

barycenter　重心

base angle　底角

bisecting an angle　平分一角

bisecting a segment　平分一線段

boundary　端緣

boundedness　囿性

cardinal number　基數

center of a circle　圓之心

chord　弦

circular　圓的

circumscribed circle　外接圓

circumcenter　外心

(angle at the) circumference　圓周（角）

collinear points　（三點）共線

commensurable　（可）共度

complementary angle　餘角

complete quadrilateral　完全四邊形

concave　凹

concentric circles　同心圓

concurrent lines　（三線）共點

congruence　合同

construction　作圖

convex　凸

coordinate system　坐標系

corresponding angle　同位角

cyclic symmetry　（輪換的）對稱性

degenerate　退化的

degrees, minutes, seconds　度分秒

demonstration　證明

diagonal　對角線

diameter　直徑

dichotomy　兩分法

dilatation　伸縮

(two-) dimensional　（二）維的

distance　距離

duplicating　加倍

empty-set　空集

equal　相等

excenter　旁心

excribed circle　旁切圓

exterior angle　外角

extreme　端項

formula　公式

geometric　幾何的

geometric mean　比例中項

geometry　幾何學

golden ratio　黃金比

graph　圖解

half-plane　半面

hexagon　六角形

pentagon　五角形

hypotenuse of a right triangle　直角三角形之斜邊

in-center　內心

inequal　不相等

inferior angle　劣角

infinity　無窮大

infinite set　無窮集

inscribed circle　內切圓

interior region　內部域

isosceles triangle　等腰三角形

latitude　腰

limit　極限

line　直線

linear　線性的

measurement　度量

medial triangle　中點三角形定理

mensuration　度量

multiplication　乘法

oblique (triangle)　鈍角（三角形）

operation　運算

origin　原點

orthocenter　垂心

parallel (lines)　平行的（線）

parallelogram　平行四邊形

pedal triangle　垂足三角形

perpendicular　垂直

pixel　畫素

plane　平面

polygon　多邊形

power　（點對於圓的）冪

protractor　量角器

quadrilateral　四邊形

radical axis　根軸

radius　半徑

ratio of proportion　比率

rectangle　矩形

regular polygon　正多邊形

(Greek) ruler-compass　希臘規矩

rhobus　菱形

right triangle　直角三角形

rotation　旋轉

sector　扇形域

series　數列

side　邊

sas= (side-angle-side)　兩邊夾一角

similar　相似的

square　正方形

straight angle　平角

subtraction　減法

superior angle　優角

supplementary angle

tangent line　切線

tangent to each other　相切

translation　推移

trapezoid　梯形

triangle　三角形

trisection of an angle　三等分一角

vertex　頂點

【數的附首語】

bi-, di-　兩，雙

tri-　三

quadri-　四

penta-　五

hexa-　六

poly-　多

【歐文人地名索引】

Apollonius（阿坡羅紐斯）平行四邊形定律　p.106

Apollonius 圓　p.236

Archimedes（阿基米德）公理　p.38

Brahmagupta（布拉瑪古普它）的面積公式　p.226

Brahmagupta 定理　p.227

Ceva（西瓦）定理　p.132

Euclid（歐幾里德）輾轉互度定理　p.40

Euclid 平行公理　p.70

Euclid 證法　p.102

Euler（歐依勒，尤拉）線　p.94, 224

Fermat（費瑪）中心　p.62, 182，正三角形鼎立　p.233

Galilei（迦利略）的相對論　p.48

Gauss（高斯）與正 17 邊形　p.169

Greek（希臘）規矩　p.46, 72

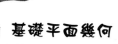

Heron（黑龍）公式　p.106, 225

Hippocrates（希坡庫拉特斯）的兩月形域　p.171

Josephine（約瑟芬）心定理　p.234

Menelaus（孟呢老斯）定理　p.128

Miquel（米克爾）樞紐定理　p.230

Miquel 完全四邊形的四圓共點　p.231

Napoleon（拿破崙）大小正三角形　p.233

Napoleon 顛倒句　p.233

Newton（牛頓）的相對論　p.48

Pythagoras（畢達哥拉斯）定理　p.100，比例證明法　p.126

畢氏（無理數）　p.40

Plato（柏拉圖）語　p.40

Ptolemy（托勒密）定理　p.237

Ptolemy 恆等式　p.237

Ptolemy 不等式　p.238

Simson（希姆孫）定理（三點共線）　p.228

Steiner（斯泰因納）定理　p.143

Steiner 圓冪的定理　p.198

Thales（塔勒斯）定理　p.60

國家圖書館出版品預行編目(CIP)資料

楊維哲教授的數學講堂：基礎平面幾何／楊維
哲作.--二版.--臺北市：五南圖書出版股份
有限公司, 2023.08
面 ； 公分

ISBN 978-626-366-344-2(平裝)

1.CST: 數學教育 2.CST: 平面幾何
3.CST: 中等教育

524.32   112011523

ZD24

楊維哲教授的數學講堂
——基礎平面幾何

作 者 — 楊維哲(313.5)

發 行 人 — 楊榮川

總 經 理 — 楊士清

總 編 輯 — 楊秀麗

副總編輯 — 王正華

責任編輯 — 張維文

封面設計 — 陳亭瑋

出 版 者 — 五南圖書出版股份有限公司

地 址：106台北市大安區和平東路二段339號4樓

電 話：(02)2705-5066 傳 真：(02)2706-6100

網 址：https://www.wunan.com.tw

電子郵件：wunan@wunan.com.tw

劃撥帳號：01068953

戶 名：五南圖書出版股份有限公司

法律顧問 林勝安律師

出版日期 2008年6月初版一刷
         2010年9月初版二刷
         2023年8月二版一刷

定 價 新臺幣300元

經典永恆・名著常在

五十週年的獻禮——經典名著文庫

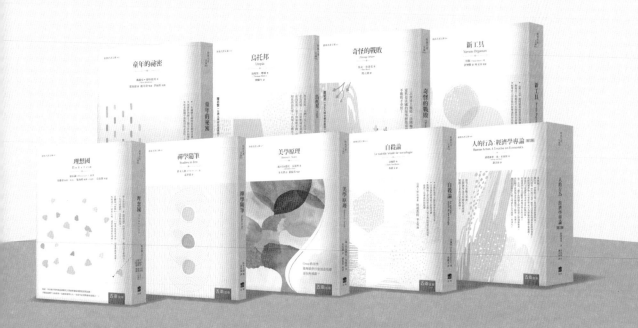

五南，五十年了，半個世紀，人生旅程的一大半，走過來了。

思索著，邁向百年的未來歷程，能為知識界、文化學術界作些什麼？

在速食文化的生態下，有什麼值得讓人雋永品味的？

歷代經典・當今名著，經過時間的洗禮，千錘百鍊，流傳至今，光芒耀人；

不僅使我們能領悟前人的智慧，同時也增深加廣我們思考的深度與視野。

我們決心投入巨資，有計畫的系統梳選，成立「經典名著文庫」，

希望收入古今中外思想性的、充滿睿智與獨見的經典、名著。

這是一項理想性的、永續性的巨大出版工程。

不在意讀者的眾寡，只考慮它的學術價值，力求完整展現先哲思想的軌跡；

為知識界開啟一片智慧之窗，營造一座百花綻放的世界文明公園，

任君遨遊、取菁吸蜜、嘉惠學子！